Rückblende

Martin Rosswog

Rückblende

Befragungen einer Generation

Mit einem Vorwort von
Vilma Sturm

DuMont Buchverlag Köln

CIP-Kurztitelaufnahme der Deutschen Bibliothek

Rückblende : Befragungen e. Generation /
Martin Rosswog. Mit e. Vorw. von Vilma Sturm. – Köln : DuMont, 1985.
ISBN 3-7701-1709-3
NE: Rosswog, Martin [Hrsg.]

Reproduktionen: Helio Druckformservice, Köln
Satz und Druck: Rasch, Bramsche
Buchbinderische Verarbeitung: Hunke & Schröder, Iserlohn

Printed in Germany ISBN 3-7701-1709-3

Inhalt

Vorwort

Wer die Geschichte unseres Jahrhunderts bis heute miterlebt hat, ist Zeuge unerhörter Geschehnisse, umwälzender Veränderungen in allen Lebensbereichen. Auch wenn die spektakulären Vorgänge nur den Rand seines Daseins streiften, ist er ein unschätzbarer Mit-Wisser. Sein Zeugnis sollte, wo immer das möglich ist, aufbewahrt werden.

Das gilt auch und gerade für die Begebenheiten aus dem Leben der sogenannten kleinen, der einfachen Leute. Das Leben der Großen hält ohnehin die Geschichtsschreibung fest. Mehr und mehr ist sie allerdings dazu übergegangen, auch die alltäglichen Vorkommnisse zu registrieren: die Lebensgewohnheiten, die Umstände des Wohnens, Essens und Trinkens, der Kleidung, des Arbeitens; das, was geglaubt und gemeint und für wahr gehalten wurde. »Jede Biografie heute noch lebender Menschen ist kostbar!« sagte mir einmal Heinrich Böll. »Jede ist es wert, der Nachwelt überliefert zu werden.« Der Schriftsteller Walter Kempowski hat aus diesem Grund angefangen, ein Archiv solcher Lebensläufe einzurichten; die Manuskripte sind bei der Universität Oldenburg niedergelegt.

So entspricht es durchaus einem auch von der Wissenschaft und der Literatur geäußerten Bedürfnis, wenn der junge Fotograf Martin Rosswog auf die Idee kam, Lebensläufe alter Mitbürger zu sammeln, sie zum Reden zu bringen. Gesprochene und dann von ihm zu Papier gebrachte Mitteilungen wollte er uns vorstellen, dazu, wie es sein Handwerk ist, auch die Erscheinung der betreffenden Personen im Lichtbild, in Portraitfotografien, die uns möglichst auch einen Einblick gewähren sollten in ihre Wohn- und Arbeitsräume; wenn das besser zu ihnen paßte, wurden sie in eine landschaftliche Szenerie gestellt.

Die Idee hat sich als fruchtbar erwiesen. Vor uns liegen Portraits von Bürgern einer kleinen Großstadt im Bergischen Land, Bergisch Gladbach, dazu Berichte von Angehörigen der alten Generation, die hier erzählen, wie sie ihre Zeit erlebt haben. Am meisten sprechen sie von ihrer Kindheit und den Erfahrungen im Krieg, in der Nachkriegszeit; das Essen spielt dabei eine beträchtliche Rolle. Aus nahezu allen Zeugnissen spricht der Stolz auf die Leistung in der Zeit des Aufbaus nach 1945: »Von nix kommt nix« und: »Immer zackig voran, nie der Letzte sein!« Man tut sich etwas zugute auf die Tüchtigkeit, mit der man die gewaltigen Aufgaben der Nachkriegszeit anpackte, was dabei herauskam, betrachtet dieser oder jener mit ungebrochenem Fortschrittsglauben. Viele aber beklagen die Anspruchshaltung der Nachkommen, die Ausräumung der Kinderparadiese. »Das ist ja heute alles Parkplatz«, sagen sie, und: »Da war alles Schöne fort!« »Schad«, meint einer, »is aber so!«

Lebendig wird aus Wort und Bild der kleine Kosmos dieser Kleinstadt, aus der mittlerweile eine Großstadt wurde im immer noch ländlichen Raum, mit der großen Großstadt Köln duch die Schnellbahn verbunden. Dominierend ist das Werk, die

Papierfabrik, deren Besitzer man zu Beginn des Jahrhunderts den Adelstitel anbot (wie den Siemens, den Krupps, den Guilleaumes). Aber Herr Zanders lehnte den Adelstitel ab. Immer wieder wird das Werk genannt in den Erzählungen, viele haben hier ihr Brot verdient, sind in den Genuß der kulturellen Veranstaltungen und sozialen Einrichtungen gekommen, die vom Werk ihren Ausgang nahmen. Das »Werk«, die »Villa« und der »Park« prägten das Stadtbild. Jetzt, nach Aufbau, Ausbau und Umbau hat man Mühe, ein Stück Straße oder Grünanlage zu finden, das den Namen der »großen«, der »berühmten Maria Zanders« tragen könnte.

In Martin Rosswogs Befragungen ist ein guter Durchschnitt der Einwohner von Bergisch Gladbach vertreten: Pfarrer, städtische Beamte, Ärzte, soziale Berufe, Lehrer, Händler, Arbeiter, Unternehmer und die Kunst. Die Musik hatte früh eine Heimstätte in der Stadt, der Chorgesang wurde gepflegt. Nach dem Krieg unternahmen es ein Finanzbeamter und seine Frau, so etwas wie eine Konzertdirektion einzurichten, und der hervorragende Musikpädagoge Paul Nitsche machte mit seinen Chören, namentlich dem »Offenen Singen«, durch den Rundfunk in aller Welt von sich reden.

Die Befragten sind alt, zwischen siebzig und achtzig, manche darüber, nur einer darunter. Daraus ergibt sich ihre Beurteilung der Zeitläufe. Sie ist, versteht sich, bei den meisten wenig positiv. Die großen Veränderungen der Nachkriegszeit: die Demokratisierung, die Liberalisierung, die Öffnung für die Ereignisse in der ganzen Welt, die bewußte, leidende und tätige Teilnahme an diesen Ereignissen, konnten meist nicht mehr mitvollzogen werden. Man registriert – an erster Stelle – die Veränderungen in der Lebensweise: Wohlstand, Überfluß, Verschwendung, Arbeitserleichterungen. Man registriert auch die Veränderungen im pädagogischen Bereich, vielleicht noch die Veränderung der sichtbaren Umwelt mit Bedauern – aber von einer eigentlichen Zeitgenossenschaft kann wohl kaum die Rede sein.

Die Erinnerungen werden in den meisten Fällen mit großer Genauigkeit im Detail und vielfach recht anschaulich wiedergegeben; hier und da wird geradezu, an kleinen Anekdoten aufgehängt, aus dem Arbeitsbereich ein kleines volkskundliches Kolleg zusammengetragen. Hervorragende Beispiele dieser Art bieten der Steinbruchbesitzer, der Bauer, der Fabrikarbeiter. Die für uns Heutige unausdenkbare Mühe der Verrichtungen mit Pickel, Hammer und Gabel, das Hacken, Klopfen, Sortieren und Laden der Steine . . . Die Arbeiten bei der Papierherstellung, zwölf Stunden am Tag, die Stunde für fünfundsechzig Pfennig . . . Das Dreschen mit dem Göpel, das Kornschneiden mit Sense und Siegt . . . Schon das Schulkind muß Futter holen, Brennholz sammeln, Mist fahren, Häcksel schneiden . . . Die Beschreibung der ersten Waschmaschine, die Beschreibung des Hausbackofens, in dem 17 Brote Platz hatten, für die der Teig barfuß geknetet wurde: Das alles wird heraufgeholt aus einer gar nicht so fernen und doch fast unvorstellbar gewordenen Vergangenheit.

Bewegend ist die Armseligkeit der Lebensverhältnisse, die Kargheit der Mahlzeiten: morgens die Pfanne Bratkartoffeln, Brot mit Margarine oder Apfelkraut, Kornkaffee;

mittags Suppe, Kartoffeln und Gemüse aus dem Garten; abends wieder Bratkartoffeln; Weißbrot mit etwas Butter und Kraut nur sonntags; die eigene Butter wurde verkauft, nicht selbst gegessen.

In der Kinderzeit die Strenge der Eltern, der Lehrer, des Pfarrers! Dem Pfarrer mußte man, wenn man ihm auf der Straße begegnete, die Hand geben, einen Knicks oder Diener machen und sagen: »Gelobt sei Jesus Christus!« Wer sonntags den Gottesdienst geschwänzt hatte, wurde verhauen, und wer etwas nicht konnte im Unterricht, den schlug der Pfarrer »mit der schweren Hand auf den Rücken, daß du so nach vorne flogst«. So erzählt es der alte Bauer. Der Pfarrer schlug nicht nur die Kinder – er schimpfte auch mit den Erwachsenen. Mindestens sechs Kinder mußte man haben, sonst kam er und fragte: »Ja, was ist denn los bei Ihnen?«

Der Leser der Berichte, der Betrachter der Fotos wird in vielen Fällen imstande sein, herauszufinden, welches Bild zu welchem Text gehört. Denn es ist Martin Rosswog gelungen, die im Erscheinungsbild der Personen und in ihrer Umgebung versteckte Biografie in Andeutungen, in Spuren, sichtbar zu machen. Wieviel sagen der geschnitzte Schreibtisch, der schwere Polstersessel für den Industriellen aus! Die Leiden eines Flüchtlingsschicksals, aber auch die Ergebenheit, mit der es getragen wurde, sprechen aus den Gesichtszügen und den übereinandergelegten Händen der alten Dame! Daß sie sich »nie etwas aus Wohlstand gemacht hat« – wie deutlich zeigt es die Lehrerin für Gymnastik und Yoga in Cordhosen und selbstgestricktem Pullover, das weiße Haar kurzgeschnitten, in ihrer Erscheinung! Befehlsgewohnt blickt, breitbeinig steht der ehemalige Offizier, die Arme auf dem Rücken, Krawatte, korrekt in der Mitte geknöpfter Sakko, messerscharfe Bügelfalten; diese Haltung läßt keinen Zweifel am Weltbild ihres Trägers. Ebenso sieht man es der Kommunalpolitikerin aus der SPD sofort an, daß sie eine selbständige, politisch denkende Frau ist, die es »immer ganz genau wissen wollte«. Wie steht der Klavierlehrerin die Sehnsucht nach der »wundervollen, seligen Zeit« ihrer Jugend im Gesicht geschrieben; zärtlich ruht die Hand der Achtundachtzigjährigen auf den Tasten des Flügels, der der Inbegriff ihres Daseins war. Tiefsinnig das Portrait des Buchhändlers, der nur die Geschichte seines Geschäftes kennt, abgebildet mit dem eigenen Konterfei schräg neben sich, und die alte Registrierkasse unterm Tisch! Im kostbaren Rahmen: Blattpflanzen, Ölbilder, dekorative Truhen, ein Marmortisch – das ist die Repräsentantin der bedeutenden Familie, unverkennbar. Im Arrangement der leeren Stühle vor der spiegelblanken Tischplatte mit den Aschenbechern spüren wir das Alleinsein des ehemaligen Bürgermeisters, Sozialdemokrat in der katholischen, christdemokratischen Stadt. Und der zufriedene Rentner, hier am Ende seiner mühseligen Tage, siebenundachtzig geworden, auf der Hausbank, mit der Pfeife: »Ich hab oft schmutzige Hände gehabt und bin doch noch durchs Leben gekommen!« – er hat's gesagt und sieht auch so aus, Aussage und Aussehen sind ein Ganzes geworden. Die Katastrophen der Vergangenheit, Hitler, der Krieg, die Bomben, das Flüchtlingselend, die Teilung, und auch die zukünftigen Katastrophen, die

Raketen, die Vergiftung der Natur, der Hunger, die Bevölkerungsexplosion – nichts davon ist anwesend in der eigenen Aussage der alten Dame bei der Portiere; trotzdem hat es seine Spuren hinterlassen in der Haltung des Kopfes, der Hände und der Füße. Hier drückt sich all die Unsicherheit aus, in die der schwankende Verlauf der letzten acht Jahrzehnte uns alle gebracht hat.

Überhaupt sind Hände und Füße der portraitierten Personen besonderer Aufmerksamkeit wert: die zu Fäusten geballten schweren Arbeitshände des Steinbruchbesitzers, der so viel hat schaffen müssen in seinem Leben! Die verschränkten Finger an den Händen des alten Arztes, Zufriedenheit bekundend mit der Lebensleistung – im Gegensatz zum skeptischen Blick, der den Betrachter trifft! Die schmalen Hände des Pfarrers, deren eine herunterhängt wie ein welkes Blatt: Hände eines Menschen, der nie körperliche Arbeit tat!

Viele der abgebildeten Personen stehen auf unsicheren Füßen. Es sind die unsicheren Füße des Alters. Sie verraten viel von den Belastungen der Jahrzehnte, die sie zu tragen hatten, Füße, von Beschwerden heimgesucht, verkrüppelt, behindert, des Gehens fast schon entwöhnt; viele tragen, dem Zustand der Knochen entsprechend, bequeme, derbe Schuhe. An den Füßen der Frauen läßt sich auch einiges ablesen vom fehlenden Selbstbewußtsein dieser Generation. Zwar waren sie fast alle berufstätig – aber nicht im vollen Bewußtsein ihrer Gleichberechtigung. Mag der Blick noch so fest auf das Gegenüber gerichtet sein – der Fuß verrät Unsicherheit, Schwäche, noch im Sitzen zeichnet sich eine Art Demutshaltung ab.

Martin Rosswog hat 30 Menschen herausgeholt aus der Anonymität, in der ihr Dasein bisher für einen weiteren Umkreis verborgen blieb. Sie haben es sich gefallen lassen, sie haben ihm geholfen, dieses Werk zu schaffen. Es ist erstaunlich, daß sie es wagten, so viel von sich preiszugeben, sich uns in solcher Offenheit und Ungeschütztheit darzustellen. Die Zeitgeschichte und wir, die Zeitgenossen, müssen ihnen dafür dankbar sein.

Vilma Sturm

Befragungen und Portraits

Katharina Schmitter

Wer hat denn hier früher Kölsch vom Faß gekannt?! Gab es doch alles nicht! Wir hatten zwar damals vor dem Krieg immer Bier bei uns in der Wirtschaft, aber das war so Export-Bier von der Beckmann's Brauerei. Wenn wir dann mal ein Faß Pilsener hatten, dann war das schon was Besonderes! Die Leute tranken meistens einen Schnaps und ein Bier. Das Kölsch-Trinken so wie heute hat man nicht gekannt. Oder wenn Feste waren, Kirmes oder Kriegerfeste, da trank doch keiner Bier. Da gab es nur Bowle und Wein. Das war so, kann man sagen, wie jetzt die Weinfeste sind. Auch dieses Wein-Trinken zum Essen hat man nicht gekannt. Oder wie mit dem Kognak. Wer trank damals Kognak?! Also, ich muß mal ehrlich sagen: Wenn wir daheim in der Wirtschaft ein oder zwei Flaschen Kognak hatten, dann war das schon viel! Das war damals was ganz Wertvolles! Und das war noch nicht einmal richtiger Kognak, das war nur ein Weinbrand, also meistens Asbach. Der richtige Kognak kommt ja nur aus Frankreich. Die Leute sagten aber immer: »Dunn mir ne Kognak!« Dabei meinten sie aber irgendwie einen Weinbrand, auch wenn es das billigste vom Billigen war.

Im Krieg war natürlich alles gestoppt, da gab es auch keinen Asbach mehr. Da war alles Schluß! Da gab es gar nichts, keinen Schnaps, nichts! Deshalb auch die Schwarzbrennerei. Was haben die Leute nicht alles gemacht: Kartoffelschnaps gebrannt, Korn, alles mögliche! Jeder still für sich.

Nach dem Krieg fing es dann wieder so langsam an. Dann gab es wieder Asbach, Underberg . . ., da fing die Branche wieder an. Aber zuerst gab es fast nur Asbach, und das war schon was Besonderes in der Zeit. Oh Gott, wenn wir dann mal im Geschäft 12 Flaschen Asbach hatten, das war viel! Da war man glücklich! Dann hatten wir einen Wein, einen Moselwein, der kostete eine Mark die Flasche. Das war unser sogenannter »Marks-Wein«. Der wurde gekauft in rauhen Mengen. Die Fässer mußten wir selber mit dem Lastwagen von der Mosel wegholen; und dann füllten wir den selber auf Flaschen ab. Für eine Mark konnten wir den verkaufen. Aber den konnte man auch trinken, das war richtiger Qualitätswein! Wir hatten natürlich auch noch andere Weine, aber nicht so die Auswahl wie heute.

Am 1. November 1953 haben wir hier oben auf der Odenthaler Straße das neue Geschäft aufgemacht. Nichts war fertig, keine richtige Ladeneinrichtung, kein richtiges Schaufenster. Es war ganz furchtbar! Aber es war egal, es wurd verkauft aus Kisten und Kasten, will ich mal sagen! Einfach alles dahin gestellt und verkauft. Die Ladeneinrichtung sollte uns ein Schreiner aus Holweide machen. Die Firma hatte uns unser Architekt empfohlen. Was passiert: Die Firma ging ein, ging bankrott! Wir durften denen sogar kein Geld mehr geben, das mußte alles nach Bensberg zum Amtsgericht. Da standst du da und warst dann nachher noch froh, wenn du die Ladeneinrichtung überhaupt noch kriegtest! Daß es weiterging! Aber es hat dann doch noch geklappt, die

Fürst von Metternich

Firma ist nachher wieder ein bißchen auf die Beine gekommen. Dadurch hatte sich das Ganze verzögert.

Es mußte auch das nötige Geld dasein. Das mußte erst alles ein bißchen erarbeitet werden. Dann fehlte das, dann das, dann das! Wir hatten keine Trichter mehr, keine Korken, keine Schläuche. Die Meßkannen waren verrostet und verkommen, die Fässer vermodert. Und wenn in einem Faß nichts mehr drin ist, fällt das auseinander. In dem Keller – das war der ehemalige Schnapskeller meiner Schwiegereltern – hatte doch all die Kriegsjahre über kein Mensch was angepackt! Also, alles von der Pike auf neu gekauft. Eine Abfüllmaschine, eine Maschine zum Verkapseln der Flaschen, eine Flaschenspülmaschine, einen großen Arbeitstisch aus ganz besonderem Holz, der Nässe vertragen konnte. Da stand zwar ein Tisch, aber wenn du den anpacktest, gingen die Beine drunter weg. So haben wir uns mit der Zeit allmählich alles angeschafft.

Dann haben wir zu den großen Firmen hingeschrieben, nach Henkell, nach Asbach, ob wir nicht erst vier Wochen nach der Lieferung bezahlen könnten. Was sie auch gemacht haben. Daß man ein bißchen Aufschub hatte und wieder das bezahlen konnte, was im Geschäft oder am Haus gerade anfiel. Auf jeden Fall mußte das immer so umgewälzt werden, daß man sagen konnte: So, jetzt kannst du das und das kaufen!

Man freute sich auch über jedes Teil, was man sich erobert hatte, will ich mal sagen. Wenn ich dadrüber nachdenke! Zum Beispiel der Schrank da drüben, der Probierschrank mit dieser Art Anrichte, wo man die Weingläser drauf abstellen kann. Was habe ich da Gott weiß wie lange überlegt! So und so, so und so, so und so. Dat und dat hast du, dat und dat kriegst du. Ja . . ., dann und dann kannst du den bestellen! Der Schrank hat, glaube ich, 900 Mark gekostet. Das war damals viel Geld! Allerdings mit wunderbarem Holz dran und extra angefertigt.

Auf jeden Fall, alles was reinkam, wurde ins Geschäft gesteckt. Und in der Wohnung keine Tapete an der Wand, will ich mal sagen. Eben nur, daß man sagte: »Erst mal alles fürs Geschäft, das andere später.« So muß das auch sein.

Und dann, 1960, wollte ich so im großen Wein einkaufen. Daß man sich auch noch mehr auf Wein spezialisierte, nicht nur auf Spirituosen. Ich wollte so richtig ins Weingeschäft reinkommen; es sollte mal ein Bestand dasein, daß man sagen konnte: »So, jetzt geht es mal richtig ran!« Und 1959 war ja das gute Weinjahr gewesen. Aber mein Mann wollte das alles nicht, er war dagegen! Und dann, sonntags abends, als er mit den Kindern weg war, bin ich einfach los! Ich mich schnell umgezogen, das ganze Geld eingesteckt, in mein kleines Fiatchen rein und einfach weg an die Mosel. Das Geld versteckte ich unter dem Fahrersitz. Fast 10000 Mark waren das, alles in kleineren Scheinen. Da ich das nicht alles in mein Portemonnaie reinbekommen hatte, hatte ich das Geld in ein Ledermäppchen eingepackt. Man mußte ja bar bezahlen, mit Schecks ging das nicht. So bin ich dann ab durch die Mitte! Das weiß ich noch alles ganz genau, das werde ich auch nie vergessen!

Und wie ich dann nach Kröv kam, habe ich mich erst mal richtig ausgeheult. Also, das war wie ein Nervenzusammenbruch. Aber ich wollte mich durchsetzen! Entweder jetzt oder nie, will ich mal sagen. Ich mußte das machen!

Dann habe ich da geschlafen und bin am anderen Tag losgeschoben, in die Kellereien rein. Vorher machte ich mich immer bekannt, habe also gesagt, wer ich bin und was ich wollte; und dann ging es los: 300 Flaschen davon, 500 davon; davon aber nur mal 200. Und vorher natürlich probiert und überlegt: Is dat jetzt wat, oder nehm ich besser wat anderes. Eine Kellerei, so ein Familienbetrieb, kannte ich noch von früher. Da hatte mein Vater schon für die Wirtschaft eingekauft. So ist man sich über Generationen treu geblieben. Von denen beziehen wir heute noch. Ja, das Wein-Einkaufen war damals interessant; das war auch noch so ein bißchen urig, will ich mal sagen. Was heute nicht mehr so ist. Da gibt es ja jetzt bald Weinfabriken, wo der Wein in großen Tanks lagert anstatt in Holzfässern! Durch die neue Kellereitechnik machen einige ja mit dem Wein, was sie wollen. Da wird der Wein gestoppt, erhitzt, früher abgefüllt; hin und her, hin und her! Was früher keiner kannte.

Auf jeden Fall, da habe ich so richtig Wein eingekauft! Unmenschlich viel! Und direkt bar bezahlt. Alles auf mein Risiko! Nach zwei Tagen bin ich wieder nach Hause. Wie dann der Wein kam und hier alles voll stand, sagte mein Mann, ich hätte den Größenwahn gehabt. Ich freute mich aber richtig dadrüber! Es war schön! In Wirklichkeit war es nämlich richtig gewesen, was ich gemacht hatte; die Rechnung ist aufgegangen. Das war so ein richtiger Durchbruch, kann man sagen!

1963 ist mein Mann aus dem Geschäft raus, er hatte kein Interesse mehr. Ich habe dann mit dem Werni, meinem Sohn, weitergemacht; sozusagen auf eigene Kappe. Da lief es erst richtig weiter. Es mußte ja auch weitergehen, ob ich jetzt Spaß dran hatte oder nicht. Was sollte ich sonst machen, ich hatte ja auch keinen Beruf. Und in das Elternhaus zurück, also zurück in die Wirtschaft, konnte ich auch nicht mehr. Die war mittlerweile von meinen Geschwistern belegt. Ja, was fängt man dann an?!

Es ist aber auch so, wenn man im Krieg lange alleine gewesen ist – mein Mann war lange Soldat –, dann wird man selbständiger, dann will man das auch meistern! Außerdem hatte man auch Kinder in die Welt gesetzt, für die man gradsteht, will ich mal sagen. Dann muß es weitergehen, ob man jetzt will oder nicht!

So wurde das Geschäft immer größer und größer und größer. Gott sei Dank haben wir jedesmal noch einen Aufstieg gehabt! Der Absatz war schon doll manchmal! Das hängt natürlich auch mit viel Arbeit zusammen, so was kann man nur mit Arbeit schaffen. Also, von meiner Warte aus gesehen ist es sonst unmöglich, so ein Geschäft überhaupt zu halten. Mit Leib und Seele muß man dabeisein, sonst kann man das nicht meistern! Wie in jedem Beruf, Spaß und Liebe muß dabeisein. Aber: Arbeit, Arbeit, Arbeit! Überhaupt, will ich mal sagen: Arbeit war mein Leben, bis jetzt! Und nur mal ab und zu ein bißchen Spaß an der Freud! Wie der Willi Millowitsch den dollen Spruch sagte, als der die Tage Geburtstag hatte: »Von nix kütt nix!« Der hat nämlich auch schwer arbeiten müssen, das Theaterspielen ist auch eine schwere Arbeit, wenn es auch Humor ist.

Vieles ist heute einfacher geworden. Aber trotzdem, obwohl soviel maschinell geht, mit Autos, Telefon und was nicht allem; trotzdem hängt noch viel Arbeit dran! Arbeit und Ideen. Nun ist es nicht so, als würde ich mir nichts erlauben, bestimmt nicht! Aber ich habe einfach kein großes Interesse an Urlaub zum Beispiel, an Wegfahren oder so was. Mir liegt das nicht! Ich bin zufrieden, wenn ich sagen kann: »Dat Geschäft läuft, et is alles im Lot!« Mein einziges Hobby ist der Karneval, da war ich immer sehr für zu haben.

Es ist aber nicht alles leichter geworden. Was heute schwer ist, ist der Einkauf. Da rechnet man hin und her, wo man am günstigsten einkauft. Es muß sich ja auch rentieren. Und daß man konkurrenzfähig bleibt. Früher brauchte man auch nicht in so großen Mengen einkaufen. Auch mit den Firmen, wo man einkauft. Jetzt gerade vor Weihnachten war das so schlimm, man wußte gar nicht mehr, wo man dran war! Die eine Firma verkauft den ganzen Betrieb dadran, die andere dadran. Der geht dahin, der andere geht dahin. Oder alles wird in einen großen Konzern geschmissen. Egal, ob das jetzt Gebäck- oder Spirituosenfirmen sind. Und dann weiß man nicht, geht jetzt der Einkauf über den oder über den?

Dadurch auch die vielen Vertreterwechsel. Immer wieder Neue! Da muß man sich erst wieder ganz neu reindenken; und sich auch mit den Menschen wieder vertraut machen. Oder es kommen überhaupt keine Vertreter mehr, weil die durch das ganze Hin und Her ihren Posten verloren haben. Gestern zum Beispiel hat mich noch ein Vertreter angerufen, ob ich ihm nicht was vermitteln könnte, er wollte noch gerne was dabeihaben. Aber da was zu finden ist schwer heute. Früher war das so: Da kam der Vertreter von Henkell, dann der von Doornkaat; und am anderen Tag der von Scharlachberg. Jede Firma hatte ihre festen Vertreter. Und das waren Vertreter von der Pike auf, will ich mal sagen, die also jung in den Betrieb gekommen sind und dann damit aufgewachsen sind, die sozusagen mit der Firma verwachsen waren. Das gibt es heute kaum noch, fast gar nicht mehr! Aber man will auch beraten werden, dafür sind die Vertreter doch da. Die müssen einem schon sagen können, was jetzt besser ist, das oder das.

Die Kunden, die zu mir ins Geschäft kommen, wollen auch beraten sein. Die kommen und fragen: »Hören Sie mal, Frau Schmitter, heute abend habe ich Wild. Was meinen Sie, was für einen Wein soll ich dazu nehmen?« Dann muß man schon wissen, was dazu paßt; dann muß man denen auch was sagen können. Ober beim Weinbrand. Der eine ist mild, süßlicher; dafür ist der andere schärfer. Oder der eine ist blumiger, je nachdem. Man muß aber wissen, wie er schmeckt! Das ist manchmal gar nicht so einfach bei den vielen Sachen. Ich kann auch keinem einfach irgendwas verkaufen, daß man sagt: Egal, Hauptsache verkauft! Ich muß das Gefühl haben, daß der Kunde glücklich weggeht, daß er was Gutes hat; und auch das, was für ihn richtig ist. Das ist so ein bißchen Vertrauenssache. Auch wenn man sich dadurch manchmal länger mit einem Kunden aufhält. Und nicht so wie im Supermarkt, wo die Leute vor dem Weinregal stehen und was kaufen, wovon sie manchmal gar nicht wissen, was das eigentlich ist. »Ach, egal«, denken die dann, »davon nehme ich auch mal eine Flasche mit. Ist ja auch so billig, ist ja im Sonderangebot!«

Was wir heute alles verkaufen! Wenn ich mal überlege, allein an Weinbrand: Bols-Weinbrand, Scharlachberg, Asbach, griechischer Weinbrand, spanischer Weinbrand, italienischer Brandy, Cognac. Wer kannte denn früher einen Osborne?! Oder wer trank denn zum Essen französischen Rotwein und danach vielleicht einen Cognac?! Bei den Whiskysorten: Im Augenblick haben wir 32 Whiskysorten im Angebot. Das ist ganz doll heute! Ich glaube aber, daß das jetzt die »Spitze« ist, es kann nichts Dolleres mehr kommen. Was soll denn noch dazukommen?! Ich wüßte nicht was.

Trotzdem, es gibt jeden Tag was Neues, was man anbieten könnte; jede Firma kommt immer wieder mit was Neuem an. Aber man kann das nicht alles mitmachen, man kann sich nicht auf alles verzetteln! Man muß sich das Beste und Exquisiteste raussuchen, sonst ist es Unsinn!

Die Leute wollen heute auch wieder was Gutes in der Flasche haben oder was ganz Besonderes. Auf jeden Fall muß es Qualität sein, inhaltsmäßig. Das sieht man zum Beispiel auch an den Geschenkpackungen, wo dann noch so Probiergläschen und so allerlei drin ist. Das verkauft sich heute auch nicht mehr so. Die Leute sind damit übersättigt, die haben genug in den Schränken, will ich mal sagen. Früher, nach dem Krieg, da wurde jedes Pöttchen und Deckelchen gekauft. Aber jetzt, die Leute haben ihre Schränke voll. Das ist genau wie mit dem Anziehen. Wer hat denn heute nichts zum Anziehen?!

Jetzt zuletzt war einer im Geschäft, der wollte einen Geschenkkorb für 500 Mark haben. Das war der größte Korb, den ich je gemacht habe. Mit so ganz exquisiten Sachen drin! Champagner, Cognac, besonders guter Wein, Lachsschinken, Wurst, Gebäck, Pralinen. Alles das Beste vom Besten! Für 500 Mark! Das hat man früher auch nicht so gekannt mit den Geschenkkörben. Ja, dat is früher ne ganz andere Welt gewesen! Und so war dat auch mit der Esserei und mit der Trinkerei.

Ludwig Krämer

Der Vater war auf der Jagd, als ich mit einem Arbeiter oben an der Romaneyer Straße angefangen hab. Erst mußte das Holz abgemacht werden, und dann mit der Schubkarre der Dreck weg – war ja alles Wald. Abends hatte ich ein Loch, vielleicht zwei mal zwei Meter; tief unten war ich auf Dolomit. Als mein Vater nach Haus kam, sagte ich: »Ich bin auf den Steinen!« Er war nicht direkt gegen mich, aber er meinte, das würde da an der Stelle nicht klappen. Es konnte ja auch kein Dolomit kommen – man kann ja nicht in die Erde gucken. Aber es hat geklappt!

Mein Vater hatte den Steinbruch schon vor 1900 angefangen, aber weiter unterhalb. Und ich wollte den nach oben verlegen, denn da war ja Berg, Gefälle, da konnte ich kippen. Und durch die Romaneyer Straße hatte ich eine gute Abfahrt. Ja, ich wollt ganz groß anfangen, mit Kippwagen, Gleis und Rampe. Kippwagen, so Loren, hatten wir schon einige, und zwar aus dem stillgelegten Bergwerk im Schladertal. Ein halber Kubikmeter ging da rein. Später kauften wir größere für einen Kubikmeter, wie dat so kommt. Zuletzt hatte ich 22 Loren auf dem Gleis laufen, da oben, wo ich so klein angefangen hab. So ging das immer weiter; et wurd immer größer, wie dat so kommt. Einundfünfzig kriegten wir das erste Förderband, 10 Meter. War ein Ereignis! 6000 Mark kostete das damals. Dann kam dreiundfünfzig der erste Bagger, ein Dolberg-Bagger. War auch ein Ereignis! So haben wir angefangen. Heut is et all anders.

Aber damals, nur mit Picken gearbeitet. 20 Picken hatte ich. Dann die schweren Hämmer, damit wurden die dicken Steine kaputtgeschlagen. Und mit der Steingabel sortiert; das, was durchfiel, war fein, das, was auf der Gabel blieb, war grob. Dolomit wurde gebraucht für den Straßenbau.

Was war das all für 'ne Arbeit! Später kaufte ich eine Steinmühle. Allerdings, die dicken Brocken gingen nicht da rein, die mußten immer noch so lange geklopft werden, bis sie klein genug waren. Heut haben wir eine Mühle, die faßt einen Brocken von 90 Zentimeter. Dann wird das gemahlen, läuft über ein 70 Meter langes Förderband und fällt dann schön sortiert in fünf Silos. Die Silos sind so hoch, daß der Wagen drunter fahren kann. Einer dreht am Rad, ruck zuck ist der Wagen voll – so schnell geht das. Wat früher all mit der Hand jelade mot werde. Ja, der kostete Arbeit, der Steinbruch!

Den ersten Bagger habe ich selbst gefahren. Da war ich oft so müde, daß ich die Augen nicht aufhalten konnte. Dann tat ich den Bagger stillsetzen, zwei Minuten auf'm Sitz schlafen; und dann ging es wieder weiter. Ja, doll op de Arbed wor ich! Ich habe nie gesagt: »Das geht nicht! Das kann ich nicht!« Es ging alles, und wenn ich es nachts gemacht habe. Die von meinem Alter, die ich gut kannte, gingen abends gemütlich einen trinken – und ich habe gearbeitet. Ich sage immer: Es gibt im Leben drei Sorten Menschen. Der eine arbeitet zurück, verbrasselt was er hat; der zweite bleibt wie er ist, hält was er hat; und der dritte kriegt was dabei. So ist es im Leben! Ich wollte immer was

dabei haben! Aber da mußte ich auch mehr tun als die andern. Von nichts kommt nichts. Immer der Erste sein, nie der Letzte.

Wie die Traktoren aufkamen, war ich der erste, der einen hatte. Immer zackig voran, nie der Letzte sein. Wenn ich was kaufte, dann immer das Modernste. Fortschritt, ich war immer im Fortschritt! Und so ging das auch mit dem Steinbruch, immer mehr Maschinen, mehr Bagger, mehr Autos. Sechsundfünfzig kriegten wir den ersten Lastwagen. Mein Sohn sagte: »Jetzt kauf ich einen gebrauchten Magirus!« »Nein«, sagte ich, »Du kaufst keinen gebrauchten Magirus, Du kaufst einen neuen Magirus!« Dann kam der zweite, der dritte, der vierte – wieviel daß wir jetzt haben, weiß ich nicht, ungefähr dreißig.

Mit der Petroleumlampe hab ich nachts geladen. Wenn der Hölzer abfahren kam am andern Tag, mußten die voll sein, die Kippwagen – meine Arbeiter hatten um fünf Uhr Feierabend. Da ging ich nach Haus, tat was essen, und ging dann wieder um. Dann kamen sie morgens und sagten: »Du bis ävver nit lang im Bett jewäs?!« »Nee«, sagte ich, »ich bin zwar im Bett jewesen, aber nit lang!« An dem Abend habe ich 22 Kubikmeter geladen, mit der Gabel. Und mit der Gabel laden ist schwerer als wie mit der Schaufel das Feine. Dreißig Zentner gingen in die Kippwagen rein, die mußten auf dem Gleis geschoben werden, auf die Drehscheibe drauf und dann auf die Rampe. Das war harte Arbeit! Würde heute keiner mehr machen. Ja, ich hab nix geschenkt bekommen!

Der Vater war auch emsig und in jeder Beziehung der Erste, immer voran, nie zurück. Arbeit schändet nicht, meinte er. Oder der alte Hölzer, der Fuhrunternehmer. Er ist nach Gladbach gekommen mit einem Pferd – damit hat er angefangen. Nachher hatte er acht Pferde, acht schwere Belgier! Alles rausgearbeitet! Durch Fleiß, Sparsamkeit und Mut kommt man hoch. Den Mutigen gehört die Welt! Früher sagte man: Eine Krähe, die hüpft, kriegt mehr als eine, die sitzen bleibt.

Dann kamen die Funkgeräte auf. Wir waren die ersten, die sich die in die Wagen einbauen ließen. Da meinten die anderen Unternehmer noch: »Is doch Blödsinn, su jet! Dat is nix!« Heute haben sie alle Funk. Es geht alles per Funk. Jeder Wagen hat Verbindung mit den anderen. Wenn zum Beispiel ein Auto festhängt, braucht der Fahrer nur einem anderen durchzugeben: Zieh mich raus! Der Sohn hat auch Funk im Wagen; er hört jeden, der funkt.

Und heute im Steinbruch: alles maschinell. Nur noch drei Mann haben da zu tun. Früher waren es sieben. Einer fährt den Lastwagen, der andere den Bagger, und einer bedient die Mühle. So geht das weiter. Es kommen immer bessere, immer größere Maschinen. Wer auf dem alten Schema bleibt, kann nicht mehr existieren. Jeder kauft das Neuste, die neuste Maschine, das neuste Auto. Dadurch werden Arbeitsplätze vernichtet – schad, is aber so! Jeder Unternehmer muß das Neuste bieten; wenn es der eine nicht kann, tut es der andere. Das ist Geschäft. Sie drücken sich gegenseitig. Die Welt ist ein Geschäft! Man muß auf der Höhe sein, sonst geht man den Bach runter. Man wäre viel zu teuer, wenn man noch so arbeiten wollte wie früher. Wir haben eine

Raupe, die packt vier Kubikmeter mit einem Mal. Einen Kubikmeter schaufeln, das sind 300 Schaufeln – ich habe sie gezählt. 300 Schaufeln, eh man einen Kubikmeter hat! Könnt keiner mehr bezahlen. Handarbeit ist teuer heute. Also, es werden Arbeiter auf die Straße gesetzt – schad, is aber so!

Man muß mit der Welt vorangehen. Stillstand ist Rückgang! Wenn eine neue Maschine kommt, dann kauft man doch keine alte. Jede Erneuerung ist ein Vorteil, ist schön!

Es werden Häuser abgebrochen, die viel zu schade sind, massive Häuser. Warum? Sie sind unrentabel! Dann lieber weg, dafür ein neues. Besser sind die neuen auch nicht, aber moderner. Das ist der Fortschritt! Früher, ich weiß noch, da hat der Bauunternehmer Odenthal auf dem Aspert Häuser gebaut, das Haus komplett mit Grundstück 5000 Mark. Die waren nicht modern wie heute, da gab es kein Badezimmer mit Toilette, nur ein Plumpsklo, ab, aus! Aber das verlangt heute die Jugend.

Früher, wenn einer jung war und heiratete, der zog zu den Eltern und war zufrieden. Das gibt es doch heute nicht mehr. Wenn die heiraten, müssen die eine komplette neue Wohnung haben, dazu eine neue Einrichtung und in fünf Jahren wieder neue Möbel. So ist die Welt. Die können sich das erlauben. Das ist der Wohlstand. Die wissen nicht, daß früher eine arme Zeit war. Da wurde noch mit dem Pfennig gerechnet, aber wie! Heute heben sie keinen Groschen auf. Ja, die Welt hat sich in den letzten Jahren kolossal verändert! Aber wer nicht mitmacht, ist von der Bildfläche verschwunden.

Auf jeden Fall, wenn wir noch mit der Hand arbeiten wollten, wären wir viel zu teuer. Dann machen es die andern; die, die es mit der Maschine machen. Also, es geht nicht. Es ist ja Konkurrenz da. Nach dem Krieg, als alles kaputt war, konnte jeder anfangen, was er wollte – er kam hoch. Das ist vorbei! Die Konkurrenz ist zu groß heute. Es werden Arbeiten angenommen von Unternehmen, wo sie nichts dran verdienen, nur daß es am Gang bleibt. Überproduktion, in Lebensmittel, in Möbel, in allem! Einer drückt den anderen, daß er was verkauft.

Früher konnten die kleinen Geschäftsleute, wenn sie selbst was taten, leben von ihrem Geschäft. Das geht doch heut gar nicht mehr! Einer, der ein kleines Lebensmittelgeschäft hat mit ein, zwei Angestellten, der kann nicht mehr existieren! Die Großen kaufen billiger ein. Und jeder kauft da, wo es am billigsten ist. Ist doch so! Der, der teuer ist, verkauft nichts. Damals war alles einheitlich. Der Zucker kostete das und Mehl das, überall gleich.

Ich war der einzige, der Dolomit in großen Mengen verkaufte. Es gab zwar noch kleine Dolomitgruben, die kamen aber nicht hoch. Oder im Fuhrgeschäft; für den Bilo hab ich mit Pferd und Wagen Gerüststangen gefahren. Es war klar, daß ich für ihn fuhr. Das konnte auch nicht jeder, mit den langen Stangen auf dem Wagen, vorn am Pferd vorbei. Da mußte man schon ein ruhiges Pferd haben. Auch kannte man früher jeden Geschäftsmann in Gladbach, die kannten sich alle. Der alte Büttgen, der Heising, die hab ich all gekannt. Sind fast alle tot heute, schon die Kinder. In meinem Alter ist man am Seltenerwerden. Ja, wenn ich damals mit dem Pferd durch Gladbach kam! Und heute, alles fremd!

Mein Sohn, der Ludwig, hat drei Jahre Uhrmacher gelernt in Gladbach. Da kommt er eines Tages und sagt: »Vater, dat jefällt mir nit, dat is nix für mich!« Da sagte ich zu ihm: »Wenn du willst, kannst du bei mir in den Betrieb kommen. Kannst machen, wat du willst! Und wenn du wat falsch machst, werd ich nit schimpfen, denn dat kann jedemmal passieren im Geschäft. Aber dat du dat weißt: Wenn du nit schaltest, wegen dir rauch ich keine Zigarre weniger! Dat Draufmachen kann ich selber, da hab ich dich nit für nötig!« Der Jung hat gespurt. 1960 habe ich ihm alles übertragen, ab, aus! Gehört jetzt ihm. Wat soll ich da noch!

Es klappt wunderbar. Der Junge ist fleißig, strebsam; was will ich noch mehr! Morgens um halb sieben ist er schon im Büro und regelt alles. Wenn um sieben Uhr angefangen wird, steht er da – die 50 Mann um ihn rum – und jeder kriegt seinen Zettel, wo draufsteht, was er zu machen hat.

Vor ein paar Jahren hat mein Sohn von Lautz sechseinhalb Morgen Land gekauft; zugekauft, daß er um den Steinbruch rum alles aneinander hat. Fünfundzwanzig Morgen hat er jetzt. Dann hat er hinter dem Steinbruch Wald abgemacht, gerodet – war aber mehr Gestrüpp, wenig Nutzholz. Da haben die ein Palaver gemacht, die »Grünen«. Wir dürften nicht einfach so Wald abmachen, meinten die. Mit einem ganzen Bus kamen die an, 'ne Kommission von 25 Mann, und haben besichtigt. Dann sahen sie das Wasser, den kleinen See unten im Steinbruch. Da sagten sie, das dürften wir nicht zuschütten, da wären Frösche drin! Wollten sie uns stillegen, damit das so erhalten bleibt. Was für ein Unfug! Wo soll das denn hin, wegen 'nem Frosch! Wenn da ein Frosch reinhüpft, in das Wasser, wer kann denn dafür! Da war doch früher auch kein Frosch, da war doch Berg. Deswegen kann ich doch nicht alles stillegen. Es muß doch weitergehen! Wenn wir ausschachten, dann muß der Dreck doch irgendwohin. Wo sollen wir denn hin damit?!

Da hat der Sohn gesagt: »Wenn Sie den Bruch stillegen, wenn ich nicht mehr weiterkann, entlaß ich fünfzig Mann. Dann ist Schluß!« Die Arbeiter haben sich dann auch beschwert. »Dann werden wir ja arbeitslos, wofür?« sagten sie. Aber den Bruch stillzulegen haben die doch nicht fertiggebracht; wir hatten die Mehrheit auf unserer Seite. Damit es weitergeht, damit die Arbeiter nicht brotlos werden. Die Leut wollen arbeiten. Und wenn kein Material mehr da ist, hört es auf!

Bernhard Engels

Mein Vater war Kaufmann in Köln. Neben seiner Arbeit bemühte er sich bei allen möglichen Gelegenheiten, seine Kenntnisse der französischen Kultur, Geschichte, Literatur und Sprache zu erweitern. Dadurch war er einem französischen Industriellen aufgefallen, der an diesem jungen Mann Gefallen fand und ihn für einen französischen Konzern nach Böhmen schickte.

Böhmen war damals im Bewußtsein der Rheinländer eine so nebulöse Sache wie etwa für uns heute Sibirien. Man hatte begonnen, die riesigen Kohlevorkommen Nordwest-Böhmens zu erschließen; eine hervorragende Gaskohle, die sogar im Tagebau gewonnen werden kann. Industrien, die viel Brennstoff oder Gas brauchen wie die keramische Industrie und die Glasindustrie, wurden dadurch geradezu verführt, sich dort anzusiedeln. Deshalb kam in den letzten dreißig Jahren des vorigen Jahrhunderts in dieser Region eine rasante industrielle Entwicklung in Gang, die zum großen Teil gesteuert und initiiert wurde durch Leute aus dem Ruhrgebiet, aus Sachsen und Bayern, ja sogar durch Engländer und Franzosen.

Unter den denkbar schwierigsten Bedingungen fing mein Vater dort an zu arbeiten. Dabei hatte er ein Prinzip: Alle Arbeiten im Werk mußte er einmal selbst gemacht haben! Der Mann hat Holz ausgeladen, um zu sehen, wie viele Bretter man in einer Stunde ausladen kann; der Mann hat Glas geschnitten; der Mann hat nachts das Schmelzen von Glas gelernt. Er sagte sich: Ich muß doch wissen, welche Leistung in einer bestimmten Zeit zu erbringen ist; ich muß doch wissen, wie das alles geht! Wenn er dann nachts zur Schmelze ging, um das Schmelzhandwerk zu lernen, ist meine Mutter mit der Laterne mitgegangen und hat ihm geleuchtet.

Dann hat mein Vater Verwandte und andere Kölner nachgezogen; er brauchte ja Ingenieure und Fachleute in dem Werk. So entwickelte sich nach und nach in Bilin eine Art kölsche Nebenstelle, und wenn mein Vater guter Laune war, sprach er mit seinen Verwandten und Ingenieuren Kölsch! Auch in Teplitz gab es Kölner. Ich erinnere mich genau an eine Kölner Familie, die dort ein Stahlwerk aufgebaut hatten und bei denen wir Fasteloovend feierten.

Mit der erfolgreichen industriellen Entwicklung wurde das Leben allmählich besser. Aus den 20 Mann, mit denen mein Vater angefangen hatte, wurden schließlich 1000. Er wurde der größte Industrielle in dem kleinen Städtchen. Vor kurzem ist ein Buch über dieses Bilin erschienen, wo man ihm einen Artikel gewidmet hat und geschrieben hat, was der Mann alles Gutes für das Städtchen getan hat – nicht zuletzt auch für das stark beeinträchtigte Deutschtum. Es hatte ja folgende Entwicklung eingesetzt: Der für die Industrialisierung notwendige Kräftebedarf konnte aus den dünn besiedelten deutschen Landesteilen nicht erfüllt werden, es wanderten also aus dem Inneren des Landes zunehmend tschechische Bevölkerungsteile in diese ehemals rein deutschen Gebiete ein. Diese ursprünglich friedliche und natürliche Entwicklung bekam etwa ab 1900 durch das Auftreten einer ferngesteuerten panslawistischen Bewegung gefährliche politische Akzente, die schließlich 1938 zu dem bekannten Münchener Abkommen geführt haben.

Wir wohnten in einer Kolonie unweit des Werkes. Später, als die Fabrik gewachsen und bedeutend größer geworden war, stand unser Haus mitten im Werk! Viele meiner Schulkameraden waren Söhne von Arbeitern, mit denen ich täglich zusammen war – selbstverständlich! Als ich später selber in der Glasindustrie arbeitete – sogar noch hier in Bergisch Gladbach – hatte ich Mitarbeiter, die Söhne von Arbeitern meines Vaters waren. Der letzte ist vor drei Wochen in Porz gestorben; das war der Sohn eines Arbeiters meines Vaters, mit dem ich zusammen in einer Klasse gesessen habe, der mit mir in Schlesien gewesen ist und den ich dann nach Bergisch Gladbach geholt habe. Der sogenannte Klassenkampf wird nämlich nur von denen gepredigt, die an dem Klassenkampf verdienen wollen! Menschlichkeit geht weit über den Klassenkampf!

In Dresden besuchte ich das Gymnasium, und von da aus ging ich zur Technischen Hochschule in München. Als mein Vater 1922 starb, brach ich mein Studium ab und kümmerte mich um meine Mutter. Das Vermögen war, bedingt durch Inflation und Kriegsanleihen, die mein Vater gezeichnet hatte – jeder anständige Deutsche machte das damals – bis auf einen kleinen Rest zusammengeschrumpft. Das einzige, was wir noch besaßen, war eine Beteiligung an einem Werk in Weißwasser in Oberlausitz. Ich bin also nach Weißwasser gegangen und habe mich in dem Werk allmählich hochgearbeitet, bis mir der französische Konzern, dem maßgeblich das Werk gehörte, die Möglichkeit bot, Geschäftsführer zu werden. Ich bewährte mich und erfand außerdem noch ein Verfahren zur Herstellung von bestimmten Glassorten. Dann holten mich die Franzosen nach Waldenburg in Schlesien. Ich wurde mit 30 Jahren Direktor der größten Flachglasfabrik östlich der Elbe, was natürlich eine Mordsaufgabe war, aber auch eine Riesenchance!

Nur mal ein Beispiel, wie damals gearbeitet wurde: Ich habe zeit meines Lebens viel Musik gemacht und als Cellist viel Kammermusik getrieben, vor allen Dingen in Dresden. Ich wollte sogar einmal Musiker werden. Seitdem ich aber Weißwasser verlassen hatte und nach Waldenburg ging, habe ich mein Cello 15 Jahre nicht angerührt! Von 1930 bis 1945 habe ich keinen Ton Musik gemacht, weil ich keine Zeit dafür hatte! Trotzdem, ich habe das nie bedauert! Warum? Weil ich fasziniert war von der Aufgabe, die vor mir lag! Es gibt nämlich eine Faszination der Aufgabe! Und es ist eine der traurigsten Erscheinungen unserer Zeit, daß man die Leistung verdammt und schlecht macht und vom Leistungszwang spricht! Das Gegenteil ist der Fall; man muß dankbar sein, die Chance einer Leistung zu bekommen – daß man überhaupt eine Leistung erbringen darf! Es ist eine Riesensünde, daß alle möglichen Leute heute vom Leistungszwang reden, vom Streß! Sogar die Sextaner fangen angeblich schon mit Streß an! Die Kinder werden ja unglücklich gemacht mit diesem Gerede. Man muß vielmehr den

jungen Leuten bei jeder Gelegenheit sagen: Ihr müßt genau andersherum die Sache anschauen! Geht mal an eine Aufgabe ran und seht, was das für ein unglaubliches Glück ist, etwas vorwärts zu bringen, etwas zu leisten! Man muß positiv zu einer Aufgabe stehen. Das Leben ist nämlich nicht in Moll geschrieben, wie uns das so viele Leute weismachen wollen, sondern in Dur!

Für mich war es doch faszinierend, vor dieser Riesenaufgabe zu stehen – und meine Männer haben das auch so empfunden! Es war großartig, was wir in Waldenburg geleistet haben! Dem Werk ging es nämlich sehr schlecht. Man muß bedenken, das war in den dreißiger Jahren; 7 Millionen Arbeitslose in Deutschland und, und, und! Es stand sehr schlecht um Waldenburg, und man hatte in der Generaldirektion überlegt, ob man das Werk mit den fast 1000 Arbeitern aufgeben soll oder nicht. Wir haben aber selbstverständlich durchgehalten, wir haben das Werk sogar vergrößert! Und wenn ich nicht ganz erfolglos in der Industrie geblieben bin, dann ist das nicht zuletzt darauf zurückzuführen, daß ich die Gabe hatte, Leute zu aktivieren und zur freudigen Mitarbeit zu bringen. Wir waren eigentlich immer eine freudige Gesellschaft im Werk, wenn auch mit Krach und Auseinandersetzung, aber alle waren gutwillig!

Vor allen Dingen habe ich in den ersten Jahren viel Energie darauf verwandt, die Klassenkampftheorie des Herrn Marx, die während der Weimarer Republik recht unverblümt in den Gewerkschaften praktiziert wurde, zurückzudrängen. Als zum Beispiel einmal Vertreter der Angestellten-Gewerkschaft zwecks Tarifverhandlungen nach Waldenburg kamen, habe ich meinen Mitarbeitern gesagt: »365 Tage im Jahr sitzen wir hier zusammen. Und wenn Sie was von mir wollen, schicken Sie mir den Gewerkschaftsfunktionär Schmitz oder Müller aus Breslau, den ich überhaupt nicht kenne! Sie sollten sich genieren! Warum kommen Sie denn nicht sofort zu mir?!« Dann kamen sie selber, und wir haben die Sache alleine gemacht; ohne Dritte, die sich da einmischten.

1933 wurde der Klassenkampf tabuisiert; es wurde der Versuch gemacht, den destruktiven und kräfteverzehrenden Klassenkampf durch die konstruktive und ausgleichende Volksgemeinschaft zu ersetzen. Viele sind dieser faszinierenden Idee gefolgt. Und in der Tat: Ich habe erlebt, wie sich die Leute ganz anders ansahen, der Bauer, der Arbeiter und der Angestellte; man fühlte sich als eine Gemeinschaft der Gleichberechtigten, aber auch Gleichverpflichteten! Auf die anderen Entwicklungen ab 1933 brauche ich – gerade ich als Flüchtling – nicht einzugehen.

1945 mußten wir wegen der vorrückenden russischen Armee raus aus Schlesien. Meine Familie, die schon vor mir Waldenburg verlassen hatte, fand ich in Neustadt im Bayerischen Wald wieder, wo wir gute »Glasfreunde« hatten, die sich meiner Frau und meiner Kinder angenommen hatten.

Dann kam eines Tages ein amerikanischer Offizier, irgendwie kannte man mich, und sagte mir: »Hören Sie mal! Wir wollen uns einen Überblick verschaffen, wie es denn hier mit der Glasindustrie aussieht. Kommen Sie doch bitte mit zum Hauptquartier der

Division!« Wir fuhren also nach Weiden, und wie wir in Weiden ankamen, landete ich im Gefängnis! Man hatte mich mit dieser billigen List ins Gefängnis gelockt! Dann habe ich da in einem Lager gehockt. Leitende Stellung in der deutschen Industrie hielt man mir vor – zuletzt führte ich ja eine bedeutende Gruppe von Glaswerken in Schlesien. Es wurde aber auch jeder Rat eingesperrt, ob Veterinärrat oder Schulrat, denn unter einem Rat stellten sich die Amerikaner einen leibhaftigen Milchbruder von Adolf Hitler vor, so kindisch waren die! So saßen dann tatsächlich Veterinärräte in dem Lager, die nur Dackel untersucht hatten! Nach neun Monaten wurden wir tatsächlich mal vernommen – bisher hatte sich keiner um uns gekümmert, nur eben bei der Verhaftung –, und da ich ja kein Parteifunktionär war noch parteilich belastet war, hat man mich im Februar 1946 entlassen, mit offenen Beinen und so weiter. Überhaupt, es war schrecklich gewesen!

Im Mai 1946 kam ein englischer Hauptmann mit einem Wagen angereist und sagte: »Herr Engels, ich habe den Auftrag, Sie als Gast der englischen Regierung nach London einzuladen!« »Das ist sehr ehrenhaft«, sagte ich, »ich fahre furchtbar gerne nach London, aber vielleicht ein oder zwei Jahre später!« »Nein«, sagte er, »sofort!« »Bin ich Ihr Gefangener?!« frug ich. »Nein, nein, Sie sind Gast der Regierung!« Wir fuhren also los. Der Mann war sehr nett, und da ich Englisch sprach, konnten wir reden. Er sagte: »Ja wissen Sie, ich bin zum erstenmal in Deutschland. Können wir uns bei der Gelegenheit nicht mal deutsche Städte ansehen?!« »Ja bitte, mit Vergnügen!«, sagte ich, »Sie müssen mich bloß ernähren, ich hab ja nichts zu essen!« So waren wir in München, in Nürnberg, in Ulm, in Stuttgart . . .! Er ging dann immer in die Offiziersmessen und brachte mir Pakete mit Essen ans Auto. Übernachtet habe ich bei Freunden. Auf diese Weise erreichten wir schließlich Frankfurt, wo ein Flugzeug kam und mich nach London holte.

In London angekommen, gingen wir erst mal in eine Bar, und dann sagte der Hauptmann: »Nun müssen wir aber los!« Er zog einen Zettel aus der Tasche, hielt eine Taxe an, und wir fuhren nach Wimbledon. Dort angekommen, bogen wir in eine Einfahrt ein und . . . peng, das Eisentor ging zu. Ich war wieder gefangen! Selbst der Hauptmann war überrascht, er wußte auch nichts davon.

Also, es war infam! Es war infam, weil: Die Amerikaner haben uns behandelt wie »besiegter Dreck«! Sie haben Leute erschossen, die an den Lagerzaun liefen. Das war rabiates Kriegshandwerk! Aber so haben sie zumindest klar ausgedrückt, was sie uns gegenüber empfanden. Die Engländer allerdings sagten: Sie sind Gast der Regierung, aber in Wirklichkeit waren wir doch Gefangene!

In dieser ehemaligen Mädchenschule, eingezäunt und bewacht natürlich, saßen also 30 bis 40 deutsche Spitzenkräfte aus Wissenschaft, Technik und Industrie – es war die beste Gesellschaft meines Lebens!

Nun war es so: Für eine Benutzungsgebühr von 1 Pfund im Haus und 5 Pfund außer Haus durfte man uns intellektuell mißbrauchen. Es kamen also Leute aus England, meist Industrielle, die gehört oder in bestimmten Fachblättern gelesen hatten, der und der ist da, z. B. der Engels, der ein Verfahren zur Herstellung von bestimmten Glassorten erfunden hat. Die kamen also an, bezahlten an der Kasse die entsprechende Benutzungsgebühr und nahmen im »Salon« Platz. Dann wurden wir von einem Posten in den »Salon« geführt. Wir kriegten natürlich nichts dafür, wir kriegten nur 10 Shilling pro Woche.

Das Ganze war eine gigantische Industriespionage! Man wollte wissen, wie haben Sie das gemacht und wie haben Sie jenes gemacht. Bei mir war die Sache allerdings relativ einfach. Wenn man nach Einzelheiten fragte, habe ich gesagt: »Ja, wissen Sie, das kann ich Ihnen nicht sagen! Das ist schon so lange her, und außerdem hatte ich meine Ingenieure!« »Ja, haben Sie denn keine Aufzeichnungen?« »Doch, ich habe alles aufgezeichnet!« »Ja, dann können wir doch die Aufzeichnungen beschaffen!« Ich sagte: »Ja, wenn Sie wollen!« »Wo liegen die denn?« »Die liegen natürlich in Waldenburg!« »Ja, wo liegt denn das?« Ich sagte: »Bei den Russen!« . . . Aus! Auf diese Weise habe ich wenig, sehr wenig ausgesagt!

Beim Essen tauschten wir immer untereinander aus, was bei jedem los war. So erzählte ich meine Strategie – also zu sagen, die Unterlagen wären in meinem Schreibtisch – auch einem Hochfrequenzmenschen aus Düsseldorf. »Oh«, sagte er, »das ist ja eine Idee, das mache ich auch!« Wie der das nächste Mal vernommen wurde, sagte er: »Das kann ich Ihnen nicht sagen, da habe ich Details von . . .!« »Wo sind die Details?« »Ja, die sind in meinem Schreibtisch!« 14 Tage später kam ein Möbelwagen an: »Bitte suchen Sie!« Da haben die tatsächlich sein Büro in Düsseldorf ausgeräumt und den kompletten Schreibtisch rübertransportiert!

Vor dem Frühstück mußten wir immer antreten. Davon habe ich übrigens noch Bilder. Fotografieren war zwar streng verboten, aber wir taten es trotzdem – wir waren ja nicht weniger intelligent als die Engländer! Wir mußten dann auf dem Hof antreten, alles diese Kaliber, diese Hochleistungsmenschen, und unser deutscher Lagerleiter, der Professor Schwenkhagen, machte Meldung: »Herr Major, soundso viele Deutsche angetreten . . .!« Wir haben uns natürlich totgelacht! Dabei hatte jeder so ein Töpfchen in der Hand, darauf stand: Her Majesty's Government. Jeden Morgen bekamen wir Porridge. Wir hatten nun rausgekriegt, daß dieses Zeug zusammen mit Kakao und Milch eine wunderschöne, gut verteilte Emulsion gab, wenn man nur lange genug rührte. Daran hatten vor allen Dingen unsere Chemiker Spaß! Dann standen wir alle so da, und jeder rührte wie wild in seinem Töpfchen; wie die Tibetaner mit ihren Gebetsmühlen.

Den Kakao bezahlten wir von unserem »Strumpfgeld«. Die 10 Shilling gaben wir einem Feldwebel von der Bewachungstruppe, der in der Stadt für uns einkaufte und dabei nicht zu kurz kam. Auf diese Weise haben wir wie wild Kakao gekauft, Lebertran . . ., also alles das, was wir in Deutschland nicht mehr hatten und was wir bei der Entlassung mitnehmen wollten. Ingenieure von uns konstruierten geradezu supergeniale Pressen, damit wir in eine Blechbüchse für 1 Pfund Kakao schließlich 5 Pfund reinbrachten – das Kakaopulver war dann wie Stein! Aber so konnten wir mehr transportieren. Die einzig wirklich anständige Geste der Engländer war die, daß man bei der Ausreise nicht unser Gepäck kontrollierte!

Im Oktober 1946 brachte man mich zurück in den Bayerischen Wald; sie dachten wohl, aus dem ist nichts mehr rauszuquetschen. Und wie ich bei meiner Familie ankam mit dem Lebertran, dem Kakao, dem Gummiband, dem Nähzwirn . . ., es war ein Fest!

Aber was sollte ich nun machen, ich war ja arbeitslos! Da bekam ich ein Telegramm von dem Oberbürgermeister Klett aus Stuttgart: »Bitte um eine Unterredung mit Ihnen!« Er hatte wohl erfahren, daß ich in Neustadt steckte. Ich fuhr also nach Stuttgart, und er sagte mir, daß er die Absicht hätte, in Stuttgart eine Fensterglasproduktion aufzuziehen, ob ich das nicht machen wolle. Da das aber technisch und wirtschaftlich eine völlig unmögliche Sache war, riet ich ihm ab. Dann frug er mich, was ich denn sonst so machen würde. Ich sagte: »Ich warte auf eine Chance in der Glasindustrie!« »Ja, und in der Zwischenzeit?« frug er mich. »In der Zwischenzeit muß ich sehen, daß ich zu einem Bett und zu einem Stuhl komme!« – es war ja alles in Schlesien geblieben! »Ja, aber wie machen Sie das ohne Arbeit und Geld?!« Da sagte ich: »Ich werde Glühlampen regenerieren!« »Wie soll das denn gehen?« »Ja, wissen Sie, wenn in einer Glühlampe – ein Wunderwerk der Technik – das Fädchen kaputt ist, schmeißt man die mit dem ganzen fabelhaften Ausbau, also mit dem Messing, mit dem Glas und mit der Arbeit, einfach in die Ecke. Unerhört! Man muß nur das Fädchen erneuern, und sie tut's wieder!« »Kann man das?« frug er mich. »Jawohl!« »Wo machen Sie das?« »Weiß ich nicht, wo ich Zuzug bekomme und eine Wohnung kriege.« »Ja«, sagte er, »dann kommen Sie nach Stuttgart!« Auf diese Art und Weise kam ich nach Stuttgart.

Es spricht für den Mann, daß er kapiert hatte, daß es Blödsinn gewesen wäre, in Stuttgart eine Glasindustrie aufzubauen. Ein anderer Bürgermeister hätte vielleicht gedacht: Ach, der Engels ist nicht in der Lage dazu . . .! »Vielen Dank! . . . Was haben Sie an Auslagen gehabt?« Und am nächsten Tag hätte er sich einen anderen geholt, der das gemacht hätte und natürlich gescheitert wäre. Wir haben das ja oft genug erlebt, daß Städte aus lauter Großmannssucht irgendwas machen, was hinterher ein Riesenreinfall wird, siehe Klinikum Aachen.

Da ich keinen Pfennig Geld besaß – wo sollte es auch her sein –, mußte ich mir erst mal Kredit besorgen. Ich ging also zur Bank und sagte, ich wolle 50 000 Mark Kredit haben. »Ja . . ., wer sind Sie denn?« frug man mich. »Ich bin Flüchtling!« »Ah . . ., wo kommen Sie denn her?« »Aus Schlesien.« »Was haben Sie denn da gemacht?« »Das und das!« »Ach . . ., das müssen wir uns mal überlegen!« So ging das hin und her, und diese ganze schmähliche Prozedur dauerte und dauerte. Dann sagte ich mir: Jetzt kriechst du nicht mehr weiter da unten rum, du fährst jetzt nach Berlin! In Berlin saß nämlich der damalige oberste Chef der Deutschen Bank für Schlesien, der mich natürlich kannte. Unter tausend Schwierigkeiten – man durfte ja nicht von einer Zone in die andere –

schlug ich mich nach Berlin durch und habe diesen Mann aufgesucht. Der hat dann dafür gesorgt, daß ich Personalkredit bekam.

Jetzt war es so: Mit der Glasverarbeitung wußte ich Bescheid, hatte aber keine Ahnung über die Edelgasfüllung in den Lampen. Ich schrieb an unseren damaligen Lagerleiter Professor Schwenkhagen, der Physiker war: »Lieber Schwenkhagen, ich stehe vor der Frage, Glühlampen zu regenerieren, habe aber keine Ahnung, wie die Gasfüllung zu behandeln ist. Wie geht denn so was?!« Er schrieb mir zurück: »Lieber Engels, ein ehemaliger Mitschüler von Ihnen, Professor Kluge, der Chef des Gasentladungslabors bei der AEG war, sitzt am Chiemsee und hungert! Schreiben Sie dem!« Das habe ich gemacht, und ein paar Tage später kam er angeschlurft und hat mitgearbeitet. Er machte also die Gasfüllungsgeschichte. Für ihn war das sehr günstig, denn so bekam er Zuzug nach Stuttgart. Außerdem ermöglichte ihm das die Verbindung zur Technischen Hochschule, wo er später einen Lehrstuhl bekommen hat.

Aber so wie das dem Kluge ergangen ist, der von 1945 bis 1947 am Chiemsee gesessen und gehungert hat, ist es vielen dieser hochqualifizierten Spezialisten ergangen, natürlich auch den Leuten, die mit mir in Wimbledon waren. Die Leute standen doch, als sie wieder zurück in Deutschland waren, auf der Straße und wußten nicht wohin! Man wartete, man suchte. Ich doch auch zuerst! Es ist ja so: Wenn man Chirurg ist, braucht man nur ein Skalpell, und morgen ist man wieder dran! Wenn man aber Chef eines großen Industriewerkes ist, ja – dann braucht man einen Riesenapparat!

Unter den Dreißig in Wimbledon war einer, der in Deutschland maßgeblich an der Radarentwicklung gearbeitet hatte. Dieser Mann hat uns in dem Lager die Haare geschnitten. Er sagte: »Was soll ich jetzt mit meinen Radarkünsten in Deutschland?! Ich werde zu Hause Frisör; ich weiß sonst nicht, wie ich meine Brötchen verdienen soll.«

Oder unser Lagerleiter Professor Schwenkhagen, der in Danzig Physiker war. Ja . . ., nun saß er irgendwo auf einem Dorf in Westfalen! Er ist noch möglichst lange in Wimbledon geblieben, weil er sich sagte: Was soll ich in Deutschland, die Universitäten sind ja nicht in Betrieb. Ich kriege doch da keine Stelle als Professor! Außerdem bezahlten die Engländer seiner Frau 400 Mark, genau wie meiner Frau. Was sollte er also in Deutschland? Ich werde auch nie dieses Industrieseminar vergessen, das er später mit anderen Professoren in Wuppertal durchgeführt hat. Die Idee war folgende. Er sagte sich: Es ist doch jammerschade, daß Ingenieure, wenn sie einmal zu Ende studiert haben, nicht weiterarbeiten und auf ihrem Wissensstand bleiben! Wir machen ein Industrieseminar! Das hat er dann mit anderen arbeitslosen Professoren durchgeführt. Bei der Gründung dieser Sache war ich anwesend. Also, es war ergreifend, wie diese arbeitslosen, brotlosen Professoren so in einem Zug in diese Turnhalle reinkamen! Was die Leute durchgestanden haben, gerade diese hochspezialisierten Menschen, da macht man sich heute keinen Begriff von! Die waren doch am allerschlechtesten dran! Einige sind auch in England geblieben; man machte ihnen Angebote, und so blieben sie dort.

Dann haben wir also diese Glühlampensache gemacht und dafür gesorgt, daß Stuttgart mit regenerierten Glühlampen versorgt wurde. Es war natürlich abzusehen, daß die Leute von Osram oder die Leute von Philips uns bald einholen würden. Denn Philips baute auf, AEG baute auf, Osram baute auf; es war nur eine Frage der Zeit, bis wieder normale Lampen auf den Markt kamen. Dann kaufte doch kein Mensch mehr für 1,50 DM eine regenerierte Glühlampe, die man auch noch extra wegbringen mußte. Da habe ich zu dem Kluge gesagt: »Wir müssen jetzt was anderes machen, das Regenerieren geht nicht mehr! Wir müssen auch Lampen machen, aber so kleine Lampen, so Speziallampen für Nähmaschinen und Laborgeräte!« Wer machte aber jetzt die Glaskolben? Ich kannte Christbaumschmuckleute aus Thüringen, die ausgewandert waren und jetzt irgendwo an der Rheinquelle saßen. Zu denen bin ich hingefahren und habe gesagt: »Kinder, anstatt daß Ihr diese runden Kugeln macht, macht doch mal so kleine Lämpchen für uns!« Das haben sie dann getan. Dann wurden Formen besorgt, und wir machten also diese kleinen Speziallampen.

Das ging so eine Weile. Dann habe ich zu dem Kluge gesagt: »Mensch, Du mußt was erfinden! Das ist nur eine Frage von Monaten, dann haben die Osram und die Philips auch die kleinen Speziallampen. Die haben das früher auch gemacht!« Er überlegte und überlegte, und dann sagte er: »Wir machen Überspannungsableiter aus kleinen Glasröhren! Wenn da der Blitz reingeht, gehen die nicht kaputt!« Damals sicherte man nämlich die Apparate gegen Blitzschlag durch kleine Kohleplättchen. Wenn da der Blitz reinging, waren sie kaputt, und man mußte sie mit Schwierigkeiten ersetzen. Die haben wir dann gemacht, und das macht die Firma heute noch!

Im Dezember 1949 bekam ich einen Anruf von der Generaldirektion des französischen Konzerns, für den ich in Schlesien gearbeitet hatte: »Hören Sie mal, Herr Engels; der Herr Campill ist gestorben, der Direktor des Werkes in Bergisch Gladbach! Außerdem ist das Werk sehr wackelig, und wir wissen nicht, ob wir das Werk halten können. Können Sie nicht mal hingehen und prüfen, ob es sich lohnt, das Werk weiterzuführen! Es ist doch eine Chance für Sie!« Ich sagte: »Natürlich, das mache ich!« Ich bin also nach Bergisch Gladbach gefahren, habe mir hier ein möbliertes Zimmer genommen und fing an zu arbeiten.

Ursprünglich gab es nur ein Verfahren, um kurze Isolierfasern aus Glas herzustellen; das war ein amerikanisches Verfahren, und damit wurde überall gearbeitet. Man ließ hochgespannten Dampf auf zähflüssiges Glas einwirken und zerfaserte damit das Glas. Dann kam Herr Rosengart, ein einfacher Mann aus Schalke, ein genialer Erfinder und ein gütiger Mensch. Er hat nun in seinem Keller erfunden, daß man auch Glas durch Einwirkung der Zentrifugalkraft zerfasern kann. Da er aber keine großen Apparate hatte und nichts, ist er hier zu der Firma Hager & Weidmann gegangen, die klug genug war zu erkennen, daß da was dran war an seinen Versuchen, und die haben gesagt: »Herr Rosengart, Sie können bei uns große Versuche machen!« Die Hagers, die ja bekanntlich Maschinenleute waren und keine Glasleute, suchten sich nun einen Glaskonzern, fuhren also zu unserem Konzern und fragten, ob man nicht Interesse hätte, da mit einzusteigen.

Kurz danach, das war 1938, ich war damals Werkschef in Waldenburg, sagte mir mein damaliger Generaldirektor auf einer unserer monatlichen Sitzungen in Köln: »Fahren Sie doch bitte mal nach Bergisch Gladbach. Da ist so ein merkwürdiger Mann, der hat bei der Firma Hager & Weidmann, die wir auch nicht kennen, angeblich eine ganz neuartige Glasfaserproduktion. Das wurde uns angeboten. Sehen Sie doch mal nach, ob wir das machen sollen!« Mein Kollege aus Stolberg und ich setzten uns ins Auto, sind nach Bergisch Gladbach gefahren und haben dort tatsächlich den Herrn Rosengart und die Herren Hager angetroffen. Dann sind wir in den alten Schuppen rüber, haben da vor den Apparaten gestanden, und siehe da, es wurde Glasfaser gemacht! Also, es stank, und es war eine Schweinerei in dem Laden, es war fürchterlich! Aber bitte sehr, es funktionierte! Anschließend haben wir uns die Sache erklären lassen und sind wieder nach Köln gefahren, wo wir am nächsten Tag berichteten. Man griff die Sache positiv auf, gründete eine gemeinsame Gesellschaft, kaufte eine alte Fabrik, Hibby und Schroer war das, und dort fing die Sache an. Herr Rosengart machte die Technik, und Herr Campill war der Organisator, der eigentliche Macher. So wurde die ganzen Jahre durch nach der Idee und nach der Technik des Herrn Rosengart industriell Glasfaser gemacht. Nach dem Krieg ließ die Nachfrage nach, und da auch die Qualität nicht so gut war wie bei dem amerikanischen Verfahren, stand es also, als ich 1950 hierhin kam, sehr schlecht um das Werk.

Ich habe aber auf das neue Verfahren gesetzt, und nach drei Monaten sagte ich zu meinem Konzern: »Ich bin nahezu sicher, daß das Werk nicht nur lebensfähig ist, sondern daß auch das Verfahren aussichtsreich ist!« Man glaubte mir und sagte: »Gut, dann gehen Sie nach Bergisch Gladbach!«

Im August sind wir dann hierhin gezogen. Wir wohnten in einem sehr, sehr netten kleinen Siedlungshäuschen im Gronauer Wald. Was das für ein Erlebnis war, endlich mal wieder in einem eigenen Haus zu wohnen, wo man die Tür hinter sich zumachen konnte und für sich war! Es war großartig! Wir waren ja Flüchtlinge! In Neustadt wurden wir einem Gemeindeschreiber aufgedrängt, dem Herrn Süß, der sich mit seiner Frau eine Dreizimmer-Wohnung teilte. Von diesen drei Räumen mußte der arme Mann nun zwei abgeben – das Sozialamt mußte uns ja irgendwo unterbringen. Dann kam auch noch eine Tochter zur Welt, und unser Sohn kam aus der Gefangenschaft zurück, wir wurden immer mehr! Die Leute haben uns entsetzlich leid getan! Das war eine scheußliche Situation für uns, wir waren Störenfriede und spürten das bei jeder Gelegenheit! In Stuttgart bekamen wir dann wenigstens irgendwo eine Dreizimmer-Wohnung, dritte Etage; unsere Kinder mußten unten in der Gosse spielen! Nach all dem kann man sich ja vorstellen, wie glücklich wir waren, wieder in unseren eigenen vier Wänden zu sein.

In der Aufbauphase des Werkes habe ich viele von meinen Schlesiern hierher geholt, die damals mit mir in Waldenburg gearbeitet haben. Im Lager Friedland – dem berühmten Friedland – hatte ich eine ehemalige Wirtschafterin sitzen, die Schwester Magda, die dort als Rote-Kreuz-Schwester arbeitete. Mit ihr hatte ich Verbindung. Wenn nun ehemalige Arbeiter von der Spiegelhütte – so wurden wir genannt – durch das Lager kamen, rief sie mich an und gab mir durch, wer gerade mit einem Transport angekommen war. »Ach«, sagte ich, »der Bannwitz aus der Tischlerei! Ja, der soll man kommen!« Oder ich telefonierte mit meinen Kollegen nach Porz oder nach Stolberg. Heute arbeiten bereits deren Söhne hier im Werk.

Dann haben wir hier gearbeitet, und ich muß sagen, es waren gute, verständnisvolle Leute! Worauf ich aber am meisten stolz bin ist, daß es mir gelungen ist, allen die Begeisterung für das Positive einer Aufgabe beizubringen. Hier hat keiner nach unten geguckt und hat in Moll gesungen! Wir haben aufgebaut, und zwar freudig – trotzdem ich manche Härte durchführen mußte! Das Werk wurde also allmählich gesünder, und wir kamen aus den roten Zahlen raus; nicht zuletzt deshalb, weil aufgrund unserer Impulse eine hochwertige Technik eingesetzt wurde. Heute ist das Werk das größte oder zweitgrößte Unternehmen dieser Art in der Bundesrepublik. Ich habe also recht behalten mit dem Prinzip des Herrn Rosengart. Heute arbeitet die ganze Welt nach diesem Verfahren, natürlich inzwischen gewandelt durch Technik und alle möglichen Verbesserungen.

Hätte ich allerdings nicht recht behalten und wäre erfolglos geblieben, dann kann man sich ja denken, was mir der Konzern gesagt hätte. Ich wäre unten durch gewesen, ich hätte nur noch kleiner Expedient werden können! Das ist so in der Industrie! Man muß bereit sein zum Risiko! Wenn nicht, dann wird man besser Sachbearbeiter beim Finanzamt oder am besten Beamter!

Es ist ja auch so: Eine industrielle Arbeit ab einem gewissen Niveau ist eine künstlerische Tat! Denn sie verlangt Können, sie verlangt Phantasie, sie verlangt Sensibilität und sie verlangt Durchhaltevermögen – was alles zur künstlerischen Leistung gehört. Ein Werk zu bauen und die Leute dort anzusetzen, wo sie mit Freude bei der Arbeit sind, ist nämlich eine Kreation, eine unerhörte Kreation! Das ist schöpferisch und führt zum Glück des Kreativen. Es ist z. B. der Wunsch eines jeden schöpferischen Industriellen, einmal ein Werk vollkommen neu zu gestalten; es so zu gestalten, wie er sich das in seinen Träumen vorstellt. Dazu bin ich leider nie gekommen; ich hatte nie das Glück, eine Industrie auf eine grüne Wiese zu setzen! Ich bin immer nur gerufen worden, wenn es irgendwo nicht klappte. Das war in Waldenburg so, und das war in Bergisch Gladbach so. Mein Vater hatte es da besser gehabt, der hat das gemacht! Er hat in Bilin den größten Teil der Fabrik neu gebaut, und er hat in Dux ein ganz neues Werk errichtet. Aber er lebte in der Gründerzeit; ich kam ja erst 30 Jahre später an Deck, als alles schon gebaut war!

Johann Höller

Der Vater war Grubenschreiner auf der Grube Weiß in Herkenrath. Vor dem Heiraten wohnte er in Trinenhaus bei den Eltern, zu neun Kindern. Zwölf Stunden mußte er da arbeiten auf der Grube und brauchte auch noch zwei Stunden für den Hin- und Rückmarsch. Wie er dann geheiratet hat, hat er sich in Herkenrath 'ne Wohnung gesucht; da hatte er die zwei Stunden gespart, die brauchte er nicht mehr zu laufen.

Das ist so weitergegangen bis 1901, als ein Stolleneinbruch passierte. Der Vater wurde schwer verletzt, seine Brust war eingedrückt. Wochenlang ist er im Krankenhaus gewesen und später nach Bad Lippspringe in Kur gekommen; er ist aber nie wieder zum Arbeiten gekommen. Daraufhin hat er einen Rentenantrag gestellt, der auch bewilligt worden ist. Elf Mark und zehn Pfennig Rente im Monat kriegte er, mehr nicht! Und es waren schon drei Kinder da! Ja, was wollte er noch in Herkenrath! Da hat er die Wohnung aufgegeben und ist mit der ganzen Familie nach Trinenhaus zu den Eltern gezogen.

Ein Jahr haben wir da gewohnt, bis der Vater in Bechen direkt im Dorf ein kleines Gütchen kaufen konnte. Wie er dat bezahlt hat kriegen, weiß ich nicht! Da wurde Getreide gesät, da wurden Kartoffeln gesetzt, und zwei Kühe waren auf der Weide. Nebenbei tat er Bilder einrahmen. In Gladbach gegenüber der evangelischen Kirche war einer, der hieß Schloßhahn; bei dem tat er immer die Leisten für die Rahmen kaufen, die er dann selbst zurechtsägte. Dafür hatte er eine extra Säge, womit er schräg sägen konnte. Außerdem tat er dem Schloßhahn noch Bücher mit runterbringen, die eingebunden werden sollten, Gebetbücher oder Schulbücher. Zu der Zeit wurden ja die Bücher noch eingebunden und nicht wie heute, wo alles weggeworfen wird. So war der Vater viel unterwegs, alles zu Fuß, von Bechen nach Gladbach und wieder zurück.

Wir waren damals arm, wir haben oft kein Brot im Haus gehabt! Die Pfunde Brot kriegten wir von der Pohler Mühle, das ist zwischen Bechen und Biesfeld. Der Vater lieferte da unser Getreide hin, und dafür kriegten wir das ganze Jahr über Brot, verteilt auf die Woche. Das war Schwarzbrot, nur Schwarzbrot; und für sonntags ein Feinbrot. Weißbrot kannten wir da überhaupt nicht! Des Samstags kriegten mein Bruder und ich den Sack unter den Arm, und dann mußten wir los, Brot holen. Zwischen der Pohler Mühle und dem Becher Friedhof stand damals ein Kreuz, und hinter dem Kreuz war ein Stück Wald. Wenn wir da vorbeikamen, sagte ich dann manchmal zu meinem Bruder: »Komm, laß me ens mit dem Sack in den Bösch john. Holen wir mal dat Feinbrot raus!« Wir in den Wald, das Feinbrot raus – das war immer ganz frisch – und höhlten das von einer Seite aus, vor lauter Hunger! Ja . . ., wenn wir dann nach Haus kamen und der Vater und die Mutter sah, daß wir in dem Brot rumgepuhlt hatten, kriegten wir des Sonntags nix, keine einzige Schnitte; dann kriegten wir nur Schwarzbrot!

Vor Weihnachten brachte uns immer der Bäcker Bosbach die Weihnachtsmänner, für jeden einen. Mein Bruder und ich, wir hatten nun erwittert, daß meine Mutter die

Weihnachtsmänner unten im Kleiderschrank versteckte. Da sagte ich für den Hein: »Weiß Du wat?!! Wenn die Mutter weg is, holen wir da einen raus!« Dann haben wir da einen rausgeholt, mittendurch gebrochen und den gefuttert. Der schmeckte! Ja . . ., Weihnachten fehlte der natürlich, jeder kriegte ja nur einen. Wat da los war, dat da ein Weihnachtsmann fehlte! Meine Mutter hatte nicht nachgezählt, wie der Bosbach die gebracht hatte, und so hatten alle den Bäcker in Verdacht, daß der einen zuwenig geliefert hatte. Nach den Feiertagen ging sie dann zu dem in die Bäckerei und sagte dem das. Den Weihnachtsmann hat sie auch nachgekriegt.

Ja, wenn man so älter wird, dann denkt man doch öfters an uns ärm Mutter, wat die so mitgemacht hat mit all den Kindern, mit all den Jungens da! Die ganze Arbeit! Das Waschen zum Beispiel. Die erste Waschmaschine kriegten wir, als wir noch auf dem Gütchen wohnten. Die war dermaßen schwer zu drehen, die Maschine! Das war ein Holzbottich, und von dem Rührwerk ging innen 'ne Stange hoch zu dem Deckel, auf dem das Getriebe saß. Dann ging außen eine Holzstange runter, und unten war ein schwerer Eisenschwengel, der gedreht werden mußte. Und ming ärm Mutter, die konnt dat nit, die war so klein und schwach! Der Vater war gewöhnlich auf Tour, irgendwo tapezieren, anstreichen, oder er war wegen der Bilder unterwegs. Wir Jungens sollten dann die Maschine drehen, wollten aber nicht. Wenn wir das merkten, kletterten wir schnell auf den höchsten Birnbaum, so daß die Mutter uns nicht sehen konnte. Dann rief die Mutter: »Johännschen, Hein!« Und nochmals, lauter: »Johännschen, Hein!« Aber wir waren mucksmäuschenstill, wir hingen hoch oben im Birnbaum und meldeten uns nicht! Dann mußte sich die arme Mutter selbst drangeben. Ja . . ., dat sin all so Erinnerungen!

Von Ostern 1904 bis Ostern 1911 bin ich in Bechen in die Volksschule gegangen, nur sieben Jahre, wo ich eigentlich acht Jahre gehen mußte. Aber ich war der Älteste, und da kriegte mich mein Vater freigestellt. Dann kam ich für zwei Jahre bei den Großeltern auf die Landwirtschaft. Ich mußte alles machen, im Kuhstall arbeiten, im Pferdestall, im Schweinestall, während der Erntezeit am Getreide helfen und Holz kleinmachen. Es wurde ja alles mit Holz geheizt, für Briketts oder Kohlen war kein Geld da. Einer kam mit 'ner großen Karre Reisigholz an, und wir warfen das auf einen großen Haufen. Daneben stand so ein hoher Hauklotz mit einem Beil dabei. Ich mußte mich dann drangeben, das Holz kleinzumachen. Wenn ich müde wurde, ging ich auf dem Hauklotz sitzen. Wenn das die Großmutter vom Fenster aus sah, riß sie das Fenster auf und schrie: »Is dat jearbed?!«

Oder einmal, ich kann mich noch so gut erinnern, mußte ich mit ins Getreide. Das Getreide wurde damals noch mit dem Siegt gehauen, so 'ne Art Sense, nur mit einem kürzeren Stiel, und nicht wie das heute ist mit all den Maschinen. Die Garben wurden mit Stroh zusammengebunden und dann aufgesetzt. Dat war 'ne schwere Arbeit, grad für mich, ich war doch erst 14. Außerdem war es noch so furchtbar heiß an dem Tag. Als wir dann heimkamen und zu Mittag gegessen hatten, sagte die Großmutter zu mir:

»Mach dich 'ne Viertelstunde strack!« Grad heißt das, ich könnt mich 'ne Viertelstunde hinlegen. Aber sowie die Viertelstunde um war, stand sie schon wieder da! Ja, dat war die Großmutter, die hatte da et Janze!

Geld bekam ich keins. Ich weiß nur, daß ich im zweiten Jahr mal drei Mark für die Herrenstrundener Kirmes bekommen habe. Das Geld gab mir der Dorf, den meine Großmutter geheiratet hatte, nachdem ihr erster Mann gestorben war. Als der mir das Geld in die Hand drückte, legte er den Zeigefinger an den Mund und gab mir so zu verstehen, ich sollt' der Großmutter nix sagen. Drei Mark war damals ja noch mehr Geld wie heute, da konnte man noch für zwei Pfennig ein Brötchen kaufen. Das Geld für meine Arbeit kriegte der Vater. Ich weiß nicht, ob er jetzt 100 oder 200 Goldmark im Jahr bekommen hat, auf jeden Fall bekam der Vater das Geld – ich hatte nix zu sagen! Der Vater war doch schon heilfroh, daß er mich vom Essen weg hatte, bei den zehn Kindern!

Ein Jahr drauf sagte der Vater: »Wir ziehen runter nach Gladbach!« Da hat er das kleine Gütchen verkauft, und wir sind nach der »Häuser Dombach« gezogen. Gleichzeitig hat er bei Zanders angefragt, ob sie mich aufnehmen könnten. So habe ich dann 1913 als 15jähriger oben in der Dombach angefangen, für 1 Mark achtzig bei zwölf Stunden. Ich wurde als Papierfacharbeiter ausgebildet.

Mit 16 konnten sie mich Nachtschicht machen lassen, ich kam an die große Papiermaschine. Von sieben bis sieben ging das, zwölf Stunden durch, in zwei Schichten. Heute gibt es ja drei Schichten. Vorher wurde ich in allem angelernt, als Schmierjunge, als Laufjunge und was wir Jungens so machen mußten. Einmal mußte ich unten im Keller aufräumen. Ich in meinem Leichtsinn will so ein Papier, was sich falsch um eine Walze gewickelt hatte, mit den Händen rausholen; da kam ich mit dem rechten Arm in die großen Rollen rein! Da wäre ich doch beinahe mit dem ganzen Körper in die Maschine reingekommen, mit dem Gesicht lag ich schon auf dem laufenden Filz! Das halbe Gesicht war abgescheuert, und der Arm war kaputt. Wie ich dann die Treppe hochkam, stand oben der Hachenberg, hielt ein Ölkännchen in der Hand und kippte mir Schmieröl über das Gesicht, um mich zu ärgern. Wie ich oben war, sagte er dann: »Ja, wat häs du dann?!« Das Öl lief mir den Kopf runter, das ganze Gesicht kaputt und der Arm kaputt. Da hatte der das erst gesehen! Dann haben sie mir ein paar Lappen um den Arm gebunden und mich ins Krankenhaus gesteckt.

Manchmal mußte ich auch mit dem Fahrrad Papierproben nach der Gohrsmühle bringen. Ich weiß noch, wie ich das erstemal losfuhr. Da sagte der Langs Johann vom Magazin: »Du kannst doch Fahrrad?!« »Ja«, sagte ich, »dat kann ich!« »Ja, dann fierst du ens nach der Gohrsmühle und brings die Muster runter!« Radfahren hatte ich ein bißchen bei den Großeltern gelernt. Mein Onkel Jupp, der den Hof übernommen hatte und der später vom Pferd totgeschlagen wurde, hatte nämlich ein ganz neues Fahrrad gekriegt. Früher war das was ganz Besonderes, ein Fahrrad. Wenn der nun des Mittags schlafen ging, holte ich das Fahrrad raus – der wollte natürlich nicht, daß ich damit fuhr –, ging damit in den Obstgarten, da war ein bißchen Berg, und fuhr dann von Baum zu Baum. Richtig fahren konnte ich ja noch nicht, ich wollte das ja lernen. Und nun war das so: Die Großeltern hatten einen Brunnen im Keller mit einem Überlauf dran, von wo aus das Wasser den Berg runterlief in einen Schlammpool rein. Was passiert? Ich sause mit dem Fahrrad den Berg runter und unten in den Schlamm rein. Das Fahrrad hatte einen Schlag im Vorderrad, und ich sah aus wie ein Schwein! Ach . . ., da war wat los, der war am Toben, der Onkel!

Da bin ich auch einmal nicht satt geworden des Mittags. Da hab ich ganz groß auf dem Klo geschrieben: Heute mittag nicht satt geworden! Als der Onkel das sah, sagte er für mich: »Dat häs du jeschrieben und kein anderer! Du bis zu faul für zu fressen!«, und gab mir ein paar um die Backen.

Also . . ., ich sollte die Papierproben nach der Gohrsmühle bringen. Unten im Strungdorf, wo damals die Wirtschaft »Strundentaler Höhe« war, kommt mir der Remmel, der Fuhrmann, mit zwei Pferden und einer schweren Karre voll Kohle entgegen. Ich auf die Pferde zugesaust, mich mit der linken Hand von einem Pferd abgedrückt und flog mit dem Fahrrad auf die Seite; um ein Haar wäre ich noch unters Gescherr gekommen, unter die Karre! Ja, dat is mir da passiert.

Etwas für sich behalten von dem verdienten Geld?! Gab's doch gar nicht! Ich weiß noch gut, des Sonntags kriegte jeder eine Mark vom Vater. Dabei sagte er immer: »Davon will ich fünfzig Pfennig auf dem Sparkassenbuch sehen! Mit den anderen fünfzig Pfennig könnt Ihr zwei Glas Bier trinken gehen!«

Wir kriegten auch keinen Haustürschlüssel vom Vater. Wenn wir des Abends mal spät nach Haus kamen und die Eltern schon im Bett waren, stand die Mutter auf und machte uns die Tür auf. Das tat der Vater nicht! »Wenn du um 10 Uhr nicht zu Haus bist, kommst du nicht mehr rein!« sagte er. Ja . . ., die Mutter war mal weg nach Kevelaer auf 'ner Prozession. Ich war noch länger ausgeblieben; und wie ich heimkam, machte der Vater nicht die Tür auf. Vor lauter Wut bin ich umgegangen und hab mich in die Wirtschaft »Rüssing« unten an der Sanderstraße gesetzt. Als die letzten gegangen waren, legte ich mich da im Sonntagsanzug auf die Bank und hab geschlafen. Am anderen Morgen bin ich sofort arbeiten gegangen – ich mußte ja um 7 Uhr im Betrieb sein. Um 8 Uhr kam der Vater rein und guckte, ob ich da war. Ja, ich war am Arbeiten! Dann ging er wieder, ohne was zu sagen.

Wenn ich sonntagmorgens bis 6 Uhr Nachtschicht hatte, verlangte er, daß ich sofort anschließend in die Frühmesse ging. Wenn ich dann in der Kirche saß, fielen mir die Augen zu, so müd war ich. Kamst du mal was früher als normal nach Haus, dann hat er gebrüllt, daß du auch ja in der Kirche gewesen warst! Ja, das machte unser Vater, schimpfen konnte der gut! Aber er hat es gut gemeint.

Nebenbei hatte der Vater die Landwirtschaft und außerdem noch 'ne große Obstplantage – ich mußte also auch zu Hause helfen. Das Futter für die paar Kühe mußte zum Beispiel reingeschafft werden; alles mit der Hand, wir hatten kein Pferd! Die Wiese war unten an der Dombach-Sander-Straße, wo das links ins Tal reingeht. Das Heu kam in ein großes Tuch, und dann schleppten wir das auf dem Puckel nach Haus. Oder wir halfen dem Vater beim Holzkleinmachen. Auf jeden Fall, es war immer Arbeit da, wenn ich von Zanders nach Haus kam. Feierabend kannte ich nicht!

Des Sonntags bin ich öfters mal mit einem Mädel nach Köln in die Flora gefahren, in den Vergnügungspark am Zoo. Das Mädel war mit mir in Bechen in die Schule gegangen und arbeitete jetzt als Dienstmädchen bei einem Bauern in der Dombach, Frangenberg hieß der. Mittags sind wir dann mit der Straßenbahn von Gladbach aus über Mülheim dahin gefahren; deshalb so früh, weil die um 7 Uhr abends wieder zu Haus sein mußte; es mußte in den Stall, Kühe melken! Einmal ist das später geworden. Da hat sich der Frangenberg, der Besitzer, bald umgebracht, daß ich mit dem Mädel erst 'ne Stunde später kam. Da sagt er: »Ich sag dat deinem Vater! Dat wat dat letzte Mal, dat du mit dem Mädel jegangen bis!« Das war die einzige Freizeit, die du schließlich hattest! Sonst gingen wir höchstens mal ins Kino, entweder ins Viktoria-Kino oder in das Kino »Am Bock«, oder wir gingen mal in die Wirtschaft zwei Glas Bier trinken – des Sonntags, wohlgemerkt, von der Woche wollen wir gar nicht sprechen!

Wie nun der Krieg ausbrach, wurde die Dombach stillgesetzt. Alles mußte Soldat werden. Die Pferde – wir hatten ja auch Pferde im Betrieb, die für die Transporte zwischen der Gohrsmühle und der Dombach gebraucht wurden – wurden auch alle eingezogen. Ich kam auf den Igeler Hof. Morgens ganz früh ging ich erst nach der Eulenburg und tat das Pony für den Milchwagen aus dem Stall holen. Dann ging ich mit dem Pony rauf zum Igeler Hof und spannte es in den Milchwagen – auf dem Hof waren nämlich auch keine Pferde mehr. Der Stallschweizer war dann schon am Melken, alles mit der Hand! Jeden Morgen mußte ich dem von der Eulenburg 'ne Flasche Schnaps mitbringen. Dann saß er da auf seinem Melkschemel zwischen den Kühen; und wenn er mich dann kommen sah, sagte er: »Schnell, gib her!« Dann hielt er sich direkt die Flasche an den Hals. Der hat sich kaputt gesoffen! Später muß der in ein Sanatorium gekommen sein.

Die Milch – »Krölls Vorzugsmilch« hieß die, genannt nach dem Pächter da oben – wurde dann in 15-Liter-Kannen abgefüllt oder kam in Literflaschen. Dann die Geldtasche umgehangen, und es ging runter in die Stadt, zuerst nach der Villa Zanders, die wollten immer als erste die Milch haben. Die waren ja noch alle auf der Schule; der Johann Wilhelm, I. W. genannt – der spätere Doktor Zanders; die Margarete, die zwei Jahre älter war als ich, und wie sie all hießen. Die wollten dann des Morgens ihre frische Milch haben, damit sie anständig frühstücken konnten, bevor sie in die Schule gingen. Die Milch – die kriegten nur Flaschenmilch – mußte ich immer außen an der Kellertreppe abgeben. Die Treppe ist jetzt noch da; wenn ich da vorbeilaufe, muß ich immer daran denken. Mit den Zanders hab ich sonst keine Verbindung gehabt, höchstens daß ich die mal auf dem Igeler Hof sah, in ihrem Sommerhaus. Die meiste Zeit über waren die unten in der Villa.

Nachdem ich die Milch abgeliefert hatte, ging ich mit dem Milchwagen weiter nach Heidkamp, in den Gronauer Wald, dann in den Cederwald, anschließend nach Gronau, dann rauf auf Paffrath zu und über die Flora zurück. Zuletzt waren da noch paar im Stungdorf, die Milch brauchten. So gegen 11 Uhr war ich fertig. In der Bäckerei Rehbach – da ist jetzt ein großes Lebensmittelgeschäft, von der Bäckerei steht nur noch der Kamin – holte ich mir dann zwei Brötchen und auf der anderen Seite in dem Fleischerladen was Wurst. Hinter der Dombach-Fabrik ließ ich das Pony halten, dann wurde Milch reingescheppt und so richtig gefuttert! Wenn ich des Mittags Essen kriegte auf dem Igeler Hof, hatte ich keinen Hunger.

Nachmittags hatte ich dann noch allerlei Arbeit; ich mußte im Herbst Obst pflücken, die Äpfel oder Birnen auf die Stellage tun, oder es wurden Eier bestellt, die ich fertig machte.

Zwei Jahre bin ich Soldat gewesen. Am 5. Dezember 1918 kam ich wieder nach Bergisch Gladbach zurück. Da man mich bei Zanders nicht direkt wieder einsetzen konnte, mußte ich paar Wochen warten. Dann kriegte ich Bescheid, ich könnte da und da anfangen. An dieser Stelle bin ich dann 39 Jahre gewesen! Daß ich wieder nach Zanders ging, war selbstverständlich; das wollte einmal unser Vater, und zum anderen waren wir ja alle bei Zanders, meine Geschwister und soundso viele aus der Verwandtschaft. Es war auch am praktischsten; wir wohnten zu der Zeit an der Ferrenbergstraße, und von da bis zur Fabrik war nur ein Katzensprung. Außerdem hatte ich da 'ne leichte Arbeit und auch 'ne gesunde Arbeit! Ich weiß noch, meine Tochter, als die im letzten Krieg nach der Glaswatte dienstverpflichtet wurde, was ist die krank geworden! Die hatte die ganze Brust voll Nadeln, alles von der Glaswatte; der ganze Körper war verseucht! Nee, da hatte ich 'ne schöne Arbeit, da hatte ich 'nen schönen Posten! Ich konnte mal was vorarbeiten, und ich konnte auch mal was nachholen, besonders in der Nachtschicht. Oder ich ging mal in die Werkstatt oder ins Magazin rüber, wenn ich Lust hatte. Das konnten die, die an dem »Holländer« arbeiteten, nicht. Und wenn ich mal weg wollte, ließ ich mir einfach vom Meister einen Zettel schreiben, und ich ging raus aus dem Tor!

Da, wo ich war, das gehörte alles zu der Papiermaschine 6/7. In der Strohstoffabrik wurde das Stroh so wie Pferdehäcksel zerkleinert, mit einer starken Lauge gekocht, richtig flüssig gemacht und lief dann durch eine große Leitung zu uns in die Bleicherei. In großen Bottichen dickte das ein und wurde gleichzeitig durch Chlorwasser gebleicht. Der Strohstoff ist ja erst ganz gelb, der mußte aber weiß werden, Papier ist ja weiß! Ganz zuletzt kam noch Salzsäure dazu, damit der Papierstoff noch 'ne frischere Farbe bekam. Dann wurde das wieder in einen großen Bottich gelassen, halb so hoch wie das Haus hier, und von da aus kam das auf die Papiermaschine.

Ich mußte hauptsächlich darauf aufpassen, daß die großen Bottiche mit dem Papierstoff nicht überliefen; und in dem extra Raum, wo das Chlorwasser hergestellt wurde, mußte ich die Pumpe ansetzen und wieder abstellen, wenn der Behälter voll war.

Trotzdem ist öfters mal was übergelaufen, ob das jetzt Papierstoff war oder Chlorwasser. Schlimm war, wenn Chlorwasser und Salzsäure zusammenkamen, was öfters passiert ist; dann entstand nämlich Giftgas! Wenn wir als letztes die Salzsäure in den Papierstoff laufen ließen, mußte das Chlorwasser vollkommen ausgewaschen sein. War das Chlor aber nicht ganz raus, war der Papierstoff noch nicht ganz klar und frisch, und kam dann die Salzsäure dazu, dann gab das dieses Gas. Das war furchtbar, da ging der ganze Betrieb laufen! Und direkt nebenan in der Halle war der große Holländer, wo der Papierstoff gemahlen wurde; da war ein Haufen Menschen am Arbeiten. Dann taten die alle Fenster aufreißen, die Maschinen stillsetzen und waren weg, bis wieder reine Luft war. Bei mir hatte man die Scheiben rausgenommen und Siebe vorgeschlagen, damit mehr Luft reinkam. Wenn es aber zu arg stank, ging ich auch laufen!

Gearbeitet wurde acht Stunden, auch samstags! Wenn ich Frühschicht hatte, kam ich um 2 Uhr nach Haus und hab erst mal Mittag gemacht. Die Frau wartete gewöhnlich auf mich. Die Kinder hatten schon gegessen. Dann legte ich mich 'ne Stunde hin, um 3 Uhr stand ich wieder auf und beschäftigte mich was im Haus oder im Garten. Bei der Spätschicht kam ich um 10 Uhr abends nach Haus, um 11 Uhr gingen wir schlafen, und um 7 Uhr standen wir wieder auf. Der ganze Morgen war dann frei. Wenn ich Nachtschicht hatte, brachte ich um 6 Uhr immer die Brötchen mit nach Haus, die holte ich in der Bäckerei Lattenkamp unten in Heidkamp. Dann wurde Kaffee getrunken, und um 7 Uhr war ich gewöhnlich verschwunden, bis die Frau zu Mittag gekocht hatte. Des Abends legte ich mich noch mal von 7 bis 9 hin; um 9 tat mich die Frau wecken, anschließend wurde gegessen, und dann machte ich mich fertig für die Nachtschicht. Ich nahm mir immer die Zeitung mit oder ab und zu mal ein Roman. Einmal hatte der Betriebsleiter gesehen, wie ich da mit dem Roman saß. Da sagte der für mich: »Wissen Sie nicht, daß Sie hier nicht lesen dürfen? Sie können acht Stunden schlafen und Sie können zu Haus acht Stunden Romane lesen. Hier sollen Sie aber acht Stunden arbeiten!« Dann haute der wieder ab. Das war Zufall, daß der da vorbeikam; sonst ging der nie daher.

Die erste Nachtschicht war immer am schlimmsten. Ich schlief wenig an dem Sonntag, dann war ich müde und mußte dann noch Nachtschicht machen. Die anderen Tage waren nicht so schlimm, da war ich so ziemlich ausgeschlafen.

Über den Verdienst kann man eigentlich gar nicht sprechen. Ich weiß, ich habe lange für 65 Pfennig die Stunde gearbeitet, dazu kamen dann noch die Zulagen, die Kinderzulage und die Überstundenzulage. Ganz früher, bei der Dombach, kriegten wir ja noch Tagelohn, 1 Mark achtzig bekam ich am Tag. Die Älteren, die Verheirateten, bekamen 3 Mark. Das stieg bis 5 Mark für die, die mehr Verantwortung hatten, die Maschinenführer zum Beispiel. Aber das waren ganz wenige, die das kriegten. Der Stundenlohn ist ja erst nach dem Ersten Weltkrieg eingeführt worden.

Auch Weihnachtsgeld haben wir früher nicht gekannt. Gewiß, Weihnachten gab's ab und zu mal 'ne Tüte voll Plätzchen und Süßigkeiten, wenn von der Werksfeuerwehr eine

Feier war, aber regelrecht Weihnachtsgeld gab's nicht. Heute ist das alles viel besser! Ich weiß noch, damals in der Dombach, da kriegten die Maschinenführer Neujahr immer ein Kuvert zugesteckt; kein Mensch wußte, was da drin war. Wir haben nichts gekriegt! Genau wie mit dem Mittagessen. Heute kommt jeden Tag Essen von außerhalb, fertiges warmes Essen – allerdings nicht umsonst. Aber wenn die ausnahmsweise mal zwölf Stunden arbeiten müssen, gibt es ein vollständiges gutes Mittagessen, unentgeltlich! Das war früher alles nicht!

Einmal hab ich 'ne Lungenentzündung gehabt, das war 1935, glaube ich. Zu der Zeit kriegten wir von Zanders jeden Tag 'nen halb Liter gekochte Milch umsonst. Die Lungenentzündung hatte ich mir beim Fahrradfahren geholt. Nach der Spätschicht war ich mit dem Fahrrad die steile Feldstraße zu schnell hochgerannt; ich schwitzte, daß mir der Schweiß so runterlief. Oben brauchte ich mich nicht mehr anstrengen . . ., und am anderen Morgen war ich krank! Meine Frau rief den Dr. Tenckhoff, und der stellte 'ne Lungenentzündung fest. Der Betriebsarzt glaubte aber, das wäre von der Bleicherei gekommen, von den Chlorgasen und der Salzsäure; was aber nicht stimmte! Daraufhin kriegte ich dann einen ganzen Liter Milch am Tag statt einen halben. Daß die Lungenentzündung nicht davon gekommen ist, brauchte ich dem ja nicht zu erzählen.

Die Zanders waren wohl schon immer sozial eingestellt, auch früher schon. Das ist wohl so Sitte, von der Maria Zanders an. Die müssen so einiges Außergewöhnliche gemacht haben, was andere Firmen nicht taten – so steht das auf jeden Fall in der Chronik. Es gab mal Freikarten für die Oper, daß wir auch nach der Oper gehen konnten; oder sie sorgten in der schlechten Zeit, daß die Werksangehörigen doch noch so einiges kaufen konnten, Schuhe und Textilien zum Beispiel. Durch den Betriebsrat wurde das alles besorgt.

Und da, wo jetzt der Co-op ist auf der Hauptstraße, da war früher der Zanders-Konsum. Zuerst durften da nur die Werksangehörigen kaufen; da war alles 10 % billiger – und das ist schon viel, wenn man eine große Familie hat. Man konnte da auch andere Sachen kaufen, nicht nur Lebensmittel. Für die städtische Badeanstalt muß Zanders wohl auch einen großen Zuschuß gegeben haben.

Im Zweiten Weltkrieg mußten wir wegen Personalmangel wieder zwölf Stunden arbeiten, von 6 Uhr morgens bis 6 Uhr abends, und die andere Woche Nachtschicht. Da hatte ich auch zwei Russenmädchen bei mir an der Maschine. Oben in der Dombach waren die untergebracht. Was habe ich die oft bedauert, die ärm Mädche! Die hatten nix anzuziehen und kaum was zu essen! Ich habe oft Butterbrote mitgenommen, von meiner Frau extra für die geschmiert; ich habe Schuhe mitgenommen und warmes Zeug, daß die was anzuziehen hatten – der Winter war doch bitter kalt! Die mußten ja auch jeden Tag von der Dombach nach der Gohrsmühle trampeln. Die Arbeit, die die machten, war schwer; und wenn sie was falsch machten, fuhr sich die Maschine fest. Nachts, wenn ich es mal ein bißchen leicht hatte, habe ich jede mal eine Stunde abgelöst. »Leg dich 'ne Stunde an die Heizung da!« sagte ich dann. Wenn die Stunde um war, tat ich die wecken, machte meine Arbeit weiter, soweit ich konnte; und dann holte ich die andere: »Leg du dich auch 'ne Stunde hin!« sagte ich. Ich konnte einfach nicht sehen, wie die sich da abbrasselten. Die eine konnte einigermaßen Deutsch, die sagte immer: »Deutschland, nix Kultura!«

Das waren insgesamt 50 Russenmädchen, alles Zwangsarbeiterinnen. Überall im Betrieb waren die beschäftigt. Für die Arbeit kriegten die zwar ein paar Groschen, da aber alles auf Marken ging, konnten die sich nichts dafür kaufen! Die hatten nix davon!

Ein Mann von Sand hatte die Führung über die, bei Schichtwechsel mußte der die immer nach der Dombach ins Lager zurückbringen. Das war so ein blöder Nazi, den hab ich nie leiden können! Der ging auch immer so furchtbar rauh mit den Frauen um. Wenn ich den Mädchen mal Butterbrote gab oder sonst was, mußte ich auch noch aufpassen, daß mich keiner sah – die Nazis hatten das nicht gern! Wie dann der Krieg zu Ende ging und die Artillerie von Köln hier reinschoß, sind die Mädchen alle stiften gegangen, auf einmal waren die alle verschwunden. Wo die geblieben sind, weiß ich nicht.

Fünf Jahre vor meiner Pensionierung wurde die Bleicherei nach der Strohstoffabrik verlegt, alles wurde vergrößert. Zuerst wollten die mich da mit hin haben, ich mit meinen 60 Jahren! Da habe ich gesagt: »Ihr könnt mir den Puckel runterrutschen! Da gehe ich nicht hin!« Die arbeiteten da mit Gas, mit Chlorgas; und das ist ein Sauzeug! Das Stroh wurde da nicht wie in dem alten Betrieb mit Chlorwasser gebleicht, sondern mit Chlorgas – und das ist ein Unterschied! Da ist mal was undicht geworden, und ein Anstreicher, der da grad am Arbeiten war, ist umgefallen, nur von dem Chlorgas! Nee, da kriegte mich keiner hin! Mein Sohn, der bei Zanders mit im Betriebsrat ist, und der Leiter von der Feuerwehr, mit dem ich Verbindung hatte, haben dann dafür gesorgt, daß ich die letzten Jahre nach der Chromolux kam. Da habe ich einen schönen Posten als Maschinenpfleger gekriegt. Ich brauchte keine Nachtschicht mehr machen und habe auch noch durch Überstunden mehr verdient.

Die Strohstoffabrik mit der neuen Bleicherei haben sie nach ein paar Jahren abgerissen, da wird jetzt die Bensberger Straße gebaut. All die neuen Maschinen, alles abgerissen! Tausende von Mark haben die da reingeworfen! Bei der neuen Fabrik in Düren, die die damals gekauft haben, war wohl auch 'ne Strohstoffabrik, deswegen brauchten sie die hier nicht mehr.

Bei meinem 50. Jubiläum hat mich einer von der Firma zu Hause abgeholt und mich auch wieder mit dem Wagen zurückgebracht. Es war für alles gesorgt; du konntest haben, was du wolltest. Alles war geschmückt und schön gemacht. Dann wurde eine Ansprache gehalten: 50 Jahre, das ist eine lange Zeit . . ., wo ich überall in der Firma gewesen bin usw., und der Betriebsleiter von der Chromolux überreichte mir eine Urkunde. Sogar der Keller, der Vertreter vom Doktor Zanders, war dabei. Und zwischendurch, zwischen all dem Gratulieren, brachte mir der Sander Gesangverein ein Ständchen. Ja, sie hatten es schön gemacht, muß ich sagen! Es stand sogar in der Zeitung!

Die Gemeinschaftsfeier war später im Bergischen Löwen. Da wurden all die gefeiert, die in dem Jahr ihr 50. Jubiläum hatten. Zu fünft waren wir, vier Männer und eine Frau. Der Fröhlingsdorf aus dem Sortiersaal war das, der Max von der Kraftzentrale und der Peters, der Meister aus meinem Betrieb. Die Frau war irgendwo auf'm Büro. Das hatten sie auch schön gemacht, sie hatten sich Mühe gegeben! Sogar der Doktor war da, neben dem habe ich gesessen. Der war immer viel unterwegs, in Amerika und überall.

Dem Werk gegenüber habe ich immer meine Pflicht getan, ich habe mir nie was zuschulden kommen lassen. Ich ging meiner Arbeit nach und war immer wieder froh, wenn die Schicht zu Ende war und ich wieder nach Haus kam. So ging das von einem Tag nach'm anderen. Zu Haus hatte ich auch genügend Arbeit. Das Häuschen gebaut mit 6000 Mark; und was du selbst kannst, brauchst du nicht zu bezahlen. Ich hab immer zu meiner Frau gesagt: »Ich bin nebenbei beim Zanders!«, soviel Arbeit war zu Haus. Jede Mark, die ich durch die Überstunden und durch die Feuerwehr zusätzlich kriegte, habe ich hier reingesteckt. Die Frau war oft am Schimpfen, wenn ich des Sonntags weg war. Kam ich aber mit der Lohntüte nach Haus, da lachte sie! Ja . . ., ich hab se all satt jebracht!

Die Kinder sind alle gut untergekommen, wenn sie auch nur ein Handwerk gelernt haben; ich hab sie aber alle was lernen lassen! Der Hans ist Dreher und hat 'ne schöne Stelle bei Zanders, der Heinz hat was Kaufmännisches gelernt, der Franz Josef ist Fliesenleger, und meine Tochter hat unten beim Textilgeschäft Neundörfer 'ne Lehre gemacht.

Nein, ich muß sagen, es war auch 'ne schöne Zeit, obwohl ich immer viel gearbeitet hab. Jetzt ist das ja alles anders, heute tun die Leute ja keine Arbeit mehr! Die Leute wollen nicht mehr arbeiten, die wollen keine schmutzigen Hände mehr haben – die schmutzigen Hände sollen die Ausländer haben, nicht die Deutschen. Aber geklagt wird trotzdem, zufrieden sind sie immer noch nicht. Heute wird doch keiner zufrieden! Und die vielen jungen Leute, die lieber Arbeitslosengeld beziehen als arbeiten gehen! Alles will studieren oder auf die Schule gehen. Wenn sie dann fertig sind, finden sie keine Stelle, dann sind sie arbeitslos! Nein, das war damals anders! Ich hab viel geschafft früher, auch schon bei meinen Großeltern in Trinenhaus, als ich erst 14 war; ich hab oft schmutzige Hände gehabt und bin doch noch durchs Leben gekommen!

Margarete Zanders

Meinem Vater hatte man auch den Adelstitel angeboten, er hat ihn aber abgelehnt. Er sagte: »Da komme ich mir ja ganz dumm vor, wenn ich als Papierfabrikant plötzlich Herr von Zanders heiße. Da habe ich gar kein Interesse dran!« Wir lebten ja in der Zeit, wo plötzlich alles adelig wurde. Werner von Siemens zum Beispiel, er hat den Adel verliehen bekommen aufgrund seiner Leistung und seiner Verdienste. Oder die Guilleaumes in Köln, die waren auch nicht adelig früher, im Gegenteil, deren Großmutter war Gemüsehändlerin auf dem Markt gewesen. Sie sind gewachsen durch ihre Industrie und durch die kulturellen Dinge, die an sie herangetreten sind. Wir Zanders sind natürlich auch in diese Sphäre mit hineingewachsen. Eine Freundin von mir, die vor Jahren mit ihrem Mann nach Köln kam, hat mir einmal erzählt: »Damals, da hat man in den Kreisen gesagt: Ja, mit wem verkehre ich denn, wenn ich in Köln bin . . . Mit Zanders in Bergisch Gladbach!« Ich meine, wir haben genausogut mit dem Hochadel verkehrt wie mit anderen Leuten.

Meine Großmutter Maria Zanders engagierte sich ständig, ebenso mein Vater Hans Zanders. Er gründete die Badeanstalt, und überhaupt hat er sehr viel für Bergisch Gladbach getan. Aus Begeisterung machte er das. Und ich baute die Sauna – weil ich es gerne tat. Ich sagte mir: »Das, was wesentlich ist für die Gesunderhaltung der Öffentlichkeit, das ist die Sauna!« Und da habe ich sie gebaut. Es war einfach der Wunsch, den gesundheitlichen Stand der Bevölkerung zu verbessern, es war mein Anliegen für die Stadt. Mein Bruder »I. W.« hat auch sehr dahinter gestanden. Er gab mir Geld, daß die Arbeiter der Firma umsonst in die Sauna gehen konnten.

Aber das machte die gesamte Großindustrie, zum Beispiel auch Krupp, Krupp mit seinen Wohlfahrtseinrichtungen. Maria Zanders stand ja mit ihm in Verbindung. Krupp schrieb diesbezüglich Empfehlungen an Maria Zanders, und sie hat ihn unterrichtet, was hier geschah. Ich meine, daß man nur »auf seinem Eigenen saß«, das waren wir alle nicht gewöhnt. Das soziale Engagement war da – auch heute. Jetzt achten wir darauf, möglichst viele junge Leute in die Ausbildung der Papierindustrie hineinzunehmen. Wir bilden sie aus, weil so viele in Berufe müssen. Aber wieviele kommen nachher bei uns unter? Doch nur ganz wenige! Das sind doch alles Kostenpunkte für eine Firma. Im Grunde genommen ist das alles Idealismus, auch heute noch.

Gestern habe ich mit unserem Bürgermeister gesprochen – ich erwarte seinen Anruf in diesen Tagen. Wir suchen nach einer Möglichkeit, wo wir die Maria Zanders – die große, berühmte Maria Zanders – wieder anbringen können, damit ihr Name nicht einfach so aus dem Stadtbild verschwindet. Früher hieß die Straße zwischen unserer Villa und dem »Bergischen Löwen« Maria-Zanders-Straße. Die gibt es ja nicht mehr, das ist heute durch die Umgestaltung der Innenstadt der Adenauer-Platz geworden. Der Stadtdirektor, mit dem ich das besprochen hatte, sagte mir damals: »Der Adenauer-Platz geht vom Rathaus bis zum Gasthaus Paas, das können wir leider nicht ändern!« Statt dessen versuchen wir jetzt, eine Maria-Zanders-Anlage zu schaffen. Allerdings ist nur noch eine ganz kleine Sache möglich, und zwar um das Forum herum, dort, wo früher unsere große Anlage war. Das wäre dann zwar nur eine kleine Anlage, aber immerhin, wenn das wenigstens in Ordnung käme! Wenn man sieht, wie das heute alles versteinert ist! Auch die Hans-Zanders-Straße an der Badeanstalt; sie ist ja dadurch, daß die unteren Häuser wegen der neu verlegten Bensberger Straße abgerissen wurden, dermaßen verkleinert worden, daß sie fast gar nicht mehr existiert.

Nach dem Tode meiner Mutter habe ich unser Archiv übernommen. Wer sollte es auch sonst machen, wenn nicht ich. Die anderen waren verheiratet, hatten Kinder oder hießen nicht mehr Zanders. Und einer mußte es machen – als eine geborene Zanders hat man ja eine gewisse Verpflichtung der Familientradition gegenüber. Es ist aber alles noch nicht fertig, es ist alles noch im Werden. Wenn man meine Zimmer nebenan sieht: alles Unordnung, alles voller Bücher und Dokumente! Die ganze Zeit meiner Eltern ist noch nicht durchgearbeitet. Also, es ist eine Arbeit! Wenn ich nicht die Nonchalance hätte zu sagen: »Das ist mir jetzt gleich, das bleibt jetzt liegen!«, könnte ich mich gesundheitlich ganz ruinieren. Ich tue eigentlich immer viel zuviel, genau wie meine Großmutter, die sich auch dauernd übernahm. »Ich bin wieder total erschöpft, ich habe viel zuviel getan!« hat sie oft geschrieben.

Annelis Meese

Als ich fünf Jahre alt war, sollte ich zur Schule kommen. Da sich meine ältere Cousine »Lenemaus« in der Volksschule an Diphtherie angesteckt hatte und gestorben war, beschlossen meine Eltern, mich privat unterrichten zu lassen. Nun ergab es sich so, daß die beiden Zanders-Kinder, Hildegard und Johann Wilhelm, für uns »Hilla« und »I. W.«, auch in die Schule mußten. Man erwog, uns drei privat unterrichten zu lassen, und zwar von der Lehrerin der evangelischen Volksschule, Fräulein Wilhelmine Kritzler. Zweimal in der Woche war Unterricht, einmal bei Zanders in dem Haus oben an der Hauptstraße, in dem Margarete Zanders wohnte, und einmal bei uns. Die Zanders-Kinder kamen viel lieber zu uns. Hier durften wir frei im Garten »rumhüppen« und auf die Bäume klettern. Bei Zanders ging es immer etwas strenger zu.

Ein Jahr lang hatten wir gemeinsam Unterricht. Fräulein Kritzler war sehr lieb zu uns, und wir schenkten ihr unser Vertrauen. Nach dieser Zeit kam ich in die »Höhere Töchterschule«. Die Anni Klingner, Tochter des technischen Direktors von Zanders, die Hilla und ich, wir bildeten eine Klasse. Allerdings saßen wir zusammen mit den Schülerinnen aus zwei anderen Klassen. Die Lehrerin beschäftigte uns mit Schreiben, Rechnen und Lesen, während sie die anderen Klassen unterrichtete und umgekehrt. In den anderen Klassen waren meine drei älteren Schwestern und sonst alles Kinder von befreundeten und verwandten Familien aus Bergisch Gladbach und Bensberg. Also die Zanders-Kinder waren da, die Töchter Jamme aus Bensberg – der Vater war Direktor bei »Vieille Montagne«; die beiden Töchter von Karl Langel – er besaß eine Sandgrube; außerdem die Schroers; dann die Lilli, die Tochter vom Postdirektor Neumann, Paula Sahler und die Lens-Kinder.

Als ich sieben Jahre alt war, bekamen wir Französisch. Dazu hatten wir eine große, bebilderte Fibel: »Petit à petit«. Unser Schulplatz war die »Zanders-Anlage«, da, wo jetzt das Forum steht. Das war damals alles eingezäunt, sonst durfte da keiner rein. Dort hatten die beiden Brüder Zanders, Hans und Richard, ihren Reitplatz. In der wunderschönen Kastanienallee machten sie regelmäßig ihren Morgenritt.

Der Strunder Bach floß offen durch den Park. Wir hatten großen Spaß an dem Bach: Es wurden aus Papier Schiffchen gemacht, und die mußten dann unter den kleinen Brücken her bis zum Paasweg schwimmen. Wenn es warm war, zogen wir uns die Schuhe und Strümpfe aus und plantschten mit den Füßen im Wasser – was wir eigentlich nicht durften! Meine Schwester Lotte kümmerte sich am wenigsten darum. Einmal war sie so naß geworden, daß sie sich zu Hause umziehen mußte. Fräulein Giehlen, unsere damalige Lehrerin, rief zu uns, als sie das merkte: »Kommt ganz schnell! Wir machen jetzt eine Klassenarbeit. Alle Fragen, die Lotte verpaßt, bekommt sie als Fehler angestrichen!« Es waren aber nur zwei Fehler – obwohl sie viel später kam. Ja, früher gehörte sich das nicht als Mädchen!

Wir Köttgens-Mädchen trugen anstelle der üblichen weißen Spitzen-Höschen blaue Hosen, darüber einen gleichfarbigen Kittel mit roten Bändchen drauf. Die anderen fanden das unmöglich. Das sei aber praktischer, meinte meine Mutter. Die blauen Hosen wurden nicht so schnell schmutzig.

Es wurde zu Hause sehr darauf geachtet, daß wir etwas lernten. Meine Mutter ließ da nicht mit sich reden! Vor allen Dingen mußte die Schrift ordentlich sein. Bei uns fing es ja schon an, daß die Frauen in einen Beruf gingen. Zum Beispiel die Helene Müller wurde Lehrerin, ebenfalls die Toni Jamme. Es wurde sehr gründlich gelernt. Wir mußten sehr viele Gedichte auswendig lernen, und für Religion Passagen aus der Bibel; die Lieder nicht zu vergessen. Was ja heute gar nicht mehr praktiziert wird. Das ist alles sehr lasch geworden!

1912 wurde das Gymnasium gebaut. Wir Mädchen hatten nach hinten raus den Eingang – die Jungs nach vorne. Der Unterricht begann um halb acht. Ich ging meistens erst zur Martha Schroer, dann liefen wir zusammen zur Schule. Damals waren überall vor den Häusern in der Hauptstraße Treppen. Wir liebten es besonders, über die Stufen zu laufen, also die Treppen hoch – und dann wieder runter. Das ging schneller, fanden wir.

Bis eins hatten wir Schule. Nachmittags machten wir unsere Hausaufgaben, ganz strikt; dann wurde gespielt. Es kamen immer sehr viele Kinder zu uns, die Schroers, die Neumanns, die Langels. Sie kamen wie die Fliegen. Meine Mutter spielte viel mit uns: Gesellschaftsspiele, und vor allen Dingen Scharaden! Meistens vor Weihnachten und Fastnacht. Wir hatten eine große Truhe mit Kostümen und alten Kleidern. Die Kleider hatten noch Culs, sie waren also mit einem Polster am Hinterteil versehen. Scharaden sind irgendwelche Ausdrücke oder Sprichwörter, spielerisch dargestellt. »Das dicke Ende kommt nach«, zum Beispiel. Einer, der sich ausgestopft hatte, kam hinterher. Und lebende Bilder machten wir, die mußten erraten werden. Wir teilten uns in zwei Gruppen auf – wir hatten eine große, ausziehbare Türe, die wurde zugemacht –, und dann überlegte sich jede Partei, was man darstellen wollte. Manchmal – das war immer besonders schön – arrangierte meine Mutter nette, kleine Aufführungen mit uns Kindern. Wir studierten etwas ein, und das wurde vor den versammelten Eltern aufgeführt. Daran hatte besonders meine Mutter Spaß.

Auf jeden Fall: das Haus war immer voll mit Kindern! Wir hatten einen Tisch, der war so lang, daß ohne weiteres zwölf Personen daran Platz fanden. Oft war eine Cousine meiner Mutter da, ein junges Mädchen. »Tante I« nannten wir sie – eigentlich hieß sie Marie, aber »Tante I« fanden wir praktischer. Ihr Vater, Viktor von Oven, leitete die erste Sparkasse in Bergisch Gladbach. Tante I saß dann nachmittags zur Kaffeezeit am Ende des langen Tisches und schmierte für uns Kinder Blatz-Butterbrote. Wir hatten immer solch einen riesigen Blatz mit vielen Rosinen drin! Den ließen wir bei der Bäckerei Lindlar backen. Dicke Schnitten machte sie: »Was willst du drauf haben? Kraut? Oder nur Butter?« »Kraut!« Dann schmierte sie los, und wenn sie fertig war, schmiß sie die Schnitte so über den Tisch! Also: Die geschmissenen Blatz-Butterbrote schmeckten wesentlich besser!

Im Sommer spielten wir viel draußen. Wir wohnten damals in dem »Büchel«, einem ehemaligen Gasthof, wo man ganz früher die Pferde wechseln konnte. Später zogen wir zwei Häuser weiter in das neuerbaute Haus Gronauer Straße 127, neben der ehemaligen Post. Hinter dem »Büchel« standen fünf große Birnbäume, die höher als das Haus waren. Wir konnten oben vom Dach aus Birnen pflücken. Dann gab es einen ganz großen, dichten Haselnußstrauch. Darin hatte jeder sein Häuschen. Jeder hatte einen bestimmten Ast, auf den er kletterte und sich einrichtete. Auf dem Gelände hinter der ehemaligen Post – dort ist jetzt Woolworth – hatten wir einen großen Hühnerstall. Einmal sind wir reingeklettert und kamen nicht mehr raus aus dem Hühnerloch! Hinter unserem neuerbauten Haus hatten wir eine Wiese mit einem kleinen Berg. Da fuhren wir im Winter Schlitten. Er war winzig – wir Kinder fanden es aber trotzdem herrlich. Wie ein Paradies war das!

Während des Ersten Weltkrieges hatten wir Schweine. Zwei davon nannten wir Joffre und Gray, wie der französische und der englische General. Wenn die Soldaten durch die Stadt marschierten, fingen sie unten am Zollamt an zu singen. Wir wurden ganz aufgeregt: »Kommt! Schnell, schnell! Die Soldaten kommen!« Dann lasen wir Birnchen auf und gaben sie den Soldaten. Die steckten sich die ganzen Taschen voll, denn sie waren froh, für unterwegs eine Erfrischung zu haben. Der Vorgesetzte tat so, als sähe er nichts und guckte in die andere Richtung. Ja, so ging das, so geht die Geschichte!

In den Ferien fuhr meine Mutter mit uns nach Altenberg zu den »Wasserfuhrs«. Wir Kinder schliefen über dem Stall. Dann kamen die »Herren« aus Köln zum Fischen. Sie angelten Forellen aus der Dhünn und bereiteten sie an Ort und Stelle zu. Ich als fünfjähriges Mädchen ging von einem zum anderen – Kinder sind ja unverschämt – und bat um die Bäckchen der Forellen – denn da waren keine Gräten drin. Ich fand das wunderbar, alle waren freundlich zu mir. Nur meine Mutter fand es ungehörig, daß ich da einfach hinging!

Abends kam uns manchmal der Vater besuchen. Mit Kutsche und Pferd kam er von Bergisch Gladbach. Tagsüber mußte er ja in der Fabrik sein. Überhaupt war er immer sehr beschäftigt! Schon vor sieben Uhr ging er in die Fabrik, nahm die Post mit, las sie durch und gab sie weiter. Dann erst kam er nach Hause zum Frühstück. Dazu trank er Fachinger Wasser, was meine Mutter schrecklich fand, so kalt trinken morgens. Er war ein großer, schwerer Mann, mein Vater, ungefähr einmeterneunzig!

In der Fabrik machten sie hauptsächlich Schubkarren, überhaupt alles, was rollte: Wasserfaßkarren und Jauchewagen. Und Schrauben und Riemenverbinder – früher wurden ja alle Maschinen mit Riemen betrieben. Großvater Westphal hatte eine Riemenfabrik. Ich ging immer furchtbar gerne in die Fabrik. Um von unserem Haus zur Fabrik zu kommen, mußten wir an dem Bähnchen hinter dem Kalkwerk entlang und dann durch einen Baumhof hindurch, wo wir es nicht lassen konnten, jedesmal Äpfel und Birnen aufzulesen.

Die jetzige Hauptstraße hieß ganz früher Wilhelmstraße, dann wurde sie umbenannt und hieß Gronauer Straße, im Dritten Reich war es die Adolf-Hitler-Straße, und dann erst hieß sie Hauptstraße.

Wir hatten eins der ersten Autos in Bergisch Gladbach – das erste Auto hatte Dr. Aeckersberg. Als mein Vater so schwer krank wurde – er war später gelähmt – sagte Dr. Aeckersberg (er war mein Pate und sehr befreundet mit meinen Eltern): »Laß Dir doch auch ein Auto machen. Damit Du mal raus an die frische Luft kommst!« Der Wagen wurde bei Mercedes bestellt. Es sollte eine Sonderanfertigung sein: Hinten sollten drei sitzen können, damit mein Vater gestützt war. Vorne waren zwei Klappsitzchen. Chauffeur war Herr Josef Odenthal. Über ein halbes Jahr machte er Fahrstunden bei Mercedes, verstand aber danach immer noch nichts vom Auto! Er war groß und hatte riesige Hände und Füße! Er trug eine Livree, extra für ihn angefertigt, und auf dem Kopf hatte er eine richtige Schirmmütze. Zwanzig bis fünfundzwanzig Kilometer die Stunde fuhr er, schneller nicht! So ging es öfters raus ins Bergische. Ich fuhr immer furchtbar gerne mit!

In dem großen Westphal-Haus an der Bensberger Straße – also dem Elternhaus meiner Mutter – hatten wir richtig fließend Wasser. Die Quelle war in einem Tiefkeller. In dem geräumigen Schlafzimmer meiner Großeltern war ein Bad eingebaut, abgetrennt durch einen großen, roten Vorhang. Über der Wanne lag ein Brett, darauf stand eine Waschschüssel, die Großvater vollaufen ließ, wenn er sich waschen wollte. Dann hörten wir hinter dem Vorhang: »Wrurrr . . ., wrurrrr!« Er begoß sich mit dem kalten Quellwasser, ein paarmal vorne, dann auf dem Rücken. Wir Kinder wußten jedesmal genau, wo das Wasser hinkam! Sie lebten beide nach »Felke«, einer ähnlichen Heilkunde wie Kneipp. Aufgrund der enormen Baugrube für den Neubau des Arbeitsamtes ist die Quelle jetzt trocken.

Wenn es warm war, badeten wir im See unterhalb des Hauses, dort, wo heute die Parkplätze und die Schutthalde von Zanders ist.

Bernhard Kalsbach

Also, die Mutter, die stammt von Dürscheid-Steeg, und ihr Vater war Fuhrunternehmer, der hat Eisenstein von der Mibbich nach Köln-Mülheim gefahren. 1880, glaube ich, haben die hier den Hof gekauft. Der Vater war Landwirt, der stammt von Schallemich bei Eikamp. Später sind die nach Rommerscheid zum Großvater gezogen. Und wie der tot war, hat der Vater das Gütchen da übernommen. Dann hat er hier auf dem Hof die Mutter kennengelernt, und die hat er geheiratet.

Gewohnt haben wir in Rommerscheid. Neben der Arbeit auf dem Hof tat der Vater viel fuhrwerken. Früher waren da an der Rommerscheider Straße zwei Ziegelbäckereien, und in der freien Zeit hat er immer Ziegelsteine nach Gladbach gefahren. 1916, ich war grad zehn Jahre alt, sind wir dann nach hier gezogen.

Ich ging noch zur Schule. Hier in Sand war eine vierklassige Volksschule, zwei Schuljahre waren immer zusammen. Die Mädchen saßen auf der einen Seite und die Jungen auf der anderen. Der Oberlehrer hieß Voßpoth, der zweite Lehrer war der Lehrer Klaus, und dann war da noch das Fräulein Lehnertz. Ich weiß noch, das Fräulein Lehnertz hatte immer so ein schmal Stöckelchen. Dann mußten wir die Hände so hinhalten, und dann schlug die mit dem Stöckelchen da drauf. Das tat verdammt weh! Da brauchten wir nicht viel für anstellen, wir brauchten nur mal nicht gut lernen oder mal was schwätzen. Wir mußten immer nur still sitzen und die Hände so nach vorn halten. Ja . . ., damals wurde der Stock viel gebraucht! Heut is dat ja all verboten.

Dann hatten wir Religionsunterricht, der war auch streng! Wenn wir was nicht konnten, kam der Pastor zur Bank, und dann schlug er einem mit der schweren Hand auf den Rücken, daß du so nach vorne flogst! Überhaupt, der Pastor, das war der Oberste! Der war auch gleichzeitig Schulinspektor. Er bestimmte, wenn du einen Tag frei haben wolltest – auch bei Hitzefrei. Des Morgens mußten wir noch in die Schule, und des Nachmittags, wenn es über 25 Grad warm war, kriegten wir frei. Dann ging es aber immer noch darum, was der Pastor drauf sagte, das war ausschlaggebend! Ja . . ., das war der Pastor Schell; er war sehr religiös, und er war gut gerecht! Man mußte Ehre gebieten, und wenn wir über die Straße gingen, mußten wir ihm immer Händchen geben, einen Knicks machen und sagen: »Gelobt sei Jesus Christus!«

Vor dem Unterricht war erst Messe, die fing um Viertel nach sieben an, jeden Morgen! Der Pastor fragte jedesmal, ob du auch in der Kirche gewesen warst. Wenn du geschwänzt hattest, gab es Senge! Genauso des Sonntags bei der Nachmittagsandacht, da mußten wir vorher fragen, ob man zu Hause bleiben könnte. Aber er gab einem nicht flott frei, wir mußten schon einen gewichtigen Grund haben! Heut is dat ja kaum mehr, heute geht ja keiner mehr in die Andacht. Jetzt gehen ja sogar die Kinder sonntagmorgens nicht mehr in die Kirche, und das war früher 'ne Todsünde!

1917, 1918 war die magere Zeit hier. Ich weiß noch, wenn wir in der Pause unser Butterbrot aßen, sagte der Lehrer: »Ihr müßt gut kauen, damit auch ja alles verwertet wird!« Also, daß wir das Brot nicht so flott reinschlingen taten. Dann kriegten wir auch aus der Kriegsküche. Jeden Tag brachten die von Gladbach Essen rauf für die Sander Schule, da taten wir Schulkinder all essen. Und die Kinder, die noch zu Haus waren, wurden auch noch von der Schule versorgt. So kriegten bei uns acht Kinder aus der Kriegsküche, und die Eltern haben noch mit davon gegessen! Es war aber mehr so Wassersuppe.

Im Ersten Weltkrieg war alles rationiert, alles zugeteilt. Und die Bauern mußten das meiste abgeben. Ich weiß noch, da hatten wir Frühkartoffeln angebaut. Die haben wir dann geliefert, also zwangsweise abgegeben, und da hatten wir später selbst nix mehr! Zu der Zeit kriegten wir viel Dörrgemüse, so getrockneter Kohl und so was alles, das gab es da viel zu kaufen. Oder Graupen. Gerste ist das. Und weil es auf Zuteilung immer nur Graupen gab, hatte der Adenauer, der war damals Bürgermeister von Köln, den Beinamen Graupenauer! Ja . . ., Graupenauer sagten se für den!

Fleisch gab es kaum. Wenn wir des Sonntags mal Fleisch kriegten, dann war das was Besonderes! Oder man hatte schwarz geschlachtet, was auch viel gemacht wurde. Nur, wir waren hier zu nahe an der Behörde dran, hier wurden wir mehr kontrolliert! Die, die abseits wohnten, konnten das schon besser. Wir haben das aber trotzdem ab und zu mal gemacht.

Auch nach dem Zweiten Weltkrieg wurde viel schwarz geschlachtet, da war es ja auch so knapp! Hier oben der Fröhlingsdorf zum Beispiel, der hat das viel gemacht. Der hat mal zu meinem Bruder gesagt, er soll doch auch mal was schlachten, aber dann sollte er wenigstens 'ne Kuh nehmen und nicht nur ein Kälbchen, die Gefahr dabei wäre dieselbe!

Der hat auch viele Prominente beliefert, sogar Leute vom Gericht. Oder der Dr. Tenckhoff, der kam dann mit dem Krankenwagen das Fleisch holen. Dadurch hatte der Fröhlingsdorf bei denen immer 'ne gute Nummer gehabt. Später ist er dann von seiner Dienstmagd – die war ihm laufen gegangen – verhauen worden, also angezeigt worden. Da ist er ins Gefängnis gekommen! Weil er aber die guten Verbindungen hatte, ist er voreilig entlassen worden.

Die Bauern haben auch viel Getreide versteckt im Ersten Weltkrieg. Ich weiß noch, in der Hombach, da geht ein Stollen so in den Berg rein, und von oben geht ein Stollen so senkrecht runter. Und da hat ein Bauer vom Breeder Weg Säcke an Stricke gebunden und das Korn da runtergelassen – nur daß die Behörde das nicht finden konnte.

Den Hafer ließen wir damals in der Weihers-Mühle mahlen, da oberhalb Dürscheid. Der Müller tat für uns immer was extra mahlen, der machte das, obwohl die Müller nicht extra mahlen durften für die Bauern, also keine Sonderportionen – es war ja alles rationiert. So hatten wir wenigstens was Mehl für Hafersuppe zu kochen. Aber der Müller hier von der Igeler Mühle, der war da genau drin! Der hat auch noch einen Verdienstorden gekriegt im Ersten Weltkrieg. Nee, mit dem war nicht zu reden, da mußten wir schon was abseits gehen.

Nach dem Krieg hatten wir die Engländer oben in der Schule, da waren wir froh, denn da brauchten wir nicht in die Schule! Später waren die beim Hetzenegger im Saal. Unterhalb vom Saal taten die kochen – und die Engländer hatten ja noch von allem genug! Ihren Abfall warfen die dann da in das »Burgmers Loch«, sagten wir dafür, das ist so 'ne Senke. Damals war nämlich vor dem Hetzenegger die Gastwirtschaft Burgmer, und dahinter war so ein Abfalloch, so eine kleine Müllkippe. Wenn wir aus der Schule kamen, gingen wir dahin, und da wurde alles sortiert. Da lagen dann öfters so kleine Stückelchen Schokolade, was Weißbrot oder die Kippen von den Zigaretten; das wurde alles fein säuberlich gesammelt und mit nach Hause genommen. Den Tabak kriegte der Vater, und das Weißbrot wurde gegessen – wir hatten ja nix!

Die Engländer waren auch unten in der »Alten Dombach«, da waren auch Neger bei. Ihre Pferde taten die viel mit dem Johannisbrot füttern. Wir Kinder gingen dann durch die Fabrik und klauten denen die Säcke leer, denn das schmeckte gut, das Johannisbrot, so süßlich. »Lokus« sagten die Engländer dafür. Ich weiß noch, wir konnten auch einen Spruch auf Englisch: »Please, give me a little bit lokus!« sagten wir, damit taten wir die anbetteln.

Ja, was kam auf den Tisch? Morgens gab es gewöhnlich 'ne Pfanne voll gebratener Kartoffeln, und dann Brot dazu mit was Aufstrich drauf, entweder Margarine oder Apfelkraut. Den Kaffee brannten wir selber. Das Korn, also nur Roggen, kam in so einen Eisenkessel, Gröbbschen sagten wir dafür, und dann wurde das auf den Ofen gesetzt, so richtig ins Feuer rein. Die Ringe nahm man weg. Dann mußte man sich am Rühren halten, denn wenn das Korn anbrannte, schmeckte der Kaffee nicht. War das Korn dann so richtig braun-schwarz, wurde das gemahlen und ganz normal aufgebrüht. Was Milch rein, auch was Zucker, wenn wir hatten, und das war der Muckefuck! So richtige Kaffeebohnen kannte man damals noch gar nicht, oder nur ganz wenig; die sind erst nach dem Zweiten Weltkrieg gekommen, wie der Aufstieg kam.

So gegen 10 Uhr hatten wir unser zweites Frühstück, dann taten wir paar Butterbrote essen. Mittags gab es gewöhnlich Suppe, wieder Kartoffeln, aber diesmal gekochte, Gemüse aus dem Garten und was Soße für über die Kartoffeln. Aber jetzt keine Fleischsoße, nur was Zwiebel ausgelassen mit ein bißchen Mehl dran und Gewürz. Um 4 Uhr gab es Kaffee. Das Abendessen war gewöhnlich sehr spät, so zwischen 8 und 9 Uhr, nach dem Melken; dann auch wieder Bratkartoffeln und Butterbrote.

Des Sonntags gab es Weißbrot, da kriegte jeder paar Schnitten zugeteilt. Da kam dann was gute Butter drauf mit was Apfelkraut – dat war dann was Extras. So süßen Blatz gab es nicht, und auch nicht den Kuchen, wie dat jetzt all is. Kannten wir doch früher nicht! Oder wie man heute überall liest: Bergische Kaffeetafel. Das gibt es erst seit ein paar Jahren! Früher, da waren sie so arm, da wurde die Butter verkauft und nicht selbst gegessen! Wir haben nie viel Butter gehabt, wir haben die Milch meist so verkauft an die Leute. Ja . . ., damals, da waren se glücklich, wenn se satt Brot hatten, in der sogenannten guten alten Zeit!

Wir hatten auch des Nachmittags Schule, bis 4 Uhr. Wenn wir dann nach Haus kamen, wurde Kaffee getrunken und dann die Hausaufgaben gemacht – das war aber gewöhnlich nicht viel. Dann konnten wir spielen, liefen was im Wald rum und was es alles so gab, Nachlaufen, Verstecken spielen oder Räuberhauptmann und Schanditz. Wir waren auch genug Kinder hier rum, früher waren die Familien ja all reichlich gesegnet mit Kindern! Jetzt, wo die vielen Häuser hier stehen, sind nicht so viele Kinder hier wie damals, wo nur die paar Häuser hier standen! Ja . . ., früher waren sieben Kinder noch nicht viel. Auch unsere Verwandten, die waren fast alle mit neun oder zehn Kinder. Und wir hatten elf, wir waren am reichsten gesegnet!

Um 8 oder 9 Uhr mußten wir ins Bett. Vorher wurde, wenn nicht gerade Erntezeit war, noch was verzällt, oder einer tat aus 'nem Kinderbuch vorlesen. Später, wie wir größer waren, tat die älteste Schwester dann viel vorlesen, Karl May oder vom Ganghofer; dann haben wir auch selbst viel gelesen. So Unterhaltung wie heute gab es ja nicht.

Die letzten Jahre, die wir in der Schule waren, mußten wir schon mehr zu Hause helfen. Futter holen fürs Vieh, Heu oder Gras, oder mithelfen beim Häckselschneiden. Früher hatten sie die Häckselmaschinen, da wurde das Heu mit kurz geschnitten. Wir mußten dann drehen helfen oder das Heu in die Maschine werfen. Da kam auch Haferstroh bei, das wurde mitverfuttert, weil wir von dem Heu meistens nicht genug hatten. Die Kühe fraßen das Stroh zwar nicht so gern, aber sie konnten es ja nicht sortieren.

Dann mußten wir Holz sammeln im Wald. Damals wurde jedes kleine Stöckchen aufgelesen; so wie jetzt, daß da ganze Bäume liegen und faul werden, gab es früher nicht. Es wurde ja fast nur mit Holz geheizt, an Briketts wurde gespart wie nur möglich! Wir hatten selbst Wald, wie die meisten Bauern hier. Da wurden die Bäume schon abgemacht, wie die noch ganz dünn waren, einfach, weil man nicht genug Brand hatte. Deswegen waren in den Wäldern, wie auch auf der Hardt hier, überall die Waldbeeren. Das kam davon, weil durch das Abholzen die Sonne da reinkam, da konnten die Beeren gut gedeihen. Heut wird ja alles wachsen gelassen, jetzt kommt da nichts mehr hoch. Das Holz haben wir meistens im Wald auf einen Meter Länge geschnitten, dann wurde es gespalten, nach Hause gefahren und zum Trocknen aufgesetzt. Dann taten wir das mit der großen Säge, mit dem Wölfchen, wie wir sagten, auf Ofenlänge kaputtschneiden; und zwar zu zweit, an jeder Seite stand einer.

Wie wir mit 15, 16 aus der Schule raus waren, mußten wir schon mit dem Pferd arbeiten gehen, entweder fuhrwerken beim Zanders oder pflügen. Oder wir gingen in den Tagelohn und taten bei Leuten arbeiten. Als 1930 der Vater starb, haben wir den Hof übernommen.

Ganz früher hatten wir nur ein Pferd, und nach dem Zweiten Weltkrieg hatten wir immer zwei, bis jetzt zuletzt, bis der Traktor kam. Das erste hat der Vater in der Eifel gekauft. Das hat lange gehalten, ich glaube 21 Jahre, und das ist schon für ein Pferd, was viel arbeiten muß, viel! – die können nämlich älter werden. Aber nach dem Arbeiten gehen die besten Pferde kaputt, heißt es, also schwere Arbeit macht die besten Pferde kaputt! Das waren auch viel die Pferde, die im Wald Holz schleifen mußten, die mußten öfters schwer dran, das Äußerste geben! Und da gingen viele drüber zugrunde.

Das zweite Pferd haben wir in Olpe bei Kürten gekauft, ein Rheinisches Kaltblut war das, ein Belgier, wie die früher hießen. Die sind ganz schwer und grobknochig, da wurde drauf gesehen, auf die Knochen, die Sehnen . . ., daß sie was leisten können. Mit dem Lotti haben wir sogar mal einen Preis gemacht auf 'ner Ausstellung hier in Gladbach.

Im Krieg wurden viele Pferde eingezogen, da waren die sehr begehrt bei der Wehrmacht. Die Pferde mußten immer, genau wie die anderen auch, zur Musterung; und was für gut befunden wurde, mußte man abliefern. Nur was gute Zuchtpferde waren, ließen sie den Bauern zum Weiterzüchten. Ja . . ., zu der Zeit waren die Pferde so knapp, da konnte man sich nicht flott eins neu kaufen, da waren die Pferde ein Kapital!

Überhaupt, früher waren die Bauern auf die Pferde angewiesen, gerade die armen Bauern, die nur ein Pferd hatten. Wenn so einem kleinen Bauern das Pferd kaputtging, dann stand er nahe vor dem Bankrott – denn die waren sehr teuer, die Pferde! Ein gutes Pferd hat damals gut 1 000 Mark gekostet, und das war sogar noch ein junges Pferd! Da bekam man schon drei Kühe für, für den Preis. Heute ist es umgekehrt, heute kosten die nicht mehr viel. Damals gab es ein Sprichwort, das sagte hier nebenan der alte Neu immer: »Wiewer sterben is kein Verderben. Aber et Pferd verrecken, dat macht Schrecken!«

Der Neu hatte auch 'ne Frau, oben von Olpe war die, wo wir das Pferd gekauft haben. Das war wohl so ein kleiner Satan, also da hatte er es nicht mit. Das hat nimmer ein gutes Verhältnis gegeben. Er hat immer gesagt: »Wenn se doch bloß wieder weg wär, wenn se doch bloß wieder nach Haus jing!« Der hatte auch noch ein anderes Sprichwort: »Wenn mer en gute Kuh will haben, dann nehm et Nachbars Rind. Und wenn Du ne gute Frau willst haben, dann nehm et Nachbars Kind!« Also, die kennt man, da wird man nicht so beschummelt! Und gerade er, er ist drauf reingefallen!

Ja, auf jeden Fall, ein gutes Pferd war damals Kapital, gerade für die Kleinbauern! Und wenn sie kein Geld hatten, mußten sie Schulden aufnehmen, oder ein anderer mußte dafür gradstehen, das gab es auch viel. In der Eifel und im Westerwald haben sie ja auch viel mit Kühen oder Ochsen gearbeitet. Die sind aber sehr langsam, da kann man bei schlafen gehen!

Die Pferde besorgten auch das Dreschen, und zwar im Winter, dann taten die öfters am Göpel was rundlaufen. Der Göpel, das ist eine lange Stange, 'nen Pool, wie man sagt, da war das Pferd dran, und das ging immer im Kreis rund, wie im Karussell. In der Mitte war eine Übersetzung, so Zahnräder, von da ging ein Vorgelege durch die Erde bis in die Scheune rein. An dem Ende war ein Rad mit einem Riemen drauf, und der Riemen ging bis über die Trommel von der Dreschmaschine. Die erste Dreschmaschine, die wir hatten, war ein Spitzdrescher, da wurde das Korn von vorne, also mit der Ähre zuerst reingeschoben. In der Dreschmaschine war so eine Trommel, da waren rundherum alles Haken drauf. Und über der Trommel war so ein Halbkorb, da waren auch Haken drin. Da wurde das Getreide mit Gewalt durchgezwängt, und dadurch ging das Korn alle raus, das fiel dann unten durch. Über einen Rost kam das Stroh runter – das war jetzt ganz leicht, weil da ja kein Korn mehr drin war. Dann wurde es in so dicke Bündel gepackt und auf den Stall gefahren. Später wurde es geschnitten und zum Streuen genommen. Das Korn mußte dann noch in den Windfeger, damit die Spelzen davongingen. Der Windfeger wurde von Hand gedreht. Dann erst war das Korn sauber, es wurde in Säcke gescheppt und kam auf den Speicher zum Weitertrocknen.

1919 ist das Elektrische hierhin verlegt worden, von da an konnten wir einen Motor betreiben. Der Motor kam direkt an den Drescher, und den Göpel brauchten wir nicht mehr. Im Zweiten Weltkrieg kamen dann die Breitdrescher auf, da war die Trommel so lang, da wurde das Korn mit der Breitseite reingeworfen. Davon haben wir uns auch einen angeschafft, zusammen mit dem Nachbarn. Ja . . ., und dann sind nach dem Krieg die Mähdrescher gekommen – das sind übrigens auch Spitzdrescher –, da war der Breitdrescher auf einmal überholt! Da ist alles verschrottet worden!

Auch wie mit dem Kornabmachen: Früher machten wir das mit der Sense oder mit dem Siegt. Bei dem Siegt war noch ein Matthook bei, so hieß das. Das war so ein Pinn, oben war ein Griff und unten war so ein Haken aus Eisen, damit wurde das geschnittene Getreide jedesmal so zurückgezogen. Dann wurde wieder mit dem Siegt reingeschlagen. Später wurde das gebunden und auf Stiegen gesetzt. Das Schneiden machten wir meistens, also der Gerhard und ich, weil das schwere Arbeit ist. Die Fraulügg, die Schwestern, taten meistens binden. Das Zusammensetzen machten wir alle Mann, denn es ging gewöhnlich flott her des Abends, daß wir fertig wurden. Dann wurde es in die Scheune gefahren. In der Igeler Mühle ließen wir das Korn mahlen. Mit dem Mehl, Roggenschrot sagten wir dafür, fuhren wir dann zum Bäcker, und da bekamen wir Brot für, immer einen ganzen Sack voll, für 14 Tage. Damit das schön frisch blieb, wurde es im Keller gelagert. So war das mit dem Brot damals.

Später hatten wir hier einen großen Hausbackofen, der stand da in der Küche. 17 Brote gingen da rein! Mit Holz wurde der richtig heiß gemacht, die Glut rausgekratzt, und dann kam das Brot da rein. Wenn das Brot wieder raus war, alles nur Schwarzbrot natürlich, war der Ofen noch so heiß, dann wurde Weißbrot gebacken, das braucht nicht so viel Hitze. Den Teig machte meistens mein Bruder, der Gerhard. Der Trog stand hier auf der Bank, da wurde der Teig all mit den Händen geknetet. Ganz früher, das weiß ich noch, wurde das noch mit den Füßen gemacht. Dann taten sich die Leute Schuhe und Strümpfe aus, die Hose was hochgezogen, die Füße gewaschen, und dann gingen die in den großen Trog rein, den Teig kneten. Das machten aber meistens die Männer, weil das ganz schön über die Knochen geht! Auch der Ohm in Rommerscheid, der tat auch backen. Da hatten wir aber noch ein extra Gebäude, also nur der Backofen.

Zwölf Kühe hatten wir gehabt und immer so 15 Jungtiere, mit den Kälbern zusammen. Anfangs, auch noch nach dem Krieg, haben wir die Milch so umgefahren, also so literweise verkauft von Haus zu Haus. Kundschaft war genug hier in Sand. Das machte dann meistens der Gerhard, zuerst mit dem Handkärrchen und später dann mit 'ner DKW, da hatte er so ein Wägelchen hinten dran. Später haben wir die Milch an die Molkerei abgegeben. Die wurde bei uns gekühlt, und ich fuhr dann morgens mit dem Traktor die großen Kübel oben an die Hauptstraße, wo der Milchtankwagen die leersaugte. Der Milchverkauf war immer unsere Haupteinnahme.

Schweine haben wir auch gehabt. Das Fleisch haben wir so im kleinen verkauft, also pfundweise, da konnten die Leute all von uns haben. Der Gerhard ist dann mit dem Vater gegangen, verkaufen. Oder die Leute kamen und wollten was haben. Geschlachtet haben wir immer selbst, das hat der Gerhard auch getan. Später aber nicht mehr, da wurden die geholt.

Die Schweine hatten wir im Stall mit einem kleinen Auslauf dran, daß sie auch draußen was laufen konnten. Heute ist das ja anders, jetzt können die ja überhaupt nicht mehr raus, jetzt haben die es sogar noch ganz dunkel im Stall! Für die Tiere ist das nicht schön, das Draußenlaufen machen die lieber!

Und dann mit dem Fett. Früher guckten die Leut all, ob auch dick Speck dran war; je dicker der Speck, je lieber; je fetter das Schwein, desto besser! Auch früher die Kühe. Wenn wir schlachten ließen, dann tat der Metzger drumherum fühlen, ob die Kuh auch was fett war, ob was dran war. Das war die Hauptsache, Fett! Aber früher mußten die Leute ja all körperlich arbeiten, die arbeiteten im Steinbruch, im Straßenbau, egal was es war. War ja alles Handarbeit, und das war meistens schwere Arbeit! Deshalb mußten die Leute auch was Fett haben! Heute ist das Gegenteil der Fall, die Leute dürfen kein Fett mehr essen, weil sie nicht mehr viel Bewegung haben.

Ja, was hatten wir noch an Tieren? Hühner natürlich, da hatten wir immer gut 100 Stück. Die Eier wurden beim Milchrundfahren mitverkauft. Ich weiß noch, da ging es immer drum, Eier zu haben von Hühnern, die los rumlaufen überall, die an alles können. Die würden nämlich besser schmecken. Ich schmecke das nicht, aber viele Leute sagten das. Wir hatten die ja überall laufen, wir hatten keinen Hühnerpark und nix. Aber früher kamen nicht so viele Autos hier rauf und runter, jetzt ging das nicht mehr. Heute werden die Hühner ja fast überall in Käfigen gehalten.

Dann hatten wir noch viel Obst dabei, hier runter war 'ne große Obstplantage. Damals ging es den Leuten noch all um Obst. Dann bin ich immer umgefahren und habe den Leuten gebracht, 50 Pfund, 100 Pfund, je nachdem. Das ist ja heute nicht mehr, das ist ja hinfällig. Es hat ja auch keiner mehr die Möglichkeit zu lagern, wo soll man zwei Zentner Äpfel hintun, wenn man irgendwo zur Miete wohnt?! Jetzt gehen die Leute zum Supermarkt und holen sich da ein Pfund oder zwei. Außerdem, das Obst kommt heute all von den großen Plantagen, hinten von Meckenheim, vom Niederrhein oder vom Bodensee, wo sie die großen Felder haben. Die haben da all dieses kleine

Buschobst, die haben nicht die großen Bäume, wie wir jetzt die alten hier haben. Wir haben ja auch nur die Lokalsorten, die aber nicht mehr gehen. Am besten geht heute Cox Orange, aber da muß auch das Klima danach sein, da ist das bei uns zu rauh für. Und dann kommt natürlich viel von Frankreich, vom Ausland, damit können wir nicht konkurrieren! Heute wird das Obst hier, wenn überhaupt, nach Spitze gebracht zum Apfelsaftmachen.

Nach dem Zweiten Weltkrieg kamen die Traktoren auf. Viele gute Pferde sind da geschlachtet worden, und die Pferdeställe wurden umgebaut zu Kuhställen. Wir haben uns 1957 den ersten Traktor gekauft, ein Normag war das. Der hat damals, glaube ich, was über 6000 Mark gekostet. Die Serie lief aus, und dadurch hat die Fabrik die was billiger weggetan. Das war noch ein Zweitakt-Diesel, das gibt es ja auch, jetzt sind aber meistens nur Viertakt-Diesel. Schlecht war der aber nicht! Im Preis inbegriffen war noch ein Mähwerk, ein Kultivator und ein Pflug mit einem Schar – der Traktor hatte ja nur 15 PS. Und das ist der nächste gewesen, der da steht, ein Massey-Ferguson. Der hat aber nie viel gearbeitet, da ist noch kein Pflug dran gewesen, nur der Kreiselmäher. Heute braucht der nur mich zu ziehen. Ich fahre dann immer durch die Wälder zu den Bauern, die ich so kenne, un haal en kleen Strungße, wie mer su sät. Oder ich seh mal, wie es voran geht. Gestern zum Beispiel, da war der Mähdrescher oben am Gerstemähen, da war ich ein paarmal dabei. Die Getreideernte ist gut dieses Jahr, das sieht gut aus; nur der Mais ist durch das kalte Wetter im Frühjahr zurückgeblieben. Und Gras hat es viel gegeben dieses Jahr.

Ja, hier der Traktor kann schon zwei Schare ziehen, der hat 35 PS, was aber noch knapp gemessen ist, denn gewöhnlich haben die 40 PS für zwei Schare. Heute haben die ja alle 70, 80 PS, für drei Schare, daß sie immer noch was in Reserve haben, daß man nicht auf dem letzten Loch pfeift. Die sind aber auch entsprechend teuer. So ein 80 PS kostet heute sicher 40000 bis 50000 Mark. Dann noch die anderen Geräte dabei, vielleicht noch einen Ladewagen, also alles zusammen ist das bestimmt 'ne Anschaffung von schätze ich 130000 Mark!

Die Höfe sind ja immer größer geworden. Viele von den kleinen haben es drangegeben, die großen haben die kleinen dazugekauft oder dazugepachtet und haben sich dann modernisiert. Heute müssen das schon 200, 300 Morgen sein – da lohnen sich auch die Maschinen besser. So ein Mähdrescher zum Beispiel, der kostet ja bei 100000 Mark, der wird ein paar Wochen im Jahr benutzt, und dann steht er das ganze Jahr da. Nee . . ., als Landwirt mit 30, 40 Morgen, so wie das früher war, der kann nicht mehr existieren! Dafür sind die Maschinen zu teuer – und Maschinen muß man haben.

Dann ist es ja so: Wo früher vier Mann waren, da kann es jetzt einer gut! Wie der Elz unten, der hat 65 Kühe und paar hundert Morgen Land dabei, der ist meistens allein. Nun geben die Kühe nicht das ganze Jahr hindurch, aber 55 Kühe wird er jeden Tag melken. Früher mußten sie da mindestens zwei oder drei Mann für haben! Und dann noch die ganze Außenarbeit dabei. Aber der arbeitet sich kaputt, der Elz! Immer nur arbeiten, morgens um 5 Uhr raus, mittags 'ne halbe Stunde essen und dann wieder ran bis des Abends 9 Uhr, nee, das ist auch kein Leben! Und ohne die Frau würde das auch nicht gehen! Ja, das ist so ähnlich wie in der Fabrik, kann man sagen. Die tun die Leute entlassen, weil zuwenig Arbeit da ist, aber leichter haben die es nicht, die dableiben, die müssen trotzdem viel arbeiten und auch was von den Maschinen kennen.

Schlimm ist, wenn einer krank wird. Wie hier oben der Kirch von Kombüchen. Der Kirch hat einige Kinder. Und ein Mädchen – es war ein nettes Mädchen –, das hat einen Bauern geheiratet oben in der Nähe von Linde. Vorher lebte der da alleine mit seiner Mutter, hatte 60 Kühe und hat da alles gemacht auf dem Hof. Dann hat der wie gesagt das Mädchen geheiratet und hat jetzt zwei Kinder. Was passiert: Die Mutter stirbt, er wird krank und liegt seitdem in Brück im Krankenhaus – er muß es wohl an den Nerven haben. Also die haben alles versucht, aber der kann nichts mehr, der kann nicht mehr arbeiten! Jetzt hat die Frau einen Knecht auf'm Hof, der muß alles machen. Aber das is nix! Am besten täten die alles verkaufen und gäben es dran. Und das wäre bei dem Elz genauso, dann wäre es aus mit dem Hof! Deswegen sind heute die Landwirte viel in so einem Versicherungsring, in so einer Landwirt-Versicherung. Die müssen in diese Versicherung einzahlen, und wenn sie dann plötzlich krank werden, dann kommt da einer hin, und der arbeitet dann. Das sind gelernte Landwirte, die selbst keinen Betrieb haben. Die Versicherung bezahlt das. Aber über so lange geht das auch nicht.

Ja . . ., nach dem Krieg hat sich das alles geändert, da ist alles modernisiert worden. Die Arbeit ist nicht mehr so schwer wie früher. Also wie zum Beispiel das Mistfahren, immer das Aufladen und von morgens bis abends Mist breit schmeißen, all mit der Hand, all mit der Gabel! Oder wie mit dem Kunstdünger, mit der Thomasschlacke. Da hattest du 30 Pfund am Hals, und damit den halben Tag übers Feld gelaufen! Dat war schwer! Danach kamen ja die Kunstdüngerstreuer fürs Pferd. Jetzt wird alles mit dem Traktor gemacht, der Trichter wird an die Hydraulik gehängt, und mit der Schleuder wird das breit geschleudert, sieben Meter. Ja . . ., dat is bequem!

Dann das Mähen vor allen Dingen. Was war das 'ne Arbeit früher, alles mit der Sense oder mit dem Siegt! Und heute macht das alles der Kreiselmäher, das geht so flott! Man hat es bequemer! Schön ist das zwar nicht, den ganzen Tag auf dem Traktor, aber das ist nicht so schwer wie den ganzen Tag hinter dem Pferd herlaufen, hinter dem Pflug und den Pflug immer an den Ecken umwerfen. Oder die Egge hochheben und reinigen, wenn sich da Unkraut festgesetzt hat. Jetzt hängt das alles an der Hydraulik, die hebt man kurz an und fertig!

Nee, heut is et besser! Es gibt zwar viele, die schön finden, so wie es früher war, aber wenn die das dann selbst so machen müßten, die ganze Knochenarbeit, dann würden die das doch nicht wollen! Nee . . ., man redet zwar immer von der goldenen Zeit früher, aber die war für die reichen Leute, nicht für die Armen, für die breite Masse. Das Arbeitsvolk hat es heute besser! Ich trauere der Zeit nicht nach, und ich glaube, das tut kein Bauer.

Bernardine Hartgenbusch

Mein Vater war von Beruf Bader; er machte alles: Aderlaß, schröpfen, Blutegel setzen, Trichinenbeschau, Zähne ziehen. Und dazu hatte er noch ein Friseurgeschäft, Damen und Herren. Ja, mein Vater war vielseitig! Er war bekannt dafür, daß er was konnte.

Hier oben der alte Gustav Müller vom Quirlsberg, der Schneider, der mit dem Spitzbart – er war ein Busenfreund meines Vaters. Ich habe noch ein Bild, wo die ganzen Müllers drauf sind: er mit seiner Frau, dann der Paul, der Richard und der Gustav – das waren die Söhne; die Ida, die den Decker geheiratet hat, die Martha und die Laura – das waren die Töchter. Die Frau Müller saß immer im Lehnstuhl vor der Tür; sie konnte nicht mehr laufen, seitdem sie sich ein Bein gebrochen hatte. Da sagte der Herr Müller zu meinem Vater: »Hör mal, Heinrich! Sorg doch dafür, daß meine Frau wenigstens wieder im Haus laufen kann. Ich weiß, Du kannst das!« Mein Vater daraufhin: »Das darf ich nicht machen, Gustav. Das Bein war gebrochen, der Dr. Aeckersberg hat es behandelt – zwar verkehrt –, aber an dem Bein darf ich nichts machen!« Der Gustav Müller ließ aber nicht locker: »Hör mal, das wird doch keiner gewahr. Brech es wieder auseinander und mach es wieder! Und wenn sie liegen muß, dann gut. Dann wird keiner gewahr, warum!« So hat sich mein Vater überreden lassen – das wäre nämlich eine tolle Sache gewesen, wenn das rausgekommen wäre. Ich bin das erst gewahr geworden, als Dr. Aeckersberg tot war. Da kommt der Gustav Müller zu uns ins Geschäft, fällt meinem Vater um den Hals und sagt: »Jetzt können wir drüber sprechen, Heinrich. Ich bin dir mein Leben lang dankbar, daß Du meiner Frau geholfen hast!« Da hatte mein Vater das Bein wieder auseinandergemacht und wieder richtig ineinandergesetzt. Und nach einem halben Jahr hat er auf der Herrenstrundener Kirmes mit ihr getanzt!

Oder einmal, da bin ich als Kind von einem Pferdekarren gefallen. Ich fiel so, daß der Kopf fast ganz nach hinten gedreht war. Außerdem war das Schlüsselbein gebrochen und der Oberarm. Der Hermann Heider hat mich aufgelesen und nach Hause gebracht. Da sagte mein Vater zu unserem Heinrich, meinem Bruder: »Du mußt sie so fest halten, als wäre sie in einem Schraubstock!« Er setzte mich auf einen Tisch, und mein Bruder hielt mich fest. Da nahm er meinen Kopf, zog ihn in die Höhe und . . . wrutt, saß er wieder drin! Dann hat er das Schlüsselbein in Ordnung gebracht und den Oberarm. Ich habe nie etwas zurückbehalten!

Na, jedenfalls, ich mußte ihm immer assistieren. Einmal hab ich erlebt, wie einer drei dicke Blutegel am Mund hängen hatte. Ich weiß nicht mehr, wer es war. Der hatte so schrecklich viel unreine Haut um den Mund rum; er hatte sich mehrmals operieren lassen, es nutzte aber alles nichts, diese Eiterungen kamen immer wieder, und dann konnte er es vor Schmerzen nicht mehr aushalten. Und da hat mein Vater ihm drei Blutegel gesetzt, die dem das Unreine, all den Eiter wegfressen sollten. Ich seh ihn noch da sitzen, mit den Blutegeln am Mund! Die wurden immer dicker und dicker, und als die so ganz prall waren, fielen die von selbst runter.

Trichinenbeschau machte er auch; da ging ich oft mit ihm, meistens im Herbst, weil dann viele Bauern schlachteten. Wir gingen hier rauf über Romaney, dann runter nach Herrenstrunden; überall waren Häuser, wo er reinging und die geschlachteten Tiere nach Trichinen beschaute. Einmal hat er zwei Schweine in die Erde tun müssen, weil die trichinös waren.

Hier in der Wilhelmstraße – die jetzige Hauptstraße – standen riesige Kastanienbäume mit solchen Stämmen, wunderbare Bäume, hoch bis über die Häuser raus! Dahinter haben wir uns oft versteckt, wenn wir von unseren Eltern gesucht wurden. Mein Vater ging dann ein Stück die Straße rauf, dann schnell mal auf die andere Seite – und wir drehten uns blitzschnell um den Baum, damit er uns nicht sah. Aber er war so listig, er war so auf Draht, daß er uns immer fand. Später haben sie die Bäume alle abgeholzt. Dann waren noch Treppen vor den Häusern, bis auf die Mitte vom Trottoir. Die haben sie dann auch weggemacht.

Schräg gegenüber war der Fronhof, da wohnten die glücklichsten Menschen auf der Erde. Arm – aber glücklich! Wenn unsere Jungs bei denen in die große Wohnstube kamen: Was hatten die Leute für eine Freude! Die Anna, die Tochter vom Hexe-Köbeschen, trommelte dann auf der Tür rum und sang vor Freude – die waren glücklicher wie wir, das waren ganz glückliche Menschen!

Der Hexe-Köbes war ein Original. Er handelte mit allem. Seine Frau war ganz groß und dick, »et reinste Erdend«, wie man damals sagte. Sie war ganz das Gegenteil von ihm; er so schmächtig und sie so stämmig. Wenn die zwei nebeneinanderstanden, das war ein Bild! Einmal, als ich bei Arends drüben im Fleischerladen war, kommt et Hexe-Köbeschen rein: »Saagt, Frau Arends, ich wullt jet Wursch gelden, he, sechs Pfennig!« Er legte die sechs Pfennig auf die Theke, und die Frau Arends gab ihm eine Kringel Blutwurst. »Jetzt gon ich heem und essen se, dat se do denne kütt!« Er tat sie essen, daß sie fortkommt – do denne kütt –, soll das heißen. Dann war er mal hier bei uns, das weiß ich auch noch. Wir hatten draußen im Hof eine schwere, handgeschmiedete Eisenplatte mit den Heiligen Drei Königen drauf. Da sagte mein Mann – das war schon später –: »Lassen wir die doch dem Hexe-Köbeschen geben, hier geht die ja doch zugrunde.« Als er kam, frugen wir ihn: »Schaffen Sie das auch? Die ist nämlich schwer, die Platte. Können Sie die bis in den Fronhof tragen? Sonst müssen Sie sich einen Leiterwagen holen!« »Ich schaff dat!« sagte er, »ich bin so stärk wie en Buereperd!« Dann hob er die Platte hoch und weg war er. Ja, das war einer! Und da war er schon alt, bestimmt schon siebzig.

In den Herbstferien kamen immer meine vier Cousinen aus Mülheim zu Besuch. Da war was los! Wenn schönes Wetter war, gingen wir über Land; von einer Familie zur anderen. Zu den Jaspers in Romaney, zu den Orths in Dürscheid, zur Familie Grimberg in Kiersbach bei Odenthal – ich kann sie nicht alle aufzählen, die wir besuchten. Wenn

wir dahin kamen, waren wir immer gut aufgehoben. Dann wurde ein Kaffee gemacht – der nicht von schlechten Eltern war – und lange erzählt. Oder wir besuchten die Frau Manzhausen in Dorpe. Das war die Schwester unserer Dienstmagd. Sie lebte in einem kleinen Fachwerkhäuschen, was ihr Eigentum war. Wenn wir da den Berg raufkamen, hatte sie uns bereits gesehen und stand in der Türe. Obwohl wir noch so weit weg waren, palaverte sie schon vor Freude darüber, daß wir kamen. Dann wurden Eimer voll Kartoffeln geschält. In der Zwischenzeit mußten wir mal in den Stall zum Schweinchen gehen und die Kuh was klopfen. Als wir wieder ins Haus kamen, hatte sie die Kartoffeln schon durchgedreht, und sie fing an, Reibekuchen zu backen. Sie hatte eine Tasse voll Öl, da war ein Pinnchen drin mit unten einem Leinenläppchen dran; damit wurde mal durch die Pfanne gerührt, die durchgedrehten Kartoffel rein, und dann gaben das Reibekuchen ungefähr so groß wie Dessertteller. Ganz weich waren die, so weich, daß die so von der Gabel hingen und von Öl tropften. Die waren ganz anders als die, die wir zu Hause buken, schmeckten aber hundertmal besser. Also, es war immer ein Gaudi! Die kleine Frau Manzhausen ist überhaupt nicht zu vergessen! Ich seh noch, wie sie mit ihrem nett Gesichtchen in der Tür steht, dat kleine Fräuchen – immer freundlich und adrett.

Danach gingen wir an die Pflaumenbäume. Wir haben Pflaumen gegessen, da macht man sich keinen Begriff von! Oder wir gingen oben in den Wald, da wuchsen goldgelbe Pfifferlinge; die sammelten wir und nahmen sie beutelweise mit. Abends gingen wir über Herrenstrunden nach Hause. Wenn es schon dunkel war, sangen wir ganz laut – und vor allen Dingen tief; wir dachten, dann tut uns keiner was, uns jungen Mädchen.

Mein Vater ging jeden Abend in die Wirtschaft Paas ein Bier trinken – jeden Abend, das war so Sitte. Der alte Paas war ein Freund meines Vaters, und die Frau Paas war sehr gut mit meiner Mutter befreundet. Als früher der Baum hier hinter dem Haus noch nicht so groß war, konnten wir vom Fenster aus sehen, wenn die Frau Paas aus dem Haus ging. Mein Vater sagte dann: »Die Frau Paas kommt.« Da hatte er sie schon gesehen. Na, jedenfalls, ich war auch immer bei Paas. Die Tochter, die Minna, war meine beste Freundin. Mit der habe ich viel zusammen erlebt. Die deichselte auch, wenn ich mich mit meinem Freund und späteren Verlobten bei Paas traf, zusammen mit dem Addi Stein, der auch mit aufpassen mußte. Damals waren außen bei Paas Bleche an den Fenstern angebracht, daß man nicht so voll reingucken konnte. In den Blechen waren kleine Blumenmuster eingeschnitten; wenn man mit den Augen ganz nah ranging, konnte man durch diese Schlitze nach innen schauen. Der Addi stand also an einem Fenster und paßte auf. Wenn nun drinnen mein Vater Stock und Hut nahm, dann pfiff er – ich lief sofort los und rannte obenrum schnell nach Haus, so daß ich vor meinem Vater im Haus war. Wir mußten ja von jeder Minute Rechenschaft abgeben. Und wenn ich zum Tanzkränzchen beim Höderath ging, hat mich mein Bruder begleiten müssen. So war das früher, da macht man sich heute gar keinen Begriff mehr, das könnte jetzt keiner mehr verstehen. Das war nicht wie heute, wo die Jugend hier draußen so ungeniert auf der Fußgängerzone sitzt, Mädchen und Jungen zusammen. Wir waren sehr eng erzogen! Was ist die Jugend heute selbständig geworden!

Hier weiter oben wohnte der Bäckermeister Kierspel, der hatte nach hinten raus seine Backstube. Und vorne waren die Unterbuschs, die das Kolonialwarengeschäft führten. Sie hatten, glaube ich, fünf Töchter; eine davon hat einen Asselborn aus Herrenstrunden geheiratet. Später hatten die ein Café an der Sülz, da, wo man aus dem Dürschtal rauskommt. In dem Café haben wir sonntags oft gesessen und Kaffee getrunken, direkt an der Sülz. Georgshausen hieß das, da ist ja auch das Schloß, in dem damals der Graf von Landsberg mit seiner Familie wohnte. Meine Schwester kannte die Prümmelhaupts; der Herr Prümmelhaupt war dem Grafen sein Förster. Und durch diese Prümmelhaupts bin ich ab und zu mal in dem Schloß gewesen. Einmal sagte die Jenni Prümmelhaupt, die älteste Tochter: »Dahinten, da geht der Graf!« Ich drehe mich um, da sehe ich den Grafen. Er hatte so einen schwarzen Schlapphut auf und trug einen langen, wallenden Mantel. Eine richtige Erscheinung war das! Leider sah ich ihn aber nur von hinten. Seine Frau und einige Töchter habe ich allerdings noch kennengelernt. Der Saal, in dem wir saßen: alles in hellblauer Seide! Also, schön, wunderschön! Die Jenni hat dann später einen Großbauern in Ahlen bei Biesfeld geheiratet. Leider ist sie einige Jahre später lungenkrank geworden und lange Zeit in die Schweiz gekommen.

Dann war auf der Ecke der Zahnarzt Fischer mit seinen zwei Töchtern – die haben viel bei uns gespielt. Daneben wohnten Zimmermanns, die hatten nach vorne raus eine Speisegaststätte, und hintendurch hielten sie Vieh. Da war ja die große Wiese, durch die der Strunder Bach floß. Eine richtig große Wiese war das, die ging bis hinten auf die Buchmühle. Das ist ja heute alles Parkplatz. Und auf dieser Wiese haben wir immer die Wäsche zum Bleichen ausgelegt. Wir hatten die ganze Wiese nötig für all die Bettlaken und die übrige Weißwäsche. Mit dem Wasser der Strunde wurde die Wäsche dann von Zeit zu Zeit begossen. Die bleicht ja nur, wenn sie naß ist. Und nach ein paar Stunden legte man sie rum, so daß auch die andere Seite bleichte.

Hier an der Laurentiuskirche, an der großen Kirchhofsmauer vorbei floß der Bockerbach, da haben die Frauen immer gewaschen. Das Bächlein, das war so klar, wunderbar! Ja, da wurde gewaschen. Dann passierte es, daß der Küster Kierdorf kam und die Frauen aus Spaß naßspritzte. Die ließen sich aber nichts gefallen, sie nahmen die nassen Handtücher und warfen sie ihm an den Kopf. Die hatten einen Spaß!

Früher war das mit dem Wasser nicht so wie heute. Im Keller hatten wir einen großen Brunnen. In der Küche stand eine Pumpe aus Rotkupfer mit einem langen Schwengel dran, die holte das Wasser hoch. Den Schwengel hat jeder von uns mindestens einmal an den Kopf gekriegt – das tat so furchtbar weh! Daneben stand ein viereckiger Spülstein aus schwarzem Marmor. Im Sommer, wenn es heiß war, kamen die Kinder von der Bürgerschule hier an die Pumpe und tranken Wasser. Da war manchmal eine Schlacht zugange! Die Haustüre stand ja immer auf, weil wir das Geschäft hatten; auf der einen

Seite das Friseurgeschäft und auf der anderen Seite das Putz- und Tapisseriegeschäft. Hier ging es ständig rein und raus, das war das reinste Bienenhaus.

Unten im Keller war die Waschküche mit einem großen Becken, wo die Wäsche ausgespült wurde. Das Wasser nahmen wir aus einer riesigen Regenwassertonne, die außen am Haus stand. Daneben war die Waschmaschine, die wir noch mit der Hand drehen mußten. Und gebadet wurde auch da unten; dafür hatten wir eine extra Wanne mit einem Badeofen, der vorher geheizt werden mußte, damit wir warmes Wasser hatten.

Hinter dem Haus hatten wir den Garten. Das war das schönste Stück Erde, was man sich denken kann! Der Garten ging bis an die Strunde, über eine Treppe konnte man bis unten an den Bach. Gegenüber war ein Hügel mit zwei riesigen Ulmen, und bis oben rauf standen hohe Birken. Dahinter war dann die Zanders-Anlage mit den Tannen und Kastanienbäumen – die waren damals aber noch klein, so kugelig geschnitten. Das Fleckchen Erde war so herrlich! Und mittendrin meine geliebte Strunde. Ich habe darüber mal ein Gedicht geschrieben:

Der Strunde Wasser so helle,
überflog mit pfeilgeschwinder Schnelle,
der Bachstelze schnurgerader Flug,
der sie schwebend über die Strunde trug.
Die Strunde, meiner Jugend Begleiter,
stimmte mich stets froh und heiter,
und in der Abendstille feiernd rauschend,
stimmte geheimnisvoll die Welt.
Am Fenster stand ich sie belauschend,
über mir das blaue Sternenzelt.
Die Baumwipfel linde
durchwehten leise Abendwinde.
Mein geliebter Bach ist noch am Plaudern,
es durchweht mich ein süßes Zaudern,
es sind so rechte Schlummerweisen.
Ich geh schlafen und will preisen,
den Vater liebevoll, der alle Dinge lenkt,
und mir den schönen Tag geschenkt.

Ja, damals war die Strunde noch ein schöner Bach. Später ist sie ja kanalisiert worden. Daß die jetzt eingekerkert ist, kann ich bis heute nicht verkraften. Und wie sie dann die Kreissparkasse gebaut haben, wurden die Ulmen und die Birken abgemacht, alles weg! Da war alles Schöne fort! Mein geliebter Bach schlummert tief in der Erde.

Was wir alles für Tiere hatten: Hühner, unter der Veranda Kaninchen, auf der Seite zu Stüssgen war ein langer Käfig mit einem Sperber drin, und hier unter dem Fenster stand ein Häuschen, da hielten wir Eichhörnchen. Im Haus hatten wir noch ein zahmes Eichhörnchen: »et Käutchen«, wie mein Vater sagte. Wenn er in seinen Büchern schrieb, saß das Käutchen immer auf seiner Schulter – er war ja so tierlieb! Außerdem hatten wir drei Jagdhunde, einen großen und zwei Dackel; und im Garten standen zwei Bienenhäuser mit 16 Stöcken. Als mein Vater starb, haben wir die Imkerei aber drangegeben.

Nebenan war das Geschäft Haas, die verkauften so allerhand, Ausklöpper und so was all. Die alte Frau Haas war die Gutmütigkeit selbst. Auf deren Hof hatten die Nachbarskinder einen Zirkus gebaut, die Unterbuschs Kinder, die Kinder vom Fronhof, Kohaus' Kinder, die Voßler-Jungs, mein Bruder Stephan und der Heiders Franz – das war der »Direktor«. Er kam immer mit einem viel zu langem Schlippenrock daher, der hinten bis auf die Erde ging, und mit einem Zylinder, der ihm bis auf die Ohren rutschte. Mein Bruder war der urgelungenste Clown, den es gab. Auf Händen kam er in die Manege, oder er schlug Hucklenbuck oder ein Rad, ganz toll war das!

Draußen auf der Wilhelmstraße hatten sie ein großes Pappschild aufgestellt mit einem selbstgemalten Clown drauf: »Wo gibt sich die Gladbacher Welt ein Stelldichein?! Häute große Zirkusvorstellung. Anfang 4 Uhr. 1. Blatz 2 Fennig Eintritt.« Die konnten noch nicht richtig schreiben, anstatt Platz schrieben sie Blatz und statt Pfennig Fennig. Man konnte aber auch als Eintritt Knochen oder Lumpen mitbringen, das wurde dann gesammelt und zum Althändler gebracht – vor allen Dingen Knochen, die waren sehr beliebt bei den Althändlern, da bekam man was für. Der Althändler verkaufte die dann weiter an welche, die daraus Seife machten. Dann war da ein schmaler Gang bis unten in den Hof, »et Pörtsgen«, wie wir dazu sagten. Der ganze Hof war Zirkus, die Manege rundherum zugemacht mit Sackleinen wie ein Zelt; und dürre Baumstämme waren die Masten. An den Seiten hatten sie eine Bank gebaut – also, der Zirkus konnte sich sehen lassen! Ja, das waren Zeiten! Dann lag die alte Frau Haas im Fenster, guckte uns zu und lachte glückselig, daß wir Kinder uns so amüsierten. Plötzlich kam meine Mutter! »Stephan«, rief sie ganz schrill, »Stephan!« Mein Bruder hatte wohl irgendwas angestellt. Aber wenn der die Stimme meiner Mutter nur hörte, war er schon weg, gleich in welchem Zustand er war. Als sie ihn sah, nahm sie sich bei Haas einen Ausklöpper von der Wand und dann runter auf den Hof, meinem Bruder hinterher. Wenn sie ihn in solchen Momenten kriegte, bekam er ordentlich Dresche. Ja, wenn die mal in Fahrt war!

Neben dem Geschäft war sie noch als Kunststickerin tätig. Sie hat hier die ganzen Fahnen der Umgebung gestickt: Kriegerfahnen, Sängerfahnen, Fahnen für Turnvereine und so weiter. Dazu dichtete sie Prologe bzw. Gedichte, die ich dann bei der feierlichen Überreichung der Fahne vortrug. Einmal kam der Herr Lenzen – er ließ sich bei meinem Vater die Füße machen, also Nägel schneiden und alles mögliche, dadurch hatten wir immer Konnex –, und er bestellte bei meiner Mutter ein gesticktes Bild für das 75. Firmenjubiläum von Zanders. Motiv war der alte Richard Zanders, der schon tot war, zusammen mit dem Sohn, auch Richard heißend. Meine Mutter malte das von einem Foto ab und stickte es dann nach. Als sie das Bild fertig hatte, sagte der Herr Lenzen: »Hören Sie mal! In der Zeitung lese ich immer, daß Ihre Tochter Bernardine zu der gestickten Fahne oder dem Bild den Prolog spricht. Wäre es nicht angebracht, wenn Ihre Tochter zu dem Bild auch was vortragen würde?!« Meine Mutter stimmte zu. Nur, wer machte jetzt den Prolog? Der Herr Lenzen wußte nicht, daß meine Mutter auch die Prologe dichtete. »So«, sagte er, »ich lasse Sie eben mit Pferd und Wagen zu Dr. Schmitz bringen, dann kann er die passenden Worte zu dem Bild machen!« Es stellte sich aber heraus, daß der Dr. Schmitz keine Zeit für derartiges hatte. Sie also wieder zurück zum Herrn Lenzen. »Das ist aber schade!« sagte er. »Ja«, sagte meine Mutter, »wenn es denn unbedingt sein soll; ich kann auch ein Gedicht machen!« »Wie, das können Sie auch?« sagte er ganz erstaunt. Auf jeden Fall; meine Mutter schrieb das Gedicht. Wie ich nun an dem Jubiläumstag in die Villa Zanders komme, sehe ich die ganzen Zanders da stehen, der von André mit seiner Frau, der Hans Zanders mit seiner Frau geborene Pelzer, dann die Margarete, die Ellionore, die Hilla, der I.W., der Karlo und die Ingeborg. Wie die Orgelpfeifen standen die da! Ich fing an:

Nun prangst du,
befreit von enger Hülle,
und deiner Farben bunte Zier
küßt nun das Licht in Strahlenfülle,
...

Und ich bin so am Reden, da seh ich unter der Staffelei einen Kopf auftauchen: mein Bruder Stephan. Wie der aussah! Die Haare standen ihm so zu Berge – das für einen Sohn von einem Friseur! –, und seine Augen blitzten wie ein Luchs. Daß ich nicht aus dem Konzept gekommen bin, kann ich bis heute nicht begreifen!

Als nun die Feier beendet war, hat mich der Herr Zanders persönlich bis vor die Türe begleitet, reichte mir zum Abschied die Hand – er hatte so eine Pranke – und sagte, er wäre immer für mich da; wenn ich irgendwie ihn mal bräuchte, er wäre für mich da! »Das Gedicht hat mir so eine Freude gemacht!« sagte er. Und er drückte meine Hand so fest, daß er mir meine beiden zierlichen Pensionsringe verbog.

Die Villa stand damals mitten im Park. Rechts zur Fabrik hin war ein Weiher, wo die Strunde reinfloß. Der Weiher war voller Fische und Frösche. Abends, wenn ich mit unseren großen Bierkrügen zu Paas Bier holen ging – jeder von uns hatte einen Bierkrug mit so einem Deckelchen drauf, die wurden dann vollgemacht, und dann ging ich wieder zurück –, dann quakten die Frösche so schön, das war die reinste Liebhaberei. Nachher haben sie den Weiher ja zugeschmissen, weshalb, weiß ich nicht. Schade, der war so schön! Überhaupt, früher war es ganz anders hier!

Vor kurzem, als ich eines Morgens ans Fenster gehe, sehe ich, daß die Stadt große Blumenkübel mit Tulpen und Narzissen aufgestellt hatte, hier direkt am Haus in der Fußgängerzone. Wie mich das bißchen Grün gefreut hat! Ich schlage die Zeitung auf, steht da in großen Lettern: Die Blumenkübel in der Fußgängerzone müssen wieder weg! Einige Geschäftsleute hätten sich darüber beschwert, die Kübel würden stören. Also, geschmacklos! Ich habe mich sofort hingesetzt und auf diesen Artikel hin einen Brief an die Zeitung geschrieben: Diese Blumenkübel wären doch eine Visitenkarte für die Geschäftsleute, und ich wäre so erfreut über das bißchen Grün gewesen. Einen langen Brief habe ich geschrieben, der auch in der Zeitung gestanden hat. Später bin ich dann dahintergekommen, wer den Artikel veranlaßt hat. Hier nebenan die Frau Schmidt zusammen mit der Frau von dem Eishändler. Die Kübel würden denen den ganzen Platz für ihre Tische und Stühle wegnehmen. Unsinn! Dafür wäre noch Platz genug geblieben. Die Stadt hat dann die Kübel ein bißchen weiter runtergeschoben. Aber einfach zu schreiben, die Blumenkübel müssen weg, damit haben sie mir weh getan!

Irma Kuhlmann

In den ersten Jahrzehnten unseres Jahrhunderts gehörte das Klavier in jede Familie, die etwas auf sich hielt – Klavierspielen gehörte zur Bildung.

Bei uns zu Hause war das so: Mein Vater war besonders an Musik interessiert. Er war sehr musikalisch und spielte ausgezeichnet Klavier. Während seines Ingenieurstudiums in Berlin besuchte er nebenher das damals berühmte »Stern'sche Konservatorium«. Das trieb er aber so weit, daß er dadurch sein eigentliches Studium vernachlässigte. Nach einem Jahr muß der Vater ihm einen Brief geschrieben haben: »Junge, so geht das nicht weiter! Du läßt ab sofort das Klavierspielen sein und gehst nach Hannover!« Das tat er dann auch – das Klavierspielen konnte er aber trotzdem nicht lassen!

Mit meiner Mutter war das etwas anders. Sie hatte eine gute Stimme – war auch musikalisch –, hatte aber wenig musikalische Erfahrung. Als mein Vater sie kennenlernte und sie bald darauf heirateten, regte er sie an, Lieder zu seiner Klavierbegleitung zu singen – er wollte sie der Musik zuführen. Sie liebte besonders die Lieder des heute gänzlich vergessenen Komponisten Julius Koschat, der damals ein Begriff war! Es waren alles sehr romantische Lieder, Lieder aus Tirol und Bayern. An eins kann ich mich noch erinnern:

> Vom Bergli dort oben
> wo's Edelweiß blüht,
> da hört man im Frühjahr
> manch lustiges Lied.
> Da steht a klan's Hüttle
> aus Randlan und Lan,
> und drinnen in dem Hüttli,
> ist mein Mizzi daham.

Mein Vater hat mir musikalisch ungeheuer viel gegeben – vor allen Dingen die Begeisterung für die Musik. Von ihm bekam ich auch die ersten Klavierstunden – als Achtjährige –, bis ein Herr Edmund Josef Müller mein Lehrer wurde. Bei ihm hatte ich einmal die Woche Unterricht. Neben ihm gab es noch das Fräulein Wachendorf aus Bensberg. Sie ging von Haus zu Haus und gab den Kindern Klavierstunden – ob sie wollten oder nicht. Viele meiner Schulkameradinnen hatten bei ihr Unterricht. Ja, das war das berühmte Fräulein Wachendorf! Sie unterrichtete nach der damals bekannten Wohlfahrtschen Klavierschule mit ihren üblen Etüden, die alle Kinder verabscheuten. Außerdem standen noch kleine Stücke darin, die man heute gar nicht mehr kennt, Auszüge aus Opern, fürs Klavier mehr schlecht als recht zusammengeschustert.

Jeden Sonntagmorgen sangen wir, angeregt durch meinen Vater, von Mendelssohn-Bartholdy das Lied: »Das ist der Tag des Herrn«. Ganz treuherzig sangen wir das, jeden

SCHIRMER'S LIBRARY
OF MUSICAL CLASSICS
CHOPIN
ETUDES

Sonntagmorgen! Das war fester Brauch unserer Familie. Mein Vater spielte Klavier, meine kleinere Schwester Elfriede sang den Sopran, und ich die Altstimme dazu.

Und dann kam die beglückende Zeit des Vierhändigspielens! Die Symphonien der großen Meister Mozart und Brahms wurden vierhändig gesetzt herausgegeben. Mein Vater und ich, wir saßen am Klavier, er spielte den Baß und ich den Diskant. Manchmal klang das wie ein ganzes Orchester. Ach, es war eine wundervolle, selige Zeit!

Dann kam die Wandervogelzeit. Gitarren und Lauten, meist auf den Speicher verbannt, wurden wieder hervorgeholt, und anstatt Hausmusik zu treiben, sang man jetzt Volkslieder zur Laute.

So lernte ich Laute spielen. Wenn sich unsere Wandervogelgruppe traf, sangen wir mit Begeisterung Volkslieder. Oder wir zogen von Dorf zu Dorf, sangen den Bauern unsere Lieder vor oder ließen uns was vorsingen. Es gab Gruppen, die sehr weit herumreisten; und die gaben dann ihr eigenes Musikheftchen mit den Liedern heraus, die sie besonders schön fanden. Die Lieder aus unserem Liederbüchlein hatte ein Hans Breuer zusammengestellt, es war der »Zupfgeigenhansl«. Da standen Balladen drin, Wanderlieder, Soldatenlieder und Liebeslieder. Ein Lied war mir besonders lieb:

Wohl heute noch und morgen,
da bleibe ich bei dir,
wenn aber kommt der dritte Tag,
so muß ich fort von hier.

Wann kommst du aber wieder,
Herzallerliebster mein?
Wenn's schneiet rote Rosen
und regnet kühlen Wein.

Es schneiet keine Rosen,
es regnet keinen Wein:
So kommst du auch nicht wieder,
Herzallerliebster mein!

In meines Vaters Garten
legt ich mich nieder und schlief,
da träumet mir ein Träumelein,
wie's schneiet über mich.

Und als ich nun erwachte,
da war es lauter Nichts;
es war'n die roten Rosen,
die blühten über mich.

Der Knabe kehrt zurücke,
geht zu dem Garten ein,
trägt einen Kranz von Rosen
und einen Becher Wein.

Hat mit dem Fuß gestoßen
wohl an das Hügelein: Er fiel,
da schneit es Rosen,
da regnet's kühlen Wein.

Natürlich war es auch ein Ereignis, wenn mehrere Wandervogelgruppen aufeinandertrafen und ein richtiges Wettsingen zustande kam. Was da für Talente zutage kamen!

Noch heute ist mir das Klavierspielen alles, ich habe es bis zum heutigen Tag nicht aufgegeben. Ohne Klavier könnte ich gar nicht leben. Auch meine Tochter ist fest mit der Musik aufgewachsen. Als sie noch in der Wiege lag, habe ich ihr morgens und abends vorgesungen und ihr die Laute gezeigt. Allerdings mochte sie nicht, wenn ich zur Laute sang – sie wurde eifersüchtig auf die Laute. Aber ich habe nie aufgehört, mit ihr zu singen. Ab und zu, wenn ich mit ihr zusammen ein Lied sang, ließ ich mit Absicht den letzten Ton fort – und den traf sie genau auf der Stelle, wo er hingehörte. Später, als sie älter wurde, bat sie mich: »Bitte, Mutti, ich möchte Klavierstunden haben!« Ja, sie sollte genauso mit der Musik aufwachsen wie ich in meinem Elternhaus.

Damals war man darauf angewiesen, selber Musik zu machen – oder in Konzerte zu gehen. Durch die Schallplatte und das Radio ist die Hausmusik fast ganz verdrängt worden. In dieser Zeit konnte es einem passieren, daß man hin und wieder eine Stimme sagen hörte: »Ach, hör doch auf zu singen! Das kann ich viel schöner auf der Schallplatte hören.« Heute sind wir eine Gesellschaft der Zuhörerschaft geworden. Schade, wo das Musizieren doch so verbindet!

Elfriede Bickenbach

Damals, in der Zeit vor dem Ersten Weltkrieg, war es selbstverständlich für die Männer, einen Hut aufzuhaben; genauso selbstverständlich, wie einen Anzug zu tragen, einen steifen Kragen und einen Schlips. Das trugen schon die jungen Burschen, die Obertertianer und die Untersekundaner. Oder die Mädchen, sie gingen zur Tanzstunde und trugen Ballkleider; und nachmittags kamen sie zu einem »Kränzchen« zusammen. Das war eingefleischt! Wenn zum Beispiel einer ohne Hut rumlief, dann sah es so aus, als hätte er nicht das Geld, sich einen zu kaufen!

Und nun gingen auf einmal einige junge Männer ohne Hut; und anstelle des steifen Kragens trugen sie einen Schillerkragen. Das war etwas vollkommen Neues, das war revolutionär!

Ich weiß noch, auch ich konnte mich nicht so ohne weiteres von diesen Konventionen freimachen. Wie ich als junge Frau nach Bonn kam und dort in das sogenannte »bürgerliche Leben« eintrat, trug ich eine Zeitlang meinen grünen Tirolerhut, anstatt ihn aufzusetzen, in der Hand! Aufsetzen wollte ich ihn nicht mehr; aber so ganz auf ihn verzichten, das wollte ich doch nicht. Ich meinte, ich müßte noch ein Zugeständnis an die Konvention machen. So löste ich die Hutfrage. Nachher habe ich ihn zu Hause gelassen, es war ja auch albern! Für die Männer gab es so kleine Lederschlaufen mit einer Zwinge dran; die Lederschlaufe konnte man vorne an der Weste anbringen und an der Zwinge seinen Hut befestigen. Man trug also den Hut auf dem Bauch vor sich her. So war man wenigstens nicht ganz ohne!

Damals hieß es in einem bürgerlichen Haus: Die Kinder haben sonntags zu Hause zu sein, in der Familie. Die Väter wollten etwas von ihnen haben – was sie allerdings haben wollten, wußten sie manchmal selber nicht. Aber auf jeden Fall sollten sie dasein! Man ging morgens geschlossen in die Kirche, gruppierte sich anschließend um den Mittagstisch, nachmittags hatten die Kinder Langeweile. Es passierte ja weiter nichts. Bestenfalls, wenn das Wetter schön war, ging man mit den Eltern gesittet spazieren – wandern kannte man nicht. Oder es wurde vielleicht einmal Hausmusik getrieben. Ich weiß noch von soundso viel Kindern, die stöhnten: »Der Sonntag ist entsetzlich langweilig bei uns!«

Und nun war es so: Auf einmal traf man sich morgens vor oder mit Sonnenaufgang. Einer der jungen Leute war der Führer, hatte eine Wanderkarte, und jetzt ging es los! Die Klampfen umgehängt, gestimmt, gesungen! Über die Landstraßen – es gab ja noch kaum Autos! Die ganze Straße wurde eingenommen. Vorneweg vielleicht fünf Jungen mit Geigen, die ein Lied geigten, dahinter welche mit Klampfen; und einige, die nur sangen. Das war eine Lebenslust, eine Freiheit, ein Glück! Das war schon etwas Neues! Und man war ohne die Eltern. Abends kam man nach Hause, erfrischt und fröhlich, müde und schmutzig. Man hatte etwas erlebt, was man zu Hause nicht erleben konnte.

Mein Vater gründete 1912 eine Wandervogelgruppe, hier in Bergisch Gladbach; angeregt durch einen alten Jugendfreund, der in Frankfurt eine Gruppe gegründet hatte. Wir waren ungefähr 20, also mein Vater, meine Schwester Irma, der Postdirektor Neumann, der Lehrer Berghöfer, Herr Supan, die Köttgens Mädchen, die Feibers, Martha Schroer und noch andere. Erst waren noch die Eltern dabei, dann wanderten wir aber alleine los.

Dabei trug ich eine Art Dirndlkleid – welches unsere Hausschneiderin nähte – oder eine hüftlange Bluse mit einem Perlengürtel; einen Kittel, wie wir das nannten. Der Perlengürtel war natürlich selbstgemacht, das war am zünftigsten! Und Holzperlen waren Trumpf; die trug man auch im Haar. Einen Hut trugen wir selbstverständlich nicht! Der Kittel hatte eine selbstgestickte Borte – meine allerdings war nicht so schön, meine Schwester Irma hatte darin schon mehr Geschick! Dazu ein schwarzes Lodencape gegen den Regen. Ja, wir fielen schon auf, wenn wir so durch Bergisch Gladbach zogen, wir hoben uns schon ab – vor allen Dingen vor der Sonntagsgesellschaft. Das waren die Wandervögel, die daherkamen!

Wir trafen uns am Bahnhof, morgens zwischen sechs und halb sieben, und fuhren dann 4. Klasse mit dem Zug ein Stück ins Land hinein. Damals gab es ja noch vier Klassen, die 4. Klasse war natürlich am billigsten. Das Abteil, das war ein großer Raum, mit Holzbänken an den Seiten für die Bauern mit ihren Hühnerkäfigen, Kiepen und Körben und mit all dem, was sie sonst noch mithatten. Schon in der Eisenbahn wurde gesungen; ja, die Musik war uns wichtig, sie gehörte fest dazu! Die Jungen sangen die Landsknechtlieder, wir die Liebeslieder.

Dann wanderten wir los. Die Verpflegung hatten wir im Rucksack, außerdem eine Bluse zum Wechseln und eine Decke. Schlafsäcke, wie man sie heute als selbstverständlich kennt, gab es noch nicht zu kaufen. Überhaupt, daß der Mensch einen Schlafsack bräuchte, war eine Idee, die man damals noch gar nicht kannte. Man hatte ja zu Hause sein Bett, was brauchte man da einen Schlafsack! Wir schliefen im Heu oder Stroh; da wir in der Sommerzeit wanderten, gab es immer irgendwo Heu oder Stroh. Es hieß: »Ja, da können Sie rein. Hier können Sie bleiben!« Dann machte sich jeder seine Kuhle. Morgens wuschen wir uns am Brunnen oder am Bach – das ging alles!

Wir kochten unterwegs – in ein Gasthaus einkehren war verpönt bei uns Wandervögeln. Meistens gab es Erbsensuppe mit Würstchen. Der Führer hatte dafür zu sorgen, daß alles vorhanden war. Oder er beauftragte einen: »Du sorgst für den Maggi-Würfel und für die Erbswurst.« Sie spielte eine wichtige Rolle. Dann wurde da, wo man durfte, ein Feuer gemacht. Wir hatten einen großen Kessel, den Hordenpott; einer ging in einem Bauernhaus Wasser holen, und dann wurde gekocht. Jeder hatte einen Aluminiumteller und ein Eßbesteck. Es wurde gegessen, anschließend am Bach gespült und mit Ufersand der Topf gescheuert. Dann zog man weiter. Nachmittags machten wir wieder Rast, holten Milch beim Bauern und kochten einen Kakao. Wir wanderten bestimmt sechs bis acht Stunden am Tag; wir sangen dazu, und so liefen die Beine wie von alleine über die Landstraßen! Die Landstraßen waren damals noch so schön! Im Herbst kam man unter den Apfelalleen daher . . .!

Abends saßen wir gerne zusammen mit den Bauern, wir suchten den Kontakt. Einmal erzählte mir ein Wandervogel aus der Frankfurter Gruppe: Sie waren auf einer längeren Wanderung in ein ganz entlegenes, verwunschenes Dorf gekommen. Abends wären sie in die Bauernwirtschaft gegangen; die Leute hätten alle gestaunt, wie sie da so gesessen und gesungen hätten. Dann hätten sie zu den Einheimischen gesagt: »So, nun singt ihr mal!« Da haben sich die Burschen vom Dorf zusammengesetzt und das Lied gesungen: »War einst ein bayrischer Husar«. »Ach«, sagte er, »die Wände haben gewackelt, als sie das sangen. So laut! Und mit allen zehn Strophen!« Das ist ja eine ganz lange Geschichte, mit dem Wirtstöchterlein und dem Husar. Das Wirtstöchterlein war dann nachher tot . . ., und das war so furchtbar traurig! Also, das hätten die Burschen dann alles gesungen, aber so laut, so kräftig!

Wir waren Romantiker. Wir gingen in ein Dorf; und wenn da eine Linde stand, saßen wir abends unter der Linde, sangen und tanzten! Die Leute staunten, so etwas hatten sie überhaupt noch nicht gesehen. Aber für uns war das selbstverständlich, wir fanden das schön! Oder wir tanzten abends auf den Rheinwiesen bei Zons, mit geflochtenen Blumenkränzen im Haar, in die wir Glühwürmchen steckten.

Unter all den Tänzen gab es einen, den wir besonders liebten: »Hier tanzt Simon von Celle«. Wir stellten uns in zwei Reihen auf, auf der einen Seite die Jungen, auf der anderen die Mädchen. Dann ging es los. »Hier kommt Simon von Celle, hier kommen die redlichen Herren, hier die Biedermänner alle!« sangen die Jungen, traten dabei zwei oder drei Schritte auf uns zu und gingen dann wieder zurück. Jetzt kamen die Mädchen, auch einige Schritte auf die Reihe der Jungen zu: »Was will Simon von Celle, was die redlichen Herren, was die Biedermänner alle?!« Dann kamen die Jungen wieder: »Freien will Simon von Celle, freien die redlichen Herren, freien die Biedermänner alle!« Die Mädchen wieder: »Was bietet Simon von Celle, was bieten die redlichen Herren, die Biedermänner alle?« Die Jungen: »Ein Schloß bietet Simon von Celle . . .!«, und dabei streckten sie den Mädchen ihre Hände geöffnet entgegen, mit den Handtellern nach oben. Dann wieder die Mädchen: »Nein, Herr Simon von Celle, nein, ihr redlichen Herren, nein, ihr Biedermänner alle!« Noch einmal die Jungen: »Hier kommt Simon von Celle . . .« Und dann fragen die Mädchen noch einmal: »Was bietet Simon von Celle?« Jetzt die Jungen: »Sein Herz bietet Simon von Celle!« Daraufhin die Mädchen: »Ja! Herr Simon von Celle! Ja, ihr redlichen Herren, ja, ihr Biedermänner alle!« Das war romantische Jugend, das war unser Idealismus! Wir wollten keine Äußerlichkeiten, wir wollten das Herz!

Es war vor allen Dingen das Natürliche, das einfache und doch wiederum kulturbewußte Leben, das uns sehr anzog! Wir waren gegen die Bürgerlichkeit, gegen das Spießertum. Wir glaubten an eine Zukunft – was uns alles noch bevorstand, wußten wir ja nicht. Es war noch kein Holocaust geschehen! Das Deutschtum war eine Sache, die uns ungeheuer wichtig war; wir liebten unser Vaterland, wir waren auch bereit, dafür Opfer zu bringen. Wir suchten das deutsche Volksgut und vor allem unsere Volksmusik wieder lebendig zu machen. Solch ein Idealismus wäre heute unvorstellbar!

Ich denke da besonders an folgendes Erlebnis, es war ein enormes Erlebnis: Auf der Loreley war ein Gautag. Wir fuhren mit dem Schiff nach St. Goarshausen und übernachteten dort auf dem Speicher einer Schule im Stroh. Am darauffolgenden Tag waren wir oben auf dem Loreleyfelsen. Es brannte ein großes Feuer. Wir sangen: »Flamme empor, Flamme mit loderndem Scheine, vom Gebirge am Rheine glühend empor!« Wie da unsere Herzen geschlagen haben! Das war was, das war ein Erlebnis!

Und man saß zusammen und diskutierte. Es bildeten sich Gruppen; die einen sprachen über Schulreform, die anderen über eine Bodenreform – alles reformerische Ideen, die damals aufkamen. Die Bodenreformer wollten, daß nicht mehr mit dem Boden spekuliert wurde auf Kosten anderer. Sie sagten: »Das Land gehört allen, was fällt denen ein, wenn sie einfach den Boden, das Land nicht verkaufen und warten, bis der Preis steigt! Vor allen Dingen, wenn andere das Land brauchen!« Damaschke hieß der Mann, der diese Reform ins Leben gerufen hatte – er war damals sehr bekannt.

Dann gab es die sogenannte Siedlungsbewegung. Gruppen von jungen Leuten gingen aufs Land und siedelten; einige gründeten einen Hof und versuchten neuere, natürlichere Anbaumethoden. Die meisten hatten ganz hochfliegende Pläne, bis alles wieder zusammenbrach! Eine Freundin von mir hatte sich auch von dieser Siedlungsidee begeistern lassen. Sie heiratete jung und zog mit ihrem Mann und einem anderen Paar in ein Doppelhaus. Er war Schauspieler und hatte die Vorstellung, dort zusammen mit anderen Siedlern ein eigenes Schauspielhaus zu bauen und nach neueren Ideen Theater zu praktizieren. Aber das stand noch in weiter Ferne. Vorher wollten sie die Siedlung in Gang bringen. Meine Freundin mußte für alle kochen, während die anderen die anfallenden schriftlichen und organisatorischen Dinge erledigten. Dann meinten sie, sie könnten aus einer Kasse wirtschaften. Und diese Gemeinsamkeit sollte sich dann nachher auch noch auf die Frauen übertragen, daß sie also auch Allgemeingut wären und austauschbar. Aber das war dann doch zuviel für meine Freundin, da wollte sie nicht mitmachen! Schlußendlich, die ganze Sache ging pleite, jämmerlich pleite! Und meine Freundin und ihr Mann zogen mit einem Planwagen voller Möbel wieder vor ihr elterliches Haus und luden dort – als Gescheiterte gewissermaßen – ihre Sachen ab, zum Entsetzen ihrer bürgerlichen Eltern und dem Gespött der Nachbarschaft. So sind viele Siedlergemeinschaften zugrunde gegangen, aus Mangel an Kenntnis und Schulung; man kann so etwas ja nicht nur mit Idealismus und einer Schüppe machen!

Dann waren da noch die antialkoholischen Bewegungen, die Blaukreuzler – es wurde ja nicht geraucht und kein Alkohol getrunken im Wandervogel, das war strengstens verpönt! Von Drogen wußten wir nichts. Und die vegetarische Bewegung gab's noch, die sogenannten Lebensreformer. Das kam alles in dieser Zeit hoch; und wir fühlten uns in diese ganze Bewegung miteinbezogen.

Die meisten auf diesem Gautag sahen regelrecht revolutionär aus, freizügig, unbekümmert um Konvention und Tradition. Man sah es an der Kleidung, an den Haaren, an dem gesamten Auftreten. Die Berliner zum Beispiel, die Wuppertaler oder die Bonner. Auf einmal hieß es bei den Mädchen: »Eisen raus!« Da zogen sie die Haarnadeln aus ihren Frisuren und ließen die Haare offen hängen. Das war natürlich revolutionär im höchsten Grade. Oder es gab junge Männer, die mit solch einer langen Haarmähne rumliefen – das waren dann schon alternative Spitzengruppen! Aber wir aus der kleinen Stadt Bergisch Gladbach, wir waren etwas gehaltener, wir waren noch relativ brav.

Katharina Lausberg

Ob der Pfarrer Rhese den Vater angerufen hat oder ob er sogar persönlich hier gewesen ist, weiß ich nicht; auf jeden Fall muß er gesagt haben: »Herr Hoock, holen Sie Ihre Tochter nach Hause! Man weiß nicht, wie das noch alles kommt!« Da ist mein Vater eins, zwei, drei losgefahren! Am späten Nachmittag kam er angereist: »Mach alles fertig«, sagte er, »morgen früh sind wir weg!« Er war sehr beunruhigt! Es war bereits Anfang September, und der Krieg hatte am 1. August angefangen. Wie der Krieg sich entwickeln würde, konnte man nicht wissen; selbst in der französischen Schweiz nicht. Deswegen sind eigentlich alle Schülerinnen sofort nach Hause gefahren, sogar die Mädchen aus der deutschen Schweiz. Nur eine Norwegerin, die wohl nicht die Gelegenheit hatte, ist später gefahren. Ich war heilfroh, daß ich da wegkam!

Die Internatsleiterin, die Dame des Hauses, war stur Französin; ihr Empfinden war stur französisch! Ich als einzige Reichsdeutsche bekam nun unentwegt aufs Butterbrot geschmiert, was wir Deutsche doch für Kriegshetzer und fanatische Soldatenleute wären; nur Kommiß, Soldaten und Krieg machen! Alles solche Sticheleien. »Fräulein Hoock, jetzt hören Sie sich das mal wieder an!« war sie dann dran und las mir irgendeine Neuigkeit aus der Zeitung vor – aus einer französischen Zeitung natürlich. Ein Franzose war damals immer kontra Deutschland, immer! Auf jeden Fall habe ich mich so gerade über Wasser halten können, ich durfte nirgendwo anecken. Rückhalt bei anderen fand ich nicht. Ich war ja noch ein junges Mädchen, was hatte ich denn mit all dem zu tun?! Gar nichts! Politisch, will ich mal sagen, war ich doch vollkommener Laie; um Politik habe ich mich doch überhaupt nicht gekümmert! Aber wenn man dann unentwegt zu hören bekommt, was die Deutschen doch für Biester wären, dann kann man das nicht mehr hören, dann ist man dauernd innerlich verletzt! Mit den anderen Internatsschülerinnen bin ich gut ausgekommen. Wir konnten fast alles belegen, allgemeinbildende Fächer, Literatur und Sprachen. Außerdem musizierten wir miteinander. Es war auch eine schöne Zeit!

Morgens sind wir dann abgereist. Erst ein kleines Stück mit der Taxe bis Neuchâtel und von da aus mit dem Zug nach Basel. Über die Grenze mußten wir zu Fuß. Meine zwei großen Koffer wurden von einem Jungen, der sich damit etwas Geld verdiente, auf einen Handwagen geladen, und so ging es über die Grenze. Das hielt natürlich alles furchtbar auf! In Basel haben wir dann übernachtet, und am anderen Tag sind wir schnurstracks nach Köln.

Meine beiden Brüder waren schon eingezogen, sie hatten sich beide freiwillig gemeldet. Der Karl, mein jüngerer Bruder, hatte eins, zwei, drei das Kriegsabitur gemacht – die brauchten für das Abitur nicht mehrere Wochen wie normalerweise, sondern die schrieben ein paar Arbeiten und fertig! – und nach drei Wochen war er weg! Er kam zu einem Kölner Regiment, machte da die Ausbildung als Artillerist und dann ab an die

Front! Mein älterer Bruder hatte auch noch nicht gedient; aus Studienzwecken hatte er sich immer zurückstellen lassen. Er ging zu den Pionieren. Ich weiß noch, er sagte immer, auf den Bruder gemünzt: »Bei dem, das ist ja eine Lebensversicherung! Aber ich als Pionier, ich sterbe vorneweg!« Die behaupteten nämlich, bei der schweren Artillerie passierte nichts. Er als Pionier ist leben geblieben, der andere ist gefallen!

Sonntags mittags – ich kam gerade zu meinem Vater ins Büro, wo er noch irgendwas zu erledigen hatte – schellte es an der Haustüre. Mein Vater öffnete, da war das ein Postbeamter, der hier in der Nähe wohnte. »Ja, Herr Brandt«, sagte mein Vater, »was gibt es denn?« »Herr Hoock, ich möchte Sie gerne sprechen!« In dem Moment, wo mein Vater den Namen Brandt sagte, wurde ich stutzig, da dachte ich: Es ist was passiert! Ich hatte nämlich vorher zufällig gehört, daß eine andere Familie von dem Herrn Brandt die Nachricht erhalten hatte, daß einer aus der Familie gefallen war. Und so war es dann auch! Der Sohn wäre am 19. März – das war auf Josef, glaube ich – in der Nähe von dem Ort Soundso gefallen! Fertig! Mein Vater hat dann versucht rauszukriegen, was und wie der das nun erfahren hatte. Viel mehr wußte der aber nicht. Dieser Herr Brandt hatte wohl von der Post und vom Militär aus den Auftrag, rumzugehen und diese Meldungen weiterzugeben. Daß da nicht nur ein schroffer Brief kam: Der Soundso ist gefallen, aus! Man hatte eine etwas menschlichere Form gewählt. Es war zwar gut gemeint, aber geändert hat sich nichts dadurch!

Der Ort, wo mein Bruder gefallen ist, ist in den Feldpostbriefen noch nachzulesen. Diese Briefe habe ich noch alle oben im Schrank liegen; ich kann die auch nicht wegschmeißen! Die Enkelkinder, die sagen vielleicht mal: »Weg damit!« Die haben ja auch keinen Kontakt mehr dazu, dafür ist das zu lange her.

Mein Mann und ich sind mal vor ein paar Jahren in Paris gewesen. Da sagte er: »Sollen wir nicht versuchen, das Grab zu finden? Sollen wir da mal hinfahren?« Da habe ich gesagt: »Komm, laß uns das nicht tun!« Das wühlt doch zuviel wieder auf, das geht einem nachher dann doch wieder zu nahe! Und was hat man davon? Dann sieht man da ein Stückchen Erde mit einem Kreuz drauf, worauf vielleicht nur eine Zahl steht. Man hat doch kein Empfinden für diese Erde; ja, man weiß noch nicht mal, ob der überhaupt da liegt! »Nein«, habe ich da gesagt, »laß uns das nicht tun!«

Einen Sinn habe ich nicht darin gesehen, daß er gefallen ist! Nein, das kann ich doch nicht! Ich weiß, daß es ein bestens gesinnter Mensch war; er war ein sehr angenehmer und beliebter junger Mann. Er hatte sein Abitur und gute Aussichten auf jedem Gebiet. Daß ich denke, das hatte einen Sinn, nein! Wofür denn?! Etwa fürs Vaterland?! Wenn man damals die Todesanzeigen gelesen hat: »Er durfte für sein Vaterland fallen!« Das war nämlich eine Ehre! Oder: »Der Dank des Vaterlandes ist Dir gewiß!« Was hat man davon, was kann man sich dafür kaufen?! Das war für meinen Begriff vollkommener Quatsch! Mit welchem Fanatismus geradezu die Leute solche Todesanzeigen herausbrachten, mit welcher Begeisterung! Die konnten sich zum Teil an dem Heldentod ihres Sohnes oder Bruders ergötzen. Nein, da habe ich mich nicht dran ergötzen können!

Natürlich haben wir zuerst vaterländisch empfunden. Wir waren auch ganz bestimmt gute Deutsche in jeder Beziehung. Aber eine Kriegsbegeisterung gab es in unserem Hause nicht, daran habe ich mich nicht beteiligt. Und als dann schwere und schwerste Opfer zu bringen waren, hörte das überall auf, auch bei den jungen Leuten. »Nein, hätten wir doch besser gar nicht damit angefangen!« hieß es dann. Der Enthusiasmus war weg. Was haben wir denn für einen Nutzen davon gehabt? Keinen. Wir haben doch nichts dadurch profitiert, Deutschland doch nicht! Im Gegenteil, wir haben doch nur gelitten! Nein, alles was Krieg ist, ist für mich furchtbar schlecht! Aber die Herren da oben wissen ja alles besser! Die, die das angezettelt haben, haben es auch zu verantworten. Aber nachher will es keiner gewesen sein!

1918 kamen die Engländer; eins, zwei, drei die Treppe hoch, und sie standen vor der Haustüre. Vorneweg der Max Wachendorff, der lange in England gewesen war und geläufig Englisch sprach. Die englischen Offiziere suchten eine Unterkunft. Dann wurde alles besichtigt, und der Max Wachendorff hat gedolmetscht. Einen Tag später hatten wir hier im Haus drei Offiziere mit dem nötigen Küchenpersonal und den vielen Offiziersburschen. Das Haus war voll! Niedriger als Hauptmann war keiner von den dreien, das war ein Hauptmann, ein Major und ein Oberst.

Die sind deshalb auf unser Haus gekommen, weil es so viele Räume hat. Die beiden Wohnzimmer, verbunden mit der großen Doppeltüre, war die Messe. An dem lang ausgezogenen Tisch haben die Offiziere immer gegessen. Also, im Durchschnitt saßen hier jeden Mittag 10 bis 14 Offiziere und aßen. Ich weiß noch, ab und zu war dann mal der General dabei. Das war dann immer ganz fein, dann wurde immer ganz groß Tra-ra gemacht! Die einfachen Soldaten aßen natürlich in der Küche. Dann war es so: Die Offiziere hatten je ein Zimmer; mein Vater und mein ältester Bruder – der ja inzwischen zurück war – hatten ein Zimmer; meine Mutter und ich schliefen in einem Zimmer, und unsere zwei Zimmermädchen waren auch zusammen untergebracht. Die Burschen schliefen oben auf der Mansarde. Einmal dachte ich: Was ist das denn für ein Rumoren da oben?! Die Mansarde war direkt über unserem Schlafzimmer. Ich bin da rauf, lagen die da auf der Erde, Lager an Lager. Richtige Betten hatten die nicht; aus Decken und ihrem sonstigen Gedöns hatten die sich so Schlafgelegenheiten zurechtgemacht.

Ein extra Koch war auch dabei, der für die Soldaten und die Offiziere kochte. Ich muß sagen, die kriegten immer gutes Essen! Gekocht wurde in unserer Küche, was dadurch auch Arbeit für mich bedeutete. Der Koch wollte dann öfters mal Küchenkräuter haben, der wollte was frisches Gemüse aus dem Garten haben, und der wollte dies und jenes haben! Wir haben gegeben, was wir konnten! Dafür bekamen wir dann mal ein großes Stück Fleisch oder das, was sie gerade für uns erübrigen konnten. Dann waren die Offiziere sehr, sehr erpicht auf Moselwein. Sie hatten nämlich gesehen, daß wir viel Moselwein tranken – meine Mutter stammte vom Rhein, dadurch war sie an Wein gewöhnt –, und so fragten sie: »Ja, wie ist das . . .? Können wir nicht mal probieren?« Dann haben die ein paarmal genippelt, und seitdem waren die ganz scharf auf unseren Wein. Wenn dann mein Vater mal in den Keller ging, Wein holen, oder wenn eine neue Ladung kam, wollten sie unbedingt was davon abhaben. Sie kriegten auch! Dafür bekamen wir Whisky. Oder sie fragten, wenn sie gerade ausschenkten: »Wollen Sie auch einen Whisky mittrinken?« Da habe ich zum erstenmal Whisky getrunken; wir kannten ja hier keinen Whisky! Obwohl alle so erpicht auf den Wein waren, ist nicht eine Flasche weggekommen; genau wie wir nicht an ihren Whisky gingen.

Eines Tages kamen sie und sagten: »Morgen abend kommt der General zum Essen. Wir möchten auch eine Musikkapelle dabeihaben. Wahrscheinlich wird es sehr spät werden!« Da haben wir gesagt: »Ist gut! Dann gehen wir an dem Abend ganz aus dem Haus.« Daraufhin sagten sie: »Sie können aber nach Hause kommen, wann Sie wollen! Wir lassen Sie dann mit einer Eskorte abholen.« Es war ja noch Ausgangssperre – ab neun Uhr abends, glaube ich. »Nein«, sagten wir, »wir bleiben die Nacht bei Verwandten.« Wir sind dann rüber in das Nachbarhaus Wielpütz, wo ein Bruder meines Vaters wohnte, und haben dort den Abend zugebracht. So hat das alles reibungslos geklappt!

Viele Gladbacher fanden das empörend, wie wir mit den Engländern verkehrten. Daß wir überhaupt ein Wort mit denen wechselten, daß wir uns in Frieden und in einem harmonischen Ton mit denen verständigten! Für viele war das Fraternisierung, Verbrüderung mit dem Feind. »Nein, mit denen spreche ich doch kein Wort!« hieß es. Ich weiß, die Engländer sind auch in einer anderen Gladbacher Familie gewesen. Die müssen sich den Engländern gegenüber furchtbar schlecht benommen haben. Aus Wut darüber sind die Soldaten dann mit ihren schweren Stiefeln über den Flügel spaziert, über die Tastatur, über alles! Der Flügel war dadurch mehr oder weniger ruiniert! Und das sind doch wunderbare und teure Instrumente. Das waren die aber selber schuld. Die klagten dann zwar: Die Engländer haben uns mutwillig den ganzen Flügel kaputtgetrampelt; aber von anderer Seite bekam ich das anders geschildert. Einer von unseren Offizieren, ein Arzt, hat hier im Wohnzimmer Klavier gespielt, wie es ihm paßte. Das hat mich nicht gestört! Die haben ja auch nicht unnütz Lärm gemacht, nur um uns zu stören. Meine Mutter und mein Vater waren immer einen guten und friedlichen Ton in unserem Haus gewöhnt. Sollte man sich da selbst Schwierigkeiten machen? Nein, wir respektierten uns gegenseitig, keiner warf dem anderen Knüppel zwischen die Beine. Die haben uns nicht schikaniert und wir die auch nicht! Oder böse Worte gewechselt oder geschimpft, nichts, gar nichts! Die haben auch nie meinen Bruder gestichelt, er als ehemaliger deutscher Soldat.

Ich meine, die Leute waren doch auch Menschen; die waren doch auch froh, daß alles vorbei war. Die haben nachher auch nicht mehr mit Begeisterung gekämpft; die waren auch gezwungen, Soldat zu sein wie unsere auch. Die haben nicht aus Haß gegen uns Krieg geführt, sondern weil sie mußten. Unsere genauso. Von dem Standpunkt bin ich zumindest immer ausgegangen. Ich als Fräulein Hoock – damals war ich noch nicht verheiratet – und der Mr. Smith zum Beispiel – so hieß einer der Offiziere –, wir konnten ja nichts dafür. Und dann sollten wir uns Schwierigkeiten machen? Nein! Wir haben denen geholfen, und die haben uns geholfen. Einfach von Mensch zu Mensch. Das finde ich auch heute noch den besseren Weg. Ich habe mich zum Beispiel auch nie daran gestört, daß die zum Teil sehr, sehr fromm waren. Wenn einer jeden Tag dreimal in die Kirche geht, muß das derjenige selber wissen, das kann mir ganz egal sein. Wenn sie mir nur meinen Glauben lassen! Diese Haltung ist mir von den Engländern sehr gedankt worden! Ich bin respektiert worden, von A bis Z. Nachher, als sie weg waren, kam einem das Haus ein bißchen öd und leer vor.

Mit dem Hitler fing das Kriegsgetrommele wieder an. War ja klar, daß der so ein bißchen Hetze machte! Mußte er ja als Deutscher – obwohl er noch nicht einmal Deutscher war. Das waren Zeiten, wo man dachte: Hältst du besser zu allem den Mund! Ja, man mußte sich in acht nehmen, was man sagte! Ich weiß, daß manche Schwierigkeiten bekommen haben, weil sie kontra waren und gesagt haben: »Was machen die jetzt wieder für einen Mist!« Es gab aber auch andere, die sagten: »Ja, das ist endlich mal was Gutes, was da passiert! Gut, daß der Hitler das alles übernommen hat!« Man kam nicht dagegen an; das ist über uns gekommen wie eine Sturmflut! Aber davon wollen wir nichts mehr wissen. Den Krieg hat Hitler scheinbar von vornherein geplant. Der wollte dann direkt wieder Militär haben und Waffen. Ich meine, ich hätte gut darauf verzichten können. Groß Hurra schreien, nein, ohne mich! Aber man mußte still sein, damals hat sich manch einer den Mund verbrannt.

Später, in der schlechten Zeit, habe ich auch ab und zu mal Dienst getan für die Partei. Einmal haben wir in Kindergärten Suppe ausgegeben. Die Frau Pastor Rhese schüttete aus, und wir verteilten die Teller an die Kinder. Ein anderes Mal half ich in der Dienststelle, wo Bezugsscheine für Kleider ausgegeben wurden. Da, wo man einspringen konnte, hat man geholfen.

An einem der letzten Augusttage 1939 war allgemeine Mobilmachung. An dem Abend war ich bei dem Julius Hager, einem Onkel meines Mannes, der hier im Gronauer Wald wohnte. Wir hatten da noch gesessen und erzählt, als der Heinrich Jerusalem kam und sagte: »Also, ich habe das Gefühl, irgendwas braut sich da zusammen! Es geht irgendwie schief!« Dann haben wir angefangen, Moselwein zu trinken. Wir waren alle sehr aufgeregt. Kurz darauf kam der Friedel Hager, der Sohn von dem Julius Hager, ein Gedienter. Er sagte: »Der Stellungsbefehl ist da; ich habe gerade meine Papiere bekommen! Jetzt ist es aus, jetzt müssen wir alle losziehen!« Mein Onkel daraufhin: »Lassen wir noch einen trinken! Wer weiß, wann wir uns noch einmal wiedersehen!« So haben wir ganz gehörig einen getrunken und geredet und geredet. Wir waren ganz schön durcheinander. Mein Onkel immer: »Es geht los! Wer weiß, was uns blüht, wer weiß, ob wir uns jemals wiedersehen!«

Mit dem Heinrich Jerusalem habe ich mich dann auf den Heimweg gemacht. Es war mittlerweile schon drei oder vier Uhr morgens, es wurde gerade hell. Mein Mann machte mir die Türe auf – ich hatte keinen Schlüssel bei mir. »Ja, mein Gott, wann kommst du denn nach Hause!« sagte er. »Hör mal«, sagte ich, »der Friedel Hager hat seine Papiere schon bekommen, den Stellungsbefehl!« »Oh Gott, oh Gott, da kann ich ja direkt meine Sachen packen!« sagte er, »da brauche ich mich ja gar nicht mehr ins Bett zu legen!« Dann hat er sich richtig angezogen und sein Köfferchen gepackt. Punkt sechs schellte es an der Haustüre. »Hörst du«, sagte er, »da kommt die Order! Da kommt der Stellungsbefehl!« So war es dann auch. Zwei, drei Stunden später war er weg! Gott sei Dank ist er aber nicht an die Front gekommen; er war ja auch kein Jüngling mehr. Außerdem war er Kriegsverletzter vom Ersten Weltkrieg her, wo er am Kiefer schwer verletzt wurde. Dadurch hatte er einen etwas schiefen Mund, genauso wie der Hans Rhese, der Bruder vom Oskar Rhese.

Eine Kriegsbegeisterung wie zu Beginn des Ersten Weltkrieges war das nicht mehr! Mein Mann war zwar innerlich richtig Offizier und Soldat, aber nachher hatte er so viel mitgemacht, daß er gedacht hat: Nein, jetzt reicht's! Aber er mußte wieder hin! Daß jemand gesagt hat: »Ich bin froh, daß ich jetzt eingezogen werde!«, habe ich nicht erlebt. Vielleicht gab es auch Kriegstreiber, das mag sein; zu denen hatte ich allerdings keinen Kontakt. Wie sich der Krieg dann entwickelt hat, haben die aber bestimmt auch nicht gewollt, das kann doch keiner! Nach zwei Jahren kam mein Mann zurück; aus Gesundheitsgründen hatte man ihn entlassen. Mein Gott, was war ich froh, daß er wieder da war; auch deshalb, weil ich mit dem Betrieb mutterseelenallein dastand, um den mußte sich ja auch jemand kümmern! Der Friedel Hager ist nicht mehr zurückgekommen, er ist gefallen, gerade jung verheiratet.

Einmal war wieder Fliegeralarm gewesen. Da sagte mein Mann: »Laß uns lieber schnell in den Wald gehen, als hier im Haus zu bleiben. Wir sind hier zu zentral gelegen.« So sind wir in Richtung Lerbacher Wald. Als wir auf dem Kutschweg waren, kam der Großangriff! Flugzeuge über Flugzeuge! Wie das gedröhnt hat! »Nein«, sagte mein Mann, »im Wald haben wir doch zuwenig Schutz. Nur die Bäume, das ist nichts!« Aber wo sollten wir hin?! In solchen Situationen hat jeder mit sich selber ausgemacht, wo er bleiben wollte, wo er Schutz suchen wollte. Manche sind Gott weiß wohin gekrochen; der eine ging in den Wald, der andere sagte, ich gehe lieber in den Keller. Da ist manch einer – genau wie wir – einfach drauflos gestoppelt und in sein Unglück gerannt! Dann sind wir ein Stück zurückgelaufen und haben uns in die katholische Kirche geflüchtet. Der Pastor war da, der Küster und noch zwei, drei andere. Als das Gedröhne derart laut wurde, sagte der Pastor: »Wir gehen jetzt in den Keller!« Und zu uns: »Sie kommen selbstverständlich mit!« Der Pastor kannte uns nämlich nicht. Wir sind sehr schön miteinander zurechtgekommen. Er war ein sehr verständiger, menschlicher Mensch, um das mal so zu sagen. Ob er still für sich gebetet hat, weiß ich nicht; laut gebetet hat er auf jeden Fall nicht. Der Angriff dauerte und dauerte. Es war ein ganz, ganz schwerer Angriff auf Mülheim. Wir hörten immer das Krachen, da fiel Bombe auf Bombe! Als dann endlich die Entwarnung kam, sind wir schnell nach Hause gelaufen. Was waren wir froh, als wir sahen: Es steht noch alles! Es ist nichts passiert! Nämlich einen Volltreffer auf unser Haus oder auf das Nachbarhaus von Jerusalems, nicht auszudenken!

Im Verhältnis haben wir in Bergisch Gladbach Glück gehabt. Es ist zwar manches kaputtgegangen, aber doch nicht so wie in Mülheim oder sogar in Köln. Einen richtigen Fliegerangriff nur auf Bergisch Gladbach hat es nicht gegeben. Gladbach hätte auch dem Boden gleich sein können! Die Lage war eigentlich ungünstig; so nahe an Köln, so nahe an den Anmarschwegen. Außerdem hatten wir viel Industrie hier, die zum Teil auch für die Wehrmacht arbeitete. Ja, wir haben ausgesprochen Glück gehabt!

Manche Familien hat es hart getroffen! Meine Tante in Köln, ihre Tochter und ein Vetter von mir, alle tot! Volltreffer auf das Haus! Es kam ein Angriff, und dann ward nichts mehr von ihnen gesehen. Der Vetter war an dem Morgen noch von Pfaffendorf gegenüber von Koblenz gekommen und hatte der Tante einen Korb Kirschen gebracht. Zu Hause hatten die furchtbar viel Obst, und die Tante in der Stadt freute sich über was Zusätzliches. Deswegen hatte der Junge – wie alt mag er gewesen sein, vielleicht 16 oder 17 – für die Tante einen großen Korb Kirschen gepflückt und war dann hier nach Köln gefahren. Da ist er geblieben!

Der ältere Bruder war schon Soldat. Sein Truppenteil hatte sich wohl aufgelöst, und deswegen ist er für ein paar Tage nach Hause gekommen. Irgendwie mußte er aber dann doch noch mal weg. Und wie er so als junger Mann durch den Ort geht, sagt er zu den Nachbarn, die ihn ja von Kleinkind an kannten: »Ich komm gleich wieder! Ich komm gleich wieder!« Ganz fröhlich und guter Dinge. Die haben ihn nie wieder gesehen! Einfach unterwegs irgendwo abgeschossen und vielleicht in eine Grube geschmissen! Nichts mehr gesehen von ihm, fertig! Und vorher ganz fröhlich: »Ich komm gleich wieder! Ich komm gleich wieder!« Das sind so Soldatenschicksale, da gibt es hunderttausende von! Nein, von Krieg will ich nichts mehr wissen!

Als mein ältester Sohn gefallen war, kam einer von der Partei angewackelt und sagte: »Frau Lausberg, ich muß mit Ihnen sprechen!« Ich hatte vorher von anderen erfahren, daß die in solchen Fällen manchmal einen von der Partei schickten. Und wie der nun in der Türe stand, wußte ich, was passiert war! Der sagte dann noch: »Wir müssen Ihnen das natürlich weitergeben! Allerdings, wo und wann das passiert ist, kann ich Ihnen nicht sagen.« Bei meinem jüngeren Bruder wußte ich wenigstens, wo er gefallen und beerdigt ist. Aber von meinem eigenen Sohn weiß ich gar nichts! Das war sehr bitter und traurig! In Nordfrankreich wäre er gefallen, in diesem Bereich; das war das Äußerste, was der mir sagen konnte.

Zuletzt hatte er noch als Verwundeter dank Josef Kenfenheuer hier im Maria-Hilf-Krankenhaus liegen können; aber nach seiner Genesung mußte er natürlich wieder einrücken. Dann haben wir nichts mehr von ihm gehört, keine einzige Karte, nichts mehr! Hinzu kam, daß er ganz neu in dem Truppenteil war, daß ihn keiner kannte. Und wenn der dann fällt, geht ja alles drüber weg! Wenn ihn da wenigstens einer gekannt hätte, wenn das einer präzise gesehen hätte! Aber was hätte es genutzt?! Den Truppenteil haben wir dann angeschrieben, bekamen aber keine Antwort. Die wußten ja selber nicht, wo ihre Soldaten alle geblieben waren, es war ja alles zerflattert und zerstoben. Ich konnte ja auch nicht nach Nordfrankreich reisen und alle Friedhöfe absuchen! Wer weiß, ob da überhaupt ein Name steht oder irgendein Beleg existiert, die und die Soldaten sind hier von der Gemeinde oder der Stadt beerdigt worden. Dafür sind ja auch zu viele gefallen, zu viele! Daran darf man gar nicht denken!

Wieviele sind allein von Gladbach gefallen?! Doch Gott weiß wie viele! Verwandte, Bekannte und Bürger! Ich meine, die Bürger waren mir ja auch lieb und wert, all die Leute, die ich von jeher kannte! Ich weiß nicht, wie das ein Mensch überhaupt verantworten konnte! Die verantwortlichen Politiker sagten: »Das muß sein. Das müssen wir doch tun!« Aber selbst an der Front kämpfen, nein! Da haben die sich dezent zurückgehalten!

Die Motive für einen Krieg sehe ich als Frau natürlich nie ein; eine Frau versteht die Ursachen eines Krieges wahrscheinlich nie! Was kommt denn Gutes dabei rum? Ein Stück Land erobern und die Menschen dort unterdrücken? Sich selbst bereichern, aus Habgier?! Ich kann deswegen doch nicht sagen: »Herr Soundso, ich mache Sie jetzt tot!« Menschen sterben lassen für seine Ideen? Sich wichtig machen oder sich einen guten Posten angeln? Deswegen kann ich doch keinen Krieg anfangen! Die politischen Gründe und was die Politiker sich da alles so zusammengeredet und zusammengekunkelt haben, habe ich nie eingesehen, kann man auch nicht! Nein, einen ernsthaften Grund für einen Krieg weiß ich nicht! Aber als Frau hat man da nichts zu sagen drüber, als Frau kann man sich da nicht reinmischen.

Wie kann man Krieg auch mit dem Christentum vereinbaren? Krieg spielen, das ist doch kein Christentum! Mit Kirche und großem christlichen Glauben hat das nichts mehr zu tun. Im Krieg hat sich manch einer von der Kirche abgewandt.

Man ist so hilflos, wie dummes Spielzeug; man kann nichts dagegen tun! Wir werden nie erleben, daß absoluter Friede herrscht auf Erden. Da können die Politiker erzählen, was sie wollen. Das Wort Krieg darf aber keiner in den Mund nehmen, das ist schon verkehrt! Es sollen alle Ruhe und Frieden halten, da bin ich für, das ist meine Meinung! Ich will das, was ich noch vom Leben habe, ohne Krieg und ohne Säbelrasseln leben, in Frieden und Freundschaft. Und noch mal Hurra schreien fürs Vaterland, nein! Das ist nicht drin nach all dem, was wir erlebt haben. Die heute sagen: »Ja, ich freue mich, wenn ich Soldat werde; ich freue mich, wenn ich meine Pflicht fürs Vaterland erfüllen kann!« sind dünn gesät; ich kenne wenigstens keinen. Aber mit Schrecken denke ich daran, daß meine Enkel Soldat werden müssen!

Franz Potthoff

Es war mal wieder Alarm. Wir saßen alle im Luftschutzkeller; meine Frau, meine Kinder und alle anderen Hausbewohner. Alles war unten im Keller. Auf einmal hieß es: Unser Haus brennt! Wir raus aus dem Keller und hoch. Alles war schon voll Qualm! Trotzdem sind wir rauf zu unserer Wohnung auf dem 3. Stock und haben noch versucht zu löschen. Wir hatten nur so einen kleinen Handlöscher, wo man die eine Seite in einen Eimer mit Wasser halten mußte; dann pumpte man. Das Wasser stellte man sich vorher bereit. Aber es war nichts mehr zu machen! Es brannte schon bis dort hinaus! Dann haben wir uns von da oben zurückgezogen. Meine ganzen Erinnerungen, die Fotografien, die Briefe: alles mußte ich dalassen! Das einzige, was ich noch mitnehmen konnte, waren die Sparbücher, die ich im dicken Panzerschrank aufbewahrt hatte. Die habe ich dann in den Keller runtergebracht und sie den Nachbarn durch einen Mauerdurchbruch rübergereicht. Meine kleine Tochter, gerade ein Jahr alt, war schon drüben im Nachbarkeller; es wurde sich bereits um sie gekümmert.

Im Hof habe ich dann noch beim Löschen mitgeholfen. Die Brandbomben waren bis zur 1. Etage durchgeschlagen, ab da brannte alles. Auch mein Lager, mein wunderschönes Lager! Von diesem Lager aus hätte ich jahrelang meine Kunden betreuen können, so viel hatte ich da untergebracht! Doppelreihig standen die Bücher, alle schön geordnet. Die Buchhalterin hatte fein säuberlich eine Kartei angelegt, so daß man genau wußte, in dem Fach stand das Buch und da das. An einem Strick mit einem Kasten dran konnte sie die Bücher runterlassen ins Geschäft. Das alles ist hinübergegangen! Alles verbrannt! Nur die Bücher unten im Laden hatte ich noch, bis dahin konnte gelöscht werden. Aber viele hatten einen Wasserschaden. Die Bücher, die noch einigermaßen erhalten waren, zusammen mit meinen Nachschlagewerken, habe ich dann vorübergehend in einem leerstehenden Geschäft in der Jahnstraße gelagert.

Die Buchhandlung hatte ich am 3. Dezember 1935 übernommen. Vorher war es die Akademische Buchhandlung Bukum, Silberbach & Co. Der Inhaber war Jude; damit er noch was verkaufen konnte, ließ er den Namen Silberbach weg. Nach vorne raus zum Hohenstaufenring hatte ich ein schönes, großes Schaufenster in kaukasischem Nußbaum; damit war auch der vordere Raum ausgestattet. Aus diesem Holz war auch ein Schrank mit Schiebetüren, wo die schönsten Sachen hinterstanden: in Leder eingebundene Romane, Kunstbücher . . ., alles bibliophile Bücher! Es war eine richtige Bücherstube; und nebenbei eine belletristische Leihbücherei. Im hinteren Raum, mit gewöhnlichem Holz eingerichtet, standen die wissenschaftlichen Bücher, speziell Recht und Wirtschaft. Dann kam das Kontor und dahinter der Packraum. Alles war schön hintereinander! Es war zwar nicht groß, aber alles paßte zusammen!

Dann habe ich nach einem neuen Geschäft gesucht. Ich war zwar deprimiert, aber ich bin einer, der die »Flittges« nicht hängen läßt, ich bin Optimist! Ich habe sofort wieder losgelegt! Am Hohenstaufenring 13 im Hinterhaus habe ich dann auch einen Laden gefunden, und dort wieder neu angefangen mit den Büchern, die mir noch übriggeblieben waren. Da ich kein Schaufenster hatte – das Geschäft war ja im Hinterhaus –, hat mir der »Kölner Stadt-Anzeiger« freundlicherweise ein Schaufenster am Barbarossaplatz, Ecke Roonstraße überlassen. Da konnte ich dann einige Bücher ausstellen. Gewohnt haben wir im Nachbarhaus, bei Kneins, einer Konditorei. Die hatten uns vorläufig aufgenommen.

Dann habe ich lange nach einer Wohnung gesucht, einer Wohnung außerhalb von Köln. Ich wollte nicht noch mal ausgebombt werden! Das eine Mal hatte mir genügt! Alles verloren; dann wieder alles neu anschaffen, nochmal wieder neu aufbauen mit der Gefahr, daß man wieder ausgebombt wurde. Nein! Da hab ich mir gesagt: Du gehst lieber weiter draußen hin, raus aus Köln! Über einen Gerichtsrat Zimmermann, der den Dr. Kappes kannte – den damaligen Bürgermeister von Bergisch Gladbach –, bekam ich dann diese Wohnung hier auf der Margaretenhöhe zugewiesen. So wurden wir dann hier im April 1943 zwangseingewiesen. Wir hatten erst nichts, keine Möbel, nichts! Alles mußte neu angeschafft werden. In der Garage legte ich mir ein Lager an mit den Büchern, die ich von Köln rüberschaffte.

Und dann, am 20. April 1944, wurde mein Schaufenster beim »Kölner Stadt-Anzeiger« von Bomben getroffen und brannte aus! Die Bücher, die dadrin standen – Gott sei Dank nicht viele –, waren somit auch weg. Bis Juli habe ich dann das Geschäft in Köln noch halten können; die Studenten mußten ja weiterhin ihre Bücher haben. Aber wie die auch eingezogen wurden, konnte ich so gut wie nichts mehr verkaufen. Dann habe ich den Verkauf vom Geschäft aus drangegeben. Von da an besuchte ich selbst die Kunden und brachte ihnen die Bücher, die sie bei mir bestellt hatten. Viel war es nicht mehr – ich war ja auch schlecht zu erreichen. Die Bücher packte ich mir morgens in den Rucksack, fuhr mit der Straßenbahn – die damals noch verkehrte – nach Köln und besuchte die Leute. Wo meine Kunden wohnten, wußte ich. Wenn Angriffe kamen, rannte ich in irgendeinen Bunker oder in ein Haus; oder schellte und bat, mit in den Keller gehen zu können.

Am 20. Dezember 1944, kurz vor Weihnachten, habe ich das Geschäft hier in Bergisch Gladbach eröffnet. Man hatte mich von der Stadt aus ins Sargmagazin Schmitter in der Laurentiusstraße zwangseingewiesen. Der Schmitter, der Eigentümer, war wohl im Feld. Alles, was ich an Belletristik hatte, habe ich dann hier reingeworfen und verkauft. Da war so ein Andrang! Zeitweise mußte ich den Laden – nur ein schmaler Raum – schließen, damit ich die Leute alle bedienen konnte. Wenn ich mit einem Schwung fertig war, ließ ich die nächsten rein. Damit alle was bekamen, konnten höchstens sieben kleine Büchlein gekauft werden oder zwei dicke, also Romane oder ähnliches, mehr nicht!

Was da gelesen wurde! Lesehunger! Die Leute wollten sich auf was anderes stürzen als auf das Elend, was sie tagtäglich sahen! Sie wollten vergessen, sie wollten sich

abreagieren für das Schlimme, was sie erlebten; ein Gegengewicht schaffen! Viel gekauft wurde Gulbranssen »Und ewig singen die Wälder«, Knut Hamsun »Vagabundentage«, Margaret Mitchell »Vom Winde verweht« oder »Die Barrings« von Simpson, eine Familiengeschichte. Von manchen Büchern, z. B. von Gulbranssen, hatte ich 55 Exemplare hier auf Lager.

Nationalsozialistische Literatur war das nicht! Die bekam ich zugeteilt, die wurde mir zugewiesen. In den zehn Jahren Nationalsozialismus hatte sich ja viel an derartig angehauchter Literatur angesammelt. Die mußte ich natürlich auch verkaufen. Die Bücher vom Franz Eher-Verlag, dem Hitler-Verleger, der auch »Mein Kampf« verlegt hatte; die mußte man natürlich auch führen! Diese Literatur wurde ja von bestimmten Leuten verlangt, dann mußte man die dahaben. Oder die Kriegsliteratur. »Gespenster am Toten Mann« von Paul Ettighofer zum Beispiel. Es wurde auch genauestens beobachtet, was an Büchern verlegt und verkauft wurde. Da konnte nichts reinkommen, was nicht gebraucht wurde. Das ist ja verbrannt worden, die Bücher von Thomas Mann, Carl Zuckmayer oder Franz Werfel, um nur einige zu nennen.

Dann kamen Leute und überprüften das Lager. Die kamen und guckten sich das durch, ob was Verbotenes dabei war. Und wenn was gefunden wurde, wurde das weggemacht! Ich weiß zwar nicht mehr genau wie, aber auf jeden Fall habe ich diese Bücher nicht mehr gehabt! Bis auf ein paar, die im hintersten Regal standen, die sie nicht gesehen hatten. Einer, der das nicht miterlebt hat, kann sich gar keine Vorstellung machen, was das für eine Zeit war! Das war damals genau wie heute im Osten. Wenn du nicht parierst: Ab!! Um zu leben, hat man das verkauft!

Trotzdem habe ich noch viel anspruchsvolle Literatur verkauft. Dafür setzte ich mich ein, für bestimmte »Gute«. Simpson oder Gulbranssen zum Beispiel, das konnte man ja unbedingt verkaufen! Die andere Literatur, die nationalsozialistisch angehauchte, stand auf Lager. Wenn die verlangt wurde, wurde die gegeben. Aber nicht mit Freude! Auch die Kriegsbücher nicht!

Ich war nie Nazi! Ich bin immer streng katholisch gewesen! Das habe ich sozusagen von meiner Mutter geerbt. Und nationalsozialistisch und katholisch verträgt sich nicht, das paßt nicht zusammen! Ich habe mich auch lange gegen den Nationalsozialismus gesträubt. In Essen, wo ich Geschäftsführer war, habe ich die erste Zeit überhaupt kein »Heil Hitler« gesagt, ich sagte weiterhin »Guten Tag«! Da hatte ich schon Angst, daß da was passieren würde!

Am 2. März 1945, während einem der letzten Großangriffe auf Köln, wurde das verwaiste Geschäft Hohenstaufenring 13 ausgebombt. Ich war auf dem Weg zum Kriegsschädenamt, um Geld abzuholen. Vorher wollte ich noch beim Geschäft vorbei. Wie ich nun dahin komme: Alles kaputt! Ein Trümmerhaufen! Nur der Geldschrank, den ich noch aus der alten Wohnung hatte, lag oben auf den Trümmern. Den hatten sie noch aufgebrochen, dachten wohl, was wunders da noch drin wäre. Aber außer ein paar Notizzetteln war der Schrank leer gewesen. In der Nähe der Beethovenstraße – ich weiß nicht mehr genau, wo ich gerade war – gab es auf einmal wieder Fliegeralarm. Mit neun Personen lagen wir hinter einem kaputten Haus, einer kroch unter den anderen drunter in Todesangst! Da wurde eine Tür hochgeschleudert, wie, weiß ich nicht, wahrscheinlich durch den Luftdruck; auf jeden Fall flog die hoch und mir auf den Kopf – ich war der Längste. Ich weiß noch genau: Auf einmal bekam ich einen harten Schlag auf den Kopf! In Todesangst rannte ich zum Beethovenbunker und wurde da verbunden. Es war Gott sei Dank nur eine Kopfprellung; der Westfalenschädel hatte gehalten! Dann zurück, durch die Schildergasse durch: nur Berge von Schutt. Dazwischen Bomben, die nicht krepiert waren, die so da rumlagen. Dann über die Hohenzollernbrücke rüber – die da noch stand –, und dann nahm mich ein vorbeifahrendes Auto mit nach Bergisch Gladbach.

Am 1. Oktober 1945 mußte ich mein Lokal in der Laurentiusstraße räumen, weil der Schmitter aus dem Feld wieder heimkam. Über den Krusenbaum, den Geschäftsführer der Firma Hettlage in der Hauptstraße – ein alter Bekannter aus meiner Heimatstadt Essen –, bekam ich den hinteren Teil des Lokals als Verkaufsraum. Sie hatten deshalb noch Platz in ihrem Geschäft, weil kaum Sachen da waren zum Verkauf. Das Schaufenster konnte ich allerdings nicht mitbenutzen. Damit man wenigstens von außen sah, daß auch Bücher in dem Geschäft waren, setzte ich schon mal ein Buch in eins der kleinen Fensterchen neben dem Eingang. Aber groß zu werben brauchte ich nicht. Die Leute kamen schon von sich aus; die wußten schon, wo Bücher zu haben waren! Das kriegten die schon raus. »Der Potthoff ist wieder da! Der ist jetzt bei Hettlage!« hieß es dann. Die Bücher holte ich aus meinem Lager in der Garage. Vieles allerdings konnte ich nicht mehr verkaufen, weil es ausgesprochen nationalsozialistische Bücher waren oder Bücher, die zumindest einen Nazi-Einschlag hatten. Und das waren doch viele!

So habe ich wieder verkauft. Aber es war so kalt! Ich hatte keinen Ofen in dem Raum, ich fror trotz eines langen Überziehers. Dann endlich hat mir der Professor Kapp Ofenrohre besorgt – er arbeitete bei einer Ofenfirma –, und von einer anderen Firma bekam ich einen großen Bollerofen, den hab ich mir dann hinten reingesetzt. Das Ofenrohr ging durch den ganzen Laden durch und vorne wieder raus. Hier oben im Wald, wo jetzt die Häuser stehen, habe ich alte Bäume abgesägt, um Brennholz zu haben. Briketts machte meine Frau mobil. Sie sorgte dafür, daß wir was zum Futtern und zum Heizen hatten. Meine Frau war da groß drin!

Als Hettlage den Raum wieder für sich brauchen wollte, mußte ich raus, mir wieder ein neues Geschäft suchen. Dann bekam ich ein Ladenlokal in der Hauptstraße 152, die Eigentümer waren Herr und Frau Börsch-Supan. Ich wollte gerade einziehen, da kommt einer von der Stadt, kratzt mit dem Messer an die Balken – es war ein altes Fachwerkhaus – und sagt: »Ist ja alles verfault! Hier können Sie nicht einziehen! Sie müssen erst die Mauer zur Hauptstraße hin ganz von unten an mit Steinen aufbauen.« Ja . . .! Meine Frau los, Steine besorgen. Die Steine waren da, den Maurer ran, die Mauer aufgebaut! Ich selber half beim Speisanmachen, hinten im Hof! Es sollte ja schnell gehen, wir wollten das Geschäft eröffnen. Das Schaufenster – ursprünglich sehr klein – ließ ich auf 1,50 m verbreitern, so breit wie möglich! Vom Schreiner Schmidt ließ ich mir ein richtiges Schaufenster machen. Die Regale baute ich selbst; Bretter dafür hatte ich noch. Vor Kriegsende hatte ich einige große Fichtenbäume bekommen. Die Rinde schlugen wir mit der Schüppe ab, bei der Firma Berghaus ließ ich die Stämme sägen, und der Schreiner schnitt mir die Bretter zu. Regalbretter hatte ich also genug. Die Bretter sind bis zuletzt im Geschäft geblieben. Jetzt sind die allerdings weg, mein Nachfolger hat alles neu bekommen. Am 18. Juni 1948 habe ich dann das Geschäft eröffnet.

Rose Modricker

Am 20. April 1943 bin ich von Berlin weg. Die Luftangriffe wurden immer stärker, und die Verwandtschaft – im Rheinland und in Ostpreußen – war sehr in Sorge um mich. Außerdem wurde mein Mann eingezogen, der im Luftfahrtministerium arbeitete und die ersten Kriegsjahre reklamiert war. Da nun bei unseren Verwandten im Osten noch keine Angriffe waren, entschieden wir, daß ich mit den Kindern nach Lötzen ging. Zwei Töchter waren schon geboren, Roswitha und Dietlinde, und die dritte, die Solveig, erwartete ich. Mein Mann brachte uns an die Bahn. Ich hatte ein sehr, sehr schweres Gefühl.

Mein Mann war allerdings schon vorher nach Ostpreußen gefahren, um sich von seinen Angehörigen zu verabschieden, und hatte die Älteste, die Roswitha, mitgenommen – damit ich nur ein Kind mitzunehmen brauchte. Die Fahrt war auch ganz angenehm, das Kind war artig. In Lötzen wurde ich am Bahnhof abgeholt. Die Roswitha stand auch da; ich begrüße sie, nehme sie so in den Arm, und da sagt sie: »Wo ist mein Papi?« Ich sage: »Roswitha, der Papi ist doch bei den Soldaten! Der kann nicht kommen!« Da fängt sie an zu schreien und an zu weinen, also, es war nicht anzuhören! Es war nämlich so gewesen: Als mein Mann von Ostpreußen wegging, hatte er sie im Schlaf verlassen. Er hatte es nicht übers Herz gebracht, sich von ihr zu verabschieden! Als sie nun wach wurde, war er weg, und das hat tief auf sie gewirkt! Später, wie ich schon eine Weile dort war und mal einen Schlafanzug meines Mannes plättete, hat sie den immer gestreichelt: »Das ist mein Papi mein Papi!« sagte sie.

Wir waren nun in Ostpreußen, und am Abend erlebten wir den ersten Luftangriff auf Lötzen! Also, ich war verzweifelt! Ich war müde und hoffte, nun mal endlich die Nächte durchschlafen zu können, da ist das wieder! Wo ich doch wegen der Angriffe von Berlin weggegangen bin!

Das Haus meiner Schwiegermutter war ziemlich voll, weil ihre Tochter mit all den Kindern da war, und so fuhr ich dann am nächsten Tag zu Freunden aufs Land, wo wir uns in eine Lehrerwohnung einquartierten. Von Berlin hatte ich mir meinen großen Teppich kommen lassen und hab den ins Wohnzimmer getan – es war ja sehr kalt in Ostpreußen, und die Brennung war für die Fremden nicht so gut verteilt. Dann kamen das Altlehrerpaar und brachte uns einen Sack Kartoffeln und einen Eimer Honig, wir kochten von dem Obst aus dem Schulgarten Marmelade ein, und so waren wir dort schön versorgt.

Im Oktober kam mein Mann für ein paar Tage, weil er nach Saloniki an die Front mußte. Ich war hochschwanger, aber das Kind kam und kam nicht! Dann mußte er schon weg, und nur durch einen Zufall, weil der Zug, mit dem er fahren mußte, ausfiel, kam er wieder, als gerade das Kind geboren war. Somit hatte er das doch noch erlebt. Als er sich von mir verabschiedete, fragte ich ihn: »Nun bist du bestimmt enttäuscht, daß es wieder kein Junge ist?!« »Ach«, sagte er, »das ist doch Unsinn! Wichtig ist, daß Ihr beide gesund seid!« Und als er das sagte, sah ich, daß er Tränen in den Augen hatte! So was hatte ich nie von ihm gedacht, nie! Das hat mich tief bewegt! Aber mein Schwiegervater hat mir nicht gratuliert, ich hatte ja wieder keinen Stammhalter geboren!

Mir ging es soweit gut, und ich bekam auch von der NSV, der National-Sozialistischen Volkswohlfahrt eine bezahlte Kraft, die sehr tüchtig war. Ende November erhalte ich die Nachricht, daß mein Mann in Linz im Lazarett liegt! Sie waren auf der Fahrt nach Saloniki über Athen gefahren, da war ein Luftangriff, und er wurde auf die Schienen geschleudert. Sein rechtes Bein war vom Knie ab überall gesplittert! Sonst war ihm aber Gott sei Dank nichts passiert. Dann hat er versucht, sich nach Ostpreußen verlegen zu lassen, und so kam er kurz vor Weihnachten nach Beugen, einer Festung bei Lötzen, die auch Lazarett war.

Da habe ich ihn natürlich immer besucht! Wenn ich mich erinnere, wie das war! Bis zuletzt habe ich morgens gebacken oder irgendwas Leckeres gemacht. Die Kinder wurden inzwischen von meiner Mutter – sie war auch nach Lötzen gekommen – und meiner Hilfe zurechtgemacht, den letzten Schliff machte ich allerdings! Dann hatten wir bis zum Bahnhof 20 Minuten zu laufen. Ich schob den großen Wagen, da lag die Kleine drin, und die Zweite kam obendrauf; den Sportwagen mit Roswitha fuhr meine Hilfe. Also: zwei Wagen, zwei Erwachsene und drei Kinder, so rannten wir los! Wir waren fast immer zu spät. Dann sahen wir schon von weitem den Zug kommen, und wir rasten und rasten dem Zug entgegen. Nun war es so: Das war die Strecke von der Front in den Westen, und deshalb waren immer Soldaten im Zug, die auf Urlaub nach Hause fuhren; die sahen uns nun so zum Bahnhof wetzen. Als der Zug hielt, stiegen einige schnell aus, rannten uns entgegen und nahmen uns die Kinder ab, damit wir schneller an den Zug kamen. So haben wir das doch noch immer geschafft!

Ja . . ., dann gingen wir zu Vati, und während ich noch die Kleine zurechtmachte, war auf einmal die Dietlinde weg! Ich laufe überall rum, da kommt sie an und hat allerlei Geschenke in der Hand; ein junger Offizier, der auch verwundet war, hatte so einen Spaß an ihr, und er hatte sie mit zu den anderen genommen.

Ich komme zu meinem Mann, er freute sich natürlich, und während wir so erzählen, kratze ich mich am Kopf, weil er so juckte. Mein Mann sagte, etwas ärgerlich – damals waren da die Männer sehr eigen drin: »Was kratzt du dich denn?!« Als ich am nächsten Tag wieder bei ihm war, mußte ich mich wieder so kratzen. »Ach«, sagte ich, »der Friseur muß mir die Haare nicht ordentlich gewaschen haben!« Beim dritten Besuch, ich kratzte mich immer noch, bekam mein Mann zuviel: »Also«, sagte er, »das geht doch nicht! Nun gehst du aber sofort zum Friseur!« Ich kam nach Hause, da sagte ich zur Altlehrersfrau: »Frau Butschilowski, ich gebe Ihnen 20 Mark für einen Staubkamm! Haben Sie nicht noch einen?« »Frau Modrickerchen«, sagte sie, »ich habe noch einen, aber den können Sie geschenkt haben!« Ich nehme den, kämme mich und stelle fest:

Läuse! Roswitha hatte Läuse, die Kleine hatte Läuse und ich am allerschlimmsten! Dietlinde hatte nur eine! Also, da bin ich fast verrückt geworden! Ich fuhr dann sofort nach Lötzen und habe da Sabadillessig gekauft.

Wie sich später herausstellte, hatte ich die Läuse von meiner zweiten Hilfe, die vom Dorf kam. Wenn ich ihr in der Küche Anweisungen gab, kam sie mir immer mit dem Kopf so nahe, so daß ich ihr sogar einmal sagte: »Hilde, nun kommen Sie doch mit dem Kopf nicht immer so nah an einen!« – aber nichtsahnend, daß die Läuse hatte.

Ein paar Tage später schrieb mir mein Mann, ich solle ihn doch besuchen kommen – er wußte noch nichts von den Läusen. Unsere Haare waren immer noch ganz strähnig und hingen so vom Kopf. Meine Mutter meinte: »Du wirst doch nicht so dahin fahren!« Ich sagte: »Mutter! Du weißt, wir haben Krieg, und man weiß nicht, was morgen geschieht! Ich fahre!« Wir sitzen im Zug, die Roswitha hatte ich mitgenommen, da sagt sie zu der Dame, die uns gegenübersitzt: »Tante, meine Mutti und ich, wir haben Mäuse auf dem Kopf!« Da hatte sie Mäuse und Läuse durcheinandergebracht. Aber mir war das so peinlich! Ich habe die Dame dann darüber aufgeklärt, und sie war auch eine vernünftige Frau. Als das mein Mann erfuhr, war er ganz außer sich und löcherte mich noch, wie das denn kommen konnte!

Ich habe ihn dann noch öfters im Lazarett besucht, seine Verletzung war sehr langwierig. Er wollte und wollte an die Front, er wollte sich bewähren! Im Frühjahr kam er wieder zu seiner Kompanie.

Am 20. Juli 1944 mußten wir Lötzen wegen Frontnähe verlassen. Man hörte schon die Artillerie schießen. Es hieß: Wer bleibt, bleibt auf eigene Verantwortung, für den wird nicht gesorgt! Um 5 Uhr morgens kam mein Mann angereist, er hatte ein paar Tage Urlaub, und mit einem Rittergutinspektor haben die beiden eingepackt, was wir brauchten – also die Kinderbettchen, Wäsche, den Teppich usw. – und zur Bahn gebracht. Dort wurde alles, zusammen mit den Sachen der anderen, in einen Eisenbahnwaggon reingepackt. Es blieb kein Plätzchen mehr frei! Der Waggon wurde von der NSV bereitgestellt, die das organisierten.

Dann stiegen wir ein und fuhren nach Sachsen. In Merseburg sollten wir aussteigen. Ich stehe auf dem Trittbrett, da gehen die Sirenen! Fliegeralarm! Ich sage: »Ja, was soll das! Hier können wir doch nicht bleiben, hier sind wir ja wieder in Kriegsnähe!« Wir mußten sofort in den Bunker, und nach dem Alarm fuhren wir weiter bis Kretschau, eine Station vor Zeitz. Dort standen bereits die Einheimischen, die sich gemeldet hatten, jemanden aufzunehmen. Meine Kinder waren sehr aufgeschlossen und plapperten mit all den Leuten. Wir machten wohl einen guten Eindruck, so daß uns drei Familien haben wollten. Aus irgendwelchen Gründen aber wollten die Leute von der NSV nicht, daß wir da blieben; wir mußten also weiter zum nächsten Dorf.

Das war nun ein schreckliches Dorf, wie sich später herausstellen sollte! Da gab es zwar ein Rittergut, aber die Bevölkerung bestand fast nur aus Instleuten, die auf diesem Rittergut arbeiteten, und Arbeitern von den nahe liegenden Gruben. Wir mußten aussteigen, und uns wurde ein Bauer angegeben, wo wir hin sollten. Der war ganz klein und zittrig und sagte: »Ich habe doch keinen Platz! Wo soll ich denn hin mit Ihnen?!« Also . . ., ich hatte das Gefühl, das wollten sie dem als Schikane antun!

Dann zeigte er uns, was er noch an Platz hatte. Das war ein Raum über dem Stall, den man nur über eine steile Treppe erreichen konnte. Dort stand ein Bett, und in einer Ecke hingen so Decken, wo zwei Motorräder drunter waren. Die hatte der Bauer versteckt, weil er sie seinem Sohn und seinem Schwiegersohn für nach dem Krieg aufheben wollte – Motorräder wurden ja auch eingezogen. Dabei hatte er natürlich eine große Portion Angst! Er sagte mir das aber gleich und meinte, er hätte mir sofort angesehen, daß ich ein Mensch wäre, dem man was anvertrauen könne! Aber wie sollte ich da wohnen, und dann auch mit der Kleinen?!

Roswitha und Dietlinde nahm ich dann mit in das eine Bett, und die zwei Kriegsgefangenen, ein Russe und ein Franzose, haben mir den Kinderwagen hochgetragen, wodrin die Kleine schlafen konnte. In der Nacht: Wir hatten ein Jucken und Jucken und konnten nicht schlafen! Da mache ich das Licht an, sehe ich überall Ameisen! Also, ich war entsetzt! In einer Ecke war nämlich auch Obst gelagert, wo die drangingen. Am nächsten Tag habe ich das dem Bauern gesagt, und daraufhin hat er das alles runtergeholt, bis auf die Motorräder – aber dafür hatte ich ja Verständnis. Dann habe ich alles mit Essigwasser abgewaschen, damit die Ameisen da weggingen; sogar meine Kinder habe ich mehrmals damit abgerieben, mich selbst auch. Und die Ameisen sind auch abgezogen.

Inzwischen waren unsere Sachen gekommen, die Kinderbettchen, die Daunendekken und das übrige. Außerdem bekam ich von dem Bauern einen wackeligen Tisch und einen Stuhl, so daß ich zu guter Letzt einigermaßen eingerichtet war. Meine Nähmaschine hatte ich auch wieder; ich hatte sie von Köln nach Berlin genommen, von Berlin nach Ostpreußen und jetzt von Ostpreußen nach Sachsen. Die Maschine habe ich heute noch; nach dem Krieg nahm ich sie mit in den Westen, was mein Glück war, denn damit habe ich uns schön helfen können! Nur die Wäsche, die ich eingepackt hatte, war modrig – die Sachen waren wohl unterwegs naß geworden. Kochen konnte ich in einer Ecke vom Stall, das machte ich mir da ein bißchen zurecht, weil ich ja auch für die Kinder was Richtiges kochen mußte. Auf dem Hof konnte ich waschen.

Mit den Leuten hatte ich mich inzwischen gut angefreundet. Sie gaben uns auch alles mögliche, Kartoffeln, Obst und Gemüse – die waren wirklich sehr nett, die Menschen! Von der NSV bekam ich dann bald Lebensmittelmarken, so daß ich wieder ganz normal einkaufen konnte – Geld hatte ich ja. In der Zeit gab es noch ohne weiteres Lebensmittel zu kaufen, und von dem, was man auf Marken bekam, konnte man leben. Irgendein Professor hatte nämlich ganz genau ausgetüftelt, was der Mensch täglich braucht. Mein Mann sagte damals, als die Marken eingeführt wurden: »Jetzt kriegen wir leere Krankenhäuser!« »Wie kommst du denn darauf?!« sagte ich. Da sagt er: »Weil sich jetzt die Leute nicht mehr überfressen können! Du glaubst ja gar nicht, was in Krankenhäusern für Patienten liegen, die nur deswegen da sind, weil sie sich ständig überfressen haben!« Heute ist das ja auch so. Also . . ., daß wir da verhungert sind, kann ich nicht sagen, und wenn man gute Bauern hatte, konnte man auch noch zusätzlich was bekommen.

Eines Tages kriegten der Bauer und seine Frau die Nachricht, es sähe so aus, als wären der Sohn und der Schwiegersohn vermißt, was sie erst nicht wahrhaben wollten. Kurz darauf kam die Bestätigung! Ach, es war schlimm! Sie baten mich um Beistand, und ich habe mich sehr oft mit der Frau unterhalten. Dann half ich ihnen auch mal beim Kartoffeln-Ausmachen. Da sagte das Mädchen, die mir zeigte, wie man das macht, wenn ich so weitermachte, hätte ich am Abend den Bähnert noch nicht voll – für Korb sagten die Bähnert! Ich hatte das ja noch nie gemacht, trotzdem habe ich das getan, und es imponierte ihnen sehr, daß ich als Städterin so was machte! Sie haben mir dann auf ihrem Herd in der Küche Platz gelassen, und wenn sie mittags um 12 Uhr schon gegessen hatten, konnte ich hingehen und dort kochen.

Dann kommt mein Mann! Sieht das . . .! Also, er war außer sich! Er sofort zum Lehrer, der zusammen mit dem Bürgermeister die Verantwortung hatte, und da beschwerte er sich, wie man mich so unterbringen könnte; er hätte ja nichts gegen diese Menschen, aber das könnten sie doch seiner Frau nicht zumuten! »Ja«, sagte der Lehrer, »dann haben wir nur noch den Gasthof, da sind noch drei Räume zu vergeben. Ich kann Ihnen aber nur sagen, die Wirtin ist eine böse Sieben!« Das könne man doch abstellen, indem man eine Miete bezahlt, meinte mein Mann – bei den Leuten, wo man zwangsweise untergebracht war, brauchte man ja nichts zu bezahlen. Er hat sich dann mit der Wirtin unterhalten und ihr 60 Mark Miete im Monat angeboten. Wir zogen also in diese Räume, und die Frau war auch gar nicht so schlimm.

Im Herbst fing das mit den Angriffen an, morgens schon, in der Frühe! Die flogen alle zu den Gruben und nach Leuna, wo glaube ich eine große Gummifabrik war. Wenn die ihre Bomben nicht loswurden, haben sie die auf die umliegenden Dörfer abgeworfen. Unser Dorf ist einmal mit 22 Bomben belegt worden, ringsherum auf die Felder, wie gezielt! Im Dorf selbst wurde nichts getroffen, nur die Scheiben waren kaputt. Wir stürzten dann immer in den Keller des Gasthofes. Vor lauter Aufregung wußte ich manchmal nicht, wen sollst du nun zuerst retten von den Kindern! Nein . . ., was hatte ich da für eine Angst, daß ich auch ja alle in den Keller kriegte! Außerdem waren noch die schweren Koffer zu tragen. Unsere Wirtin weinte meistens. Die Roswitha sagte dann einmal zu ihr: »Frau Groß, warum weinen Sie denn?! Mein Papi paßt doch auf!«

Wenn man so was Schreckliches ständig erlebt, merkt man gar nicht, wie die Zeit vergeht. Jetzt hatten wir schon Anfang März 1945, und ich war mit Trutz schwanger. Mein Mann war inzwischen bei den Nachrichten, hatte sich aber an der Hand verletzt und war deshalb nicht im Einsatz. Ende März sollte er noch nach Halle zu einem Lehrgang an die Offiziersschule. Vorher kam er zu uns. Als er dann fahren mußte, habe ich ihn noch ein Weilchen begleitet. Wir waren ein Stück aus dem Dorf raus, da sagt er: »Bitte, geh zurück! Da kommen Flieger!« Ich sage: »Aber das sind doch Deutsche!«

»Nein!« sagte er, »das wissen wir nicht! Es gibt jetzt sogar Fremde in deutschen Maschinen!« Da war ich so entsetzt; ich habe geweint, was ich sonst nie tat, sonst hatte ich mich immer beherrscht! Dann bin ich schweren Herzens zurück. Das war das letzte Mal, daß wir uns gesehen haben!

Am 8. April schrieb er mir von Berlin einen ganz langen Brief. Er wäre nur zwei Tage in Halle gewesen, dann hätten sie gleich nach Berlin gemußt, um den Osten Berlins zu verteidigen. Zu ihrem Kurs wären sie nicht mehr gekommen. Er wäre jetzt in unserer Wohnung. Dann schrieb er noch: »Militärisch haben wir den Krieg verloren, politisch geht aber der Kampf weiter, in der ganzen Welt!« Zuvor hatte ich ihm geschrieben: »Ich lebe in der Phantasie, wie es ist, wenn wir den Krieg gut beendet haben. Dann werden die Menschen demütig auf die Erde fallen und Gott danken! Und Arno Breker wird die herrlichsten Skulpturen schaffen!« Aber daß Deutschland so ein Ende nahm, war schrecklich; das machte viele sehr betroffen! Später hörte ich, er hätte noch Mitte April meine Freundin in Berlin angerufen, er sei immer noch an der Hand verwundet und nicht einsatzfähig. Er würde jetzt versuchen, zu mir und zu den Kindern zu kommen. Seitdem haben wir nichts mehr von ihm gehört!

Ich weiß noch genau, das muß Ende April gewesen sein, zu der Zeit also, als Berlin von den Russen überrannt wurde, da ging ich an den Brunnen, um Wasser zu holen. Auf einmal wurde mir so schwer, daß ich auf diesem Wege geweint habe. Das muß der Moment gewesen sein, wo meinem Mann was zugestoßen ist!

Das Schreckliche war auch, daß man ständig mit dem Gedanken lebte, daß dem anderen was passierte, damit mußte man ja rechnen! Deshalb waren auch jedesmal diese Treffen so ergreifend, die meistens sehr kurz waren, manchmal sogar nur für zwei Stunden. Eines Tages kam ganz außer sich meine Roswitha angerannt: »Der Papi kommt, der Papi kommt!« Dann ist sie schnell wieder runter und zu meiner Mutter rüber, die inzwischen auch in dem Dorf wohnte. Sie hatte so eine komische, verwinkelte Treppe, die sie immer sehr glatt bohnerte; da ist das Kind hoch, paßt nicht auf und fällt auf das Kinn! Davon hat sie heute noch eine Narbe. Das alles vor lauter Freude, daß ihr Papi kam!

Ja . . ., und dann gingen die zwei, also Roswitha und Dietlinde, immer zu der Kindergärtnerin, haben sich mit der unterhalten und durften auch mitspielen, obwohl ich sie nicht im Kindergarten hatte. Wenn nun der Vati kam, gingen sie rüber und sagten, so ganz schnippisch: »Wir können heute nicht kommen. Der Papi kommt!«, obwohl sie da gar nicht angemeldet waren.

Einmal saß er mit den Kindern draußen. Nun hatten wir von dem Balkon unserer Berliner Wohnung noch so einen von diesen Liegestühlen, die mit Segelstoff bespannt sind. Also, mein Mann sitzt in diesem Stuhl, hat auf jedem Bein ein Kind, in der Mitte die Kleinste, und singt mit ihnen! Auf einmal: Es knackt, der Stuhl kracht zusammen! Das hat die Dietlinde bis heute nicht vergessen!

Dann schrieb er mir immer: »Du mußt Dich schonen! Sei auf der Hut, daß Dir nichts passiert, ich brauche Dich noch!« Nebenher schriftstellerte er auch, und ich war immer diejenige, die das »Gutachten« geben mußte. Ja . . ., er hatte viele Pläne! Wir sind erhalten, und er ist nicht wiedergekommen!

Anfang April kamen die Amerikaner – wir waren ja früher dran als Berlin. Innerhalb von zehn Minuten mußten wir alle aus den Wohnungen raus. In der Eile habe ich an Nahrungsmitteln, Wäsche und Decken zusammengerafft, was ich konnte und in den Kinderwagen getan. Die Kleine konnte mittlerweile schon laufen, und die beiden anderen waren bei meiner Mutter. Dann kamen die drei, und wir gingen los in Richtung Schule, wo wir hin sollten und wo man uns im Turnsaal zusammenpferchen wollte. Zufällig kam gerade die Frau von dem Rittergut an uns vorbei, und als sie uns sah, hat sie uns zu sich geholt und uns einen Raum gegeben, in dem zwar Stroh lagerte, aber wo wir wenigstens unter uns waren.

Da waren wir so zehn Tage. Meine Mutter hatte inzwischen mit dem Kommandanten gesprochen und ihn gefragt, ob ich mir nicht noch einige Sachen aus der Wohnung holen könnte, ich wäre in anderen Umständen usw. Ja, durfte ich! Dann bin ich also in meine alte Wohnung, steht da eine Polin an meinem Herd, hat mein langes Samtkleid an, das ich nur zu Festlichkeiten anzog, und kochte! Um den Hals trug sie eine Kette von mir. Daneben saß ein Pole an meiner Nähmaschine und nähte polnische Fähnchen! Da frug er mich, was ich wollte. Ich sagte ihm, ich hätte die Erlaubnis, meine Nähmaschine und noch ein paar andere Sachen rauszuräumen. Wo ich denn herkäme?! »Vom Rheinland«, sagte ich. Da strahlte er gleich! »Oh«, sagte er, und fing an seine Fähnchen wegzuräumen, »im Rheinland habe ich gute Erlebnisse gehabt!« Er packte tatsächlich alles zusammen und half mir, die Maschine runterzutragen, wobei er sogar darauf achtete, daß ich oben anpackte – nach unten ist es ja schwerer. Also, die Nähmaschine war gerettet!

Später bin ich nochmal in die Wohnung, um mir die Kinderbettchen und noch Sachen aus dem Schlafzimmerschrank zu holen. Da liegt da ein Mann mit einer Frau im Bett, in meinem Bett! Ja, solche Erlebnisse habe ich da gehabt! Dann hatten sie mir die Kinderbettchen weggeholt, die Daunendecken waren weg und Kleider von mir. Die Bettchen fand später der ehemalige Bürgermeister wieder, weil sie bei ihm in der Nähe draußen rumlagen. Also, es war wüst! Wer das gemacht hatte, weiß ich natürlich nicht; wahrscheinlich ehemalige Zwangsarbeiter oder Kriegsgefangene.

Wo sollte ich jetzt hin?! In den Gasthof konnte ich nicht mehr, weil der ja von den Leuten belegt war, die nun das Sagen hatten. Dann hat der alte Bürgermeister – er war als PG-ler natürlich sofort abgesetzt worden – dafür gesorgt, daß ich in den beiden Räumen des Kindergartens unterkam. Nun wohnten wir also da. Das war auch eigentlich sehr nett; wir hatten die Kindergartenmöbel, so einen langen Tisch mit den kleinen Stühlchen, und später bekam ich auch noch meinen Teppich wieder.

Jetzt fingen die Schikanen an! Vorher sind sie alle zu mir gekommen, wollten mir helfen oder wollten dies oder das; jetzt aber, nach dem Zusammenbruch, war ich auf einmal eine böse Kapitalistin, und man wollte nichts mehr von mir wissen! Einer, der so einen Teppich hat oder so auftritt, nein . . ., das war ein Kapitalist! Und zwar sind das in erster Linie die Dorfbewohner gewesen, die Einheimischen, die so dachten, weniger die Polen. Im Gegenteil, viele polnische Frauen hielten zu mir und haben mir geholfen – sie waren ja auch Fremde.

Da war ein Dorfbewohner, der Herr Fried, der vorher immer für den Eintopfsonntag – das war eine Staatssammlung – sammeln kam. Der kam also regelmäßig mit der Büchse, man spendete etwas und mußte in eine Liste eintragen, wieviel man gegeben hatte. Dabei sagte er immer: »Ja, wenn sie alle so wären und so viel geben würden wie Sie, dann sähe es anders aus!« Ich sagte: »Wir wollen doch den Krieg gewinnen, Herr Fried! Dann muß man auch opfern!« »Ja . . .«, sagte er, »so denken Sie, aber nicht die da unten!« – damit meinte er die Wirtin! Ich sagte: »Herr Fried, ich will nicht hören, was andere tun!« Und dieser Mann, der vorher bei jeder Gelegenheit »Heil Hitler« geschrien hatte, war nun derjenige, der auf dem Gemeindehaus die rote Fahne hißte!

Ja . . ., dann gab er offiziell an, daß er bei den Nazis im KZ gesessen hätte, damit plusterte er sich auf! Daraufhin bekam er einen Posten als Flurhüter. Was machte er: Er ging nachts mit seinen Jungs und seinen dressierten Hunden in die Bauerngehöfte und hat da das Vieh geklaut! Das trieb er wohl so toll, daß die eigenen Genossen Angst vor ihm kriegten. Als dann sein Junge mal dummerweise sagte: »Wir haben den Hitler unter den Fußleisten versteckt!«, wurde ihnen nachgespürt; man machte eine Hausdurchsuchung, wobei man tatsächlich das Hitlerbild fand und außerdem noch Waffen. Dabei kam auch ans Tageslicht, daß er ein Sittlichkeitsverbrecher war und aus dem Grunde im KZ gewesen war, nicht wegen seiner politischen Überzeugung – das war alles nur mitgemimt! Die eigentliche Ursache aber, warum er jetzt so einen Zorn hatte, war: Damals wollte er zur SS, aber die haben ihn aufgrund seiner schmutzigen Vergangenheit nicht genommen – davon gab es ja viele! Und das hat er wohl nie vergessen können! Man hat ihn dann nach Rußland geschafft, wo er »erzogen« wurde und von wo man ihn dann in den Westen schickte.

Meine Kinder hatten seitdem auch keine Ruhe mehr, vor allen Dingen in der Schule. Die Bengels von diesem Fried hetzten den Hund auf meine Roswitha, schlugen sie, rissen ihr die Schleife aus dem Haar und machten alles solche Sachen – sie kam immer weinend nach Hause!

Einmal kam einer von diesen Bengels zu dem Bauern, wo ich gerade mit noch anderen Frauen Gemüse holte. Da habe ich den so an die Schulter gepackt, so wie ich das bei meinen Kindern auch schon mal machte. Ich sagte: »Hör mal, wenn du noch einmal meine Roswitha nicht in Ruhe läßt, dann wirst du was erleben! Dann gehe ich zum Bürgermeister!« Ich ließ ihn los, und er war weg. Mittlerweile waren alle bedient, so daß ich die letzte war – die Bäuerin hatte mich nämlich absichtlich zurückgehalten, weil sie mir heimlich Obst zustecken wollte. Als ich nun auf dem Rückweg den Berg da hochkomme, kommt mir Solveig entgegengelaufen und sagt ganz aufgeregt: »Mutti,

Mutti, die Frau Flick – das war unsere Nachbarin – hat gesagt, die Frau Fried will dich schlagen!« »Ach, du Dummchen!« sage ich, nehme sie an die Hand und gehe mit ihr weiter. Ich komme durch das Gartentörchen und will ins Haus rein, da springt plötzlich die Frau Fried auf mich zu und schlägt mich mit irgendeinem harten Gegenstand! Ich wehrte mich so gut ich konnte. Inzwischen war die Frau Flick zu dem Gemeindediener gegangen und hat gesagt, er sollte doch mal bei mir nachsehen. Er kam dann, und wie die Fried ihn kommen sieht, läuft sie weg – sie wußte nämlich, daß der immer gut von mir sprach. Ich muß wohl einen Moment ohnmächtig auf dem Boden gelegen haben. Wie ich wieder hochkam, stellte ich fest, daß ich am Arm einen Muskelriß hatte, daß das Gesicht zerkratzt war und daß ich überall blau war. Der Gegenstand, mit dem sie auf mich eingeschlagen hatte, lag auf dem Weg; das war so ein Knüppel zum Viehfutter-rühren. Damit hatten wir den Beweis.

Ich war so empört, daß ich zum Gericht ging und den Vorfall schilderte. Die hörten sich die Geschichte an – war natürlich schon alles »rote« Besetzung – und meinten, das wäre zu geringfügig, es wäre ja kein Totschlag! Sie hätten keine Zeit, sich damit aufzuhalten. Ich sollte zum Schiedsmann der Stadt gehen, damit der den Streit schlichten könne. Das war nun, wie sich herausstellte, Gott sei Dank kein »Roter«, sondern einer von denen, die noch liberal waren und der dort in dem Ort die liberale Partei führte. Als er mich besuchte, sagte er: »Modricker . . .? Kennen Sie die Modricker in Rastenburg?« »Ja . . .«, sagte ich, »da ist mein Mann her, in dem Haus ist mein Mann geboren!« »Ach . . .!«, sagte er, »das kenne ich, das Haus. Ich bin Bursche bei Hindenburg gewesen!« – er war auch ein Großer, Kräftiger! Und zwar hätten die Modrickers dem Hindenburg einmal zwei große Räume zur Verfügung gestellt, und es wäre sehr nett in dem Haus gewesen, erinnerte er sich. Das hatte mir auch mein Mann erzählt. Somit hatte ich ihn auf meiner Seite.

Kurz darauf besuchte er auch noch die Frau Fried, und es wurde ein Schlichtungstermin vereinbart. Wir kamen da an – zu meinem Schutz begleitete mich die Lehrerstochter –, die Frau Fried kam auch, und dann fragte er sie, wieso sie dazu gekommen wäre, mich zu schlagen, was sie sich dabei gedacht hätte. Da warf sie mir vor, ich hätte gesagt: Pfui, Sie Kommunistenweib, vor Ihnen muß man ja ausspucken! Daraufhin sagte ich zu dem Herrn: »Glauben Sie, daß ich so dumm bin! Und wenn ich die Kommunisten hassen würde wie die Pest, ich würde doch so was nicht sagen!« »Ja«, sagte er, »das glaube ich Ihnen!« Da zischte sie mich wütend an: »Sie, die feine Frau, deren Mann im Ministerium war, und mein Mann im Kuhstall!« – er war Melker gewesen. »Was hat das überhaupt auf sich?« sagte ich, »wir sind beide deutsche Frauen! Aber Sie benehmen sich ja alles andere als wie eine deutsche Frau! Sie verraten deutsche Frauen an die Russen!« Zu sagen: Und Sie ziehen mit ihnen los, habe ich vermieden, obwohl das ja so war. Dann frug mich der Herr, ob ich ans Gericht wollte. »Ja«, sagte ich, »Sie sehen doch, wie diese Frau mit der Wahrheit umspringt. Wenn sie jetzt ins Dorf geht, dann streut sie herum: Es ist alles in Ordnung, ich habe gewonnen! Da mache ich nicht mit!«

»Nein«, meinte er, »soweit wird es nicht kommen. Sie muß sich schriftlich verpflichten, dafür zu sorgen, daß Ihre Kinder in Ruhe gelassen werden und daß sie es nicht nochmal wagt, Sie anzugreifen!« Daraufhin entließ er sie.

Als ich dann mit ihm alleine war, riet er mir, nicht ans Gericht zu gehen, ich würde in dem Dorf meines Lebens nicht mehr froh. Ich wüßte doch, wie jetzt die Situation wäre, auch politisch! Ja . . ., das sah ich auch ein. Denn gerade das Dorf, wo ich reingeraten war – ausgerechnet ich –, war kommunistisch noch und noch; wohl auch deswegen, weil da viele Arbeiter von den Gruben wohnten. Dieses Dorf war auch, wie ich später hörte, das Dorf weit und breit, wo gleich nach dem Ersten Weltkrieg die Barrikaden aufgebaut worden sind! Und jetzt, nach dem Zusammenbruch, war es natürlich ganz schlimm! Die Russen waren, nachdem sich die Amerikaner Anfang August zurückgezogen hatten, mit Pauken und Trompeten in das Dorf eingezogen, Luftschlangen wurden geworfen, Konfetti flog . . ., also, es war wie Karneval!

Dann mußten wir zum erstenmal wählen, aber ich wollte nicht. Meine Mutter flehte mich an: »Bitte, geh doch dahin, sonst passiert noch was!« Um Viertel vor sechs, kurz vor Wahlschluß, bin ich dann in den Gasthof gegangen. Wie ich da reinkam, standen sie auf einmal alle auf! Die Wirtin, die auch dabei war, erzählte mir hinterher, sie hätte vor Lachen rausgehen müssen, weil die sich benommen hätten, als wäre der General persönlich reingekommen! Man konnte nur eine Partei wählen, nämlich die SED; und die Wahl war mit der Frage verknüpft, ob man für den Frieden sei – so raffiniert waren die! Denn wer wollte gegen den Frieden sein?! Ich habe dann da einen Strich gemacht, wobei ich mir aber nicht verkneifen konnte, zu fragen: »Und Sie meinen, daß Sie damit Friedensliebe bekunden können?!« »Ja!« Ich habe abgewunken und bin gegangen.

Bei der zweiten Wahl kamen sie sogar zu mir ins Haus, weil ich an dem Wahltermin nicht gekommen war. Ich sollte wählen! Ich sagte: »Was ist das denn?! Das ist doch keine freie Wahl! Ich werde ja diktiert!« So war also die Situation da in dem Dorf. Ich bedankte mich bei dem Schiedsmann, dann kam die Lehrerstochter wieder und nahm mich mit nach Hause.

Am nächsten Tag sprach die Frau Fried meine Roswitha an und sagte, sie solle ruhig zu ihr kommen, wenn ihr Siegfried – so hieß er auch noch! – sie schlagen würde. Von der Seite war also Ruhe, und es wurde eine Zeitlang besser. Dann fing das wieder an, diesmal waren das hauptsächlich Funktionärskinder, die meine Kinder nicht in Ruhe ließen! Da bin ich zum Bürgermeister gegangen. Ich sagte: »Wenn Sie nicht dafür sorgen, daß diese Bengels meine Kinder in Ruhe lassen, dann laß ich sie nicht in die Schule gehen!« »Wieso?« sagte er, »da soll sich der Lehrer drum kümmern!« »Ach . . .«, sagte ich, »der Lehrer, der nichts zu sagen hat bei Ihnen, weil er in der Partei war?! Und der soll jetzt diese Funktionärsbengel zur Rede stellen?! Die lachen ihn doch aus, soweit sind die doch schon!« Er hat mir dann versichert, dafür zu sorgen, daß das klargestellt wurde. Er muß auch tatsächlich die Väter zu sich geholt haben! Seitdem ist es einigermaßen gut gegangen.

Mittlerweile war mein Sohn Trutz geboren, jetzt waren wir also zu fünft. Wir wohnten immer noch in den Räumen des Kindergartens. Jetzt die Frage, wo ich Geld holen sollte – ich konnte ja nirgendwohin – und wo wir was zu essen herkriegten. Dann habe ich genäht, damit ich dafür was bekam. Zum Beispiel nähte ich einmal für eine Beerdigung, das sollte über Sonntag fertig sein. Ich habe den ganzen Sonnabend und den Sonntag genäht, und dafür gab man mir einen halben Korb Briketts und in die Schürze ein paar Birnen, das war mein Lohn! Daraufhin wurde ich noch von der Näherin im Dorf angezeigt, ich würde keine Steuern bezahlen! Es waren aber auch wirklich gute Menschen da! Die Lehrersfrau hat mir immer mal was gegeben und Leute aus der Nachbarschaft, die auf einem Gut arbeiteten und die mir regelmäßig Milch durchs Fenster schoben! Ohne die wäre es auch nicht gegangen!

1946 mußte ich nach Berlin, weil ich mich um die alte Wohnung und um unsere Möbel kümmern mußte. Aber ich hatte noch keine Registrierkarte! Alle, auch die, die in der NSDAP waren und entnazifiziert wurden, hatten eine, nur ich noch nicht! Das bedeutete, daß ich Freiwild war; man konnte mich zum Beispiel einfach nach Rußland verschleppen, womit mir auch einige drohten! Dann habe ich mich beim Bürgermeister beschwert. »Ja . . .«, sagte er, »Sie haben falsche Angaben gemacht!« »Ach, wieso?!« sagte ich. »Ich habe geschrieben, daß ich im BDM war, Gau Köln/Aachen. Sonst war ich nirgendwo drin, und das kann zu jeder Zeit bewiesen werden!« »Ja . . .«, sagte er, »aber Sie als Frau eines Mannes, der bei den Nazis an so hoher verantwortlicher Stelle war, die muß doch in der NS-Frauenschaft gewesen sein!« Dann habe ich das verneint und gesagt, daß ich wegen der Kinder nicht mitarbeiten konnte und man mich deshalb nicht aufgenommen hätte. Er solle mir zumindest eine Bescheinigung geben, damit ich nach Berlin fahren könne; dort würde ich die Sache aufklären. Da gab er mir postwendend eine Registrierkarte!

Später erfuhr ich dann, daß der Jude, der sich in unserer Berliner Wohnung einquartiert hatte, an das Bürgermeisteramt geschrieben hatte, mein Mann wäre Standartenführer in der SA gewesen und ich sei in der Reichsfrauenführung gewesen, was beides nicht stimmte. In der Reichsfrauenführung war meine Freundin gewesen, die kam uns schon mal in Berlin besuchen, und sie hatte das blaue Jackenkleid an und ihre Kappe auf, aber das war ich doch nicht! Der Jude hatte mich regelrecht verleumdet! Er hatte Angst, er müsse aus unserer Wohnung raus – deswegen hatte er das geschrieben! Dann bin ich also nach Berlin und habe dort alles geregelt. Ich hätte auch zur Hälfte meine Wohnung beanspruchen können, aber wie kann man mit Menschen zusammen leben, die so auf einen geladen sind?! Das wollte ich nicht!

Von meinem Mann hörte und hörte ich nichts. 1949 schrieb mir meine Schwiegermutter, ich sollte meinen Mann für tot erklären lassen, damit ich die Rente beantragen könne. Und wenn er nun tatsächlich wiederkommen sollte, würde das ja nichts ändern, das wäre ja schnell wieder behoben. Ich wollte aber noch mal auf dem Amt nachhören, ob man inzwischen was Neues wüßte. Ich fuhr also nach Berlin. Nein, ihnen läge nichts vor, und ich sollte mir auch keine Hoffnungen mehr machen! In den Tagen war auch meine Freundin in Berlin, und wir trafen uns. Da sagt sie ganz leise und behutsam: »Warst Du am Amtsgericht?!« Ich sage: »Nein, das kann ich nicht!« Da nimmt sie mich am Arm und sagt: »Komm, ich gehe mit!« Sie ging mit und sprach auch mit dem Beamten, der sehr freundlich zu mir war. Das Formular brauchte ich nicht selber auszufüllen, das machte er alles, und dann unterschrieb ich! Wir kehrten anschließend irgendwo ein, und sie versuchte ständig, mich abzulenken. Am nächsten Abend fuhr sie. Ich brachte sie an die Bahn, und als sich der Zug in Bewegung setzte, bekam ich so einen Weinkrampf, ich weiß nicht, wie lange ich da gestanden habe! Ich hatte das Gefühl: Jetzt bist du im Abgrund! Alles ist weg! Helmut ist tot, die Freunde sind weg! Es schien mir, als käme ich aus dem Elend nie mehr raus!

Noch bis 1950 habe ich geglaubt, daß mein Mann wiederkommt, denn man will das nicht wahrhaben, man gibt die Hoffnung nicht auf! Das Gute war nur, daß mir die Verantwortung für die Kinder nicht viel Zeit zum Nachdenken ließ. Erst in den letzten Jahren habe ich mich mit dem Tod meines Mannes so richtig beschäftigen können, vorher hatte ich einfach keine Zeit dafür.

Im Dezember 1949 bekam ich einen Brief meines Bruders aus Dormagen, meine Mutter wäre sehr schwer krank; ich sollte mir aber keine Sorgen machen! Sie war 1946 mit einem der ersten Transporte in den Westen gelangt und lebte seitdem hier in Herkenrath. Ein paar Tage später kam die Nachricht, daß sie gestorben wäre. Daraufhin bin ich schwarz rübergefahren, um wenigstens bei der Beerdigung dazusein. Trutz und Solveig nahm ich mit. Die Schwierigkeiten dieser Reise kann man gar nicht erzählen. Nachts im strömenden Regen brachte uns ein Ostpreuße an die Bahn, dann ohne Genehmigung über die Grenze, drüben wurde ich zweimal eingelocht, weil ich ja vom Osten kam . . ., aber ich bin trotzdem durchgekommen.

Wir kamen in Herkenrath an: Ein Trauerspiel! Aber die Selbachs, die Leute, bei denen meine Mutter gewohnt hatte, waren sehr nett! Ich habe mir noch meine Mutter zeigen lassen, und einen Tag später gingen wir zur Beerdigung. Mein Bruder war da, meine Schwägerin auch. »Du brauchst nicht zu weinen!« sagte er, »wir sind ja auch noch da!« Dann habe ich von den Selbachs angeboten bekommen, ich sollte doch nach Herkenrath kommen, die eineinhalb Zimmer wären ja jetzt frei. Das Angebot nahm ich an.

Nun mußte ich ja noch mal zurück. Die Kinder konnte ich bei meinem Bruder lassen. Als ich fuhr, haben beide so bitterlich geweint. Da sagte ich zu Trutz, dem Jüngsten: »Sieh mal, Trutz! Du bist das Brüderchen. Du mußt jetzt auf Solveig schön aufpassen!« Das hat er auch sehr, sehr getan!

In Düsseldorf bin ich auf die Autobahn und von da per Anhalter nach Sachsen. Zwei Tage war ich unterwegs; das letzte Stück nahm mich ein LKW mit, der sonst Schweine transportierte. Ich komme in Luckenau an, es stürmt und schneit! Ich gehe da den Berg hoch, in der linken Hand eine Tasche und in der rechten, und ich bin so kraftlos, daß ich immer wieder hinfalle! Ich schleppe mich bis zu dem Bauern, wo wir inzwischen untergebracht waren, da falle ich vor dem Tor der Länge nach hin – ich konnte nicht mehr! Ein Junge, der mich gesehen hatte, lief schnell zu der Lehrerin und sagte: »Die Frau Modricker ist ganz schwer krank, die liegt da auf der Erde!« Dann kam sie, brachte mich in meine Behausung, legte mich hin und sagte: »Ich bring Ihnen was Heißes!« Sie machte mir heiße Milch mit Honig, und dann kamen auch schon die Kinder angestürmt! Allmählich kam ich wieder auf die Beine.

Bei einem Bekannten, der in einem Sägewerk arbeitete, habe ich mir gleich zwei große Kisten nach Maß anfertigen lassen, wo ich meine Sachen reinpacken wollte. Ich hätte nicht das Geld dazu gehabt, wenn mir nicht eine Familie aus Mauenheim, die auch in dem Dorf gewohnt haben, aber mittlerweile schon wieder zu Hause im Westen waren, angeboten hätten, zwei ihrer im Dorf verbliebenen Möbel zu verkaufen; nur einen Stuhl sollte ich ihnen mit einpacken. Sie wußten ja, daß ich kein Geld hatte.

Für die Möbelstücke fand ich bald Interessenten, und dann habe ich die zwei Kisten gefüllt. Die Nähmaschine packte ich, eingewickelt in einen Läufer, auch da rein – es war nämlich verboten, Nähmaschinen mitzunehmen. Wenn die nun bei einer Kontrolle da reinstachen, merkten sie nicht sofort, daß da was Hartes drin war. Aber ich hatte Glück!

Nur, wie sollte ich die Kisten jetzt unauffällig an die Bahn bringen – ich hatte ja überall meine Aufpasser und »Freunde« im Dorf?! Der Bauer, der uns zuerst aufgenommen hatte, der größtes Vertrauen zu mir hatte, aber sonst sehr knickerig war, lieh mir seine neue Zeltplane, womit wir die Sachen auf dem offenen Wagen zudecken konnten. Der Wagen war von einem Flüchtling. So konnten wir die Kisten unbehelligt nach Zeitz ans Frachtgut bringen.

Dann wurde plötzlich die Roswitha krank, sie hatte 41 Grad Fieber! Um Gottes willen, dachte ich, jetzt hast du hier alles aufgelöst, und jetzt kannst du nicht weg! Was machst du nur?! Und sie faselte im Fieber auch noch immer vom Friedhof! Also, es war furchtbar! Als sie mal schlief, ging ich zu dem Bauern und wollte mich für seine Hilfe erkenntlich zeigen. Ich sagte: »Hier, nehmen Sie doch bitte die 20 Mark! Sie haben mir so einen großen Gefallen getan!« Nein . . ., wollte er nicht! Als ich aber darauf bestand, guckte er mich an und sagte: »Augenblick!« Kurz darauf kam er mit so einem dicken Paket an: »Verraten Sie aber keinem was, wir haben schwarz geschlachtet!« sagte er, dann nahm er das Geld. Ich sofort nach Hause mit dem Fleisch. Ich suchte alles zusammen, was ich an Brennung hatte – daran haperte es ja immer –, habe ein Stück Fleisch gebraten und das der Roswitha gebracht. Das Fleisch in kleine Stückchen geschnitten, und als alles auf war, sagte sie: »Mutti, hast Du nicht noch ein Stückchen?!« Da bin ich runter und habe nochmal was gebraten! Das zweite Stück gegessen. Auf einmal richtete sie sich auf, was sie vorher nicht konnte, und von Stund an ging es ihr besser! Dem Kind haben nur Vitamine und vor allem Eiweiß gefehlt, davon bin ich heute überzeugt.

Nachdem ich alles für die Abreise vorbereitet hatte, ging ich noch meine Schuhe beim Schuster holen; er war auch ein echter Deutscher und mir immer sehr zugetan. Weil er einer von den »Schlimmen« war, hatte man ihn dazu verdonnert, noch nebenher die Kasse des Bürgermeisteramtes zu verwalten – einen anderen hätten sie auch nicht gehabt, denn es war nicht die Intelligenz da auf dem Dorf! Da sagte er zu mir: »Frau Modricker, ich kann Ihnen heute was Schönes sagen!« »So ...?« sagte ich. »Ja ..., der Schauer – das war der Bürgermeister – hat gesagt: Der Frau Modricker haben wir immer unrecht getan! Wenn alle so wären wie die, hätten wir hier keine Arbeit!« »Ach, wissen Sie«, sagte ich, »das kann mich jetzt überhaupt nicht mehr berühren! Ich habe hier meine Kraft verloren, und das ist schlimm genug!«

Spät abends, damit man uns nicht bemerkte, sind wir ins andere Dorf rüber, wo wir bei einer Cousine der Altlehrersfrau übernachten konnten. Dann haben wir da geschlafen, morgens machte sie uns ein schönes Frühstück, und als wir zum Bahnhof wollen, kommt uns der Junge vom Baumeister entgegengelaufen. Sie hatten gehört, daß wir weg wollten, und da mir die Leute sehr zugetan waren, wollten sie mir noch was für unterwegs mitgeben. Das war so ein Paket, alles wunderbare belegte Brote, mit Wurst und Käse!

Wir fuhren mit dem Zug bis an die Grenze. Meine Schwägerin aus Oldenburg, die ungefähr so alt war wie ich und auch zwei Mädchen in dem gleichen Alter wie meine hatte, hatte mir vorher ihre westdeutschen Pässe zugeschickt, und zwar in einem Paket Mehl versteckt. Es war nämlich so: Wenn man an der Grenze aufgegriffen wurde, schickten die einen dahin zurück, wo man gemeldet war – in meinem Fall also in den Westen, und das wollte ich ja! Mit den Kindern habe ich vorher geübt, wie sie heißen; eben nicht mehr Roswitha und Dietlinde, sondern Ulrike und Brinkfriede. Bilder waren nicht in den Pässen.

Wie wir nun zur Grenze kamen, wurden wir zur Volkspolizei geholt; sie wollten Geld von uns! »Ich habe nur 11 Mark!« sagte ich. In Wirklichkeit hatte ich aber mehr mit, denn ich hatte noch Geld bei Roswitha ins Kleid genäht, und zwar in den Saum und in den Gürtel. »Ja, wie wollen Sie denn da rüberkommen?!« »Meine Angehörigen empfangen mich ja! Da brauche ich doch kein Geld!« Dann wurde er richtig wütend – die anderen hatten wohl auch kein Geld –, und zur Strafe mußten wir Kohlen schippen. Aber jedenfalls kamen wir hier in den Westen. Ich kann gar nicht sagen, wie froh ich war! Dann sagte die Dietlinde: »Mutti, ich finde, hier ist auch das Gras schöner!« Den Kindern kam einfach alles schöner vor, sie brauchten ja auch keine Angst mehr zu haben.

In Helmstedt suchte ich die Mission auf, wo ich die Kinder auf eine Bank zum Schlafen legte. Dort waren noch zwei Männer, die immer rausgingen, um nach einer Mitfahrgelegenheit zu gucken. Da kommt der eine wieder rein und sagt zu mir: »Kommen Sie mal schnell raus! Da ist einer, der fährt nach Aachen!« Ich gehe raus und frage nach; nichtsahnend, was hinter meinem Rücken passiert. Der wollte aber keinen mitnehmen. Dann fand ich doch einen, das war so ein Pferdewagen; ich mit den Kindern da rein, und als ich dem Mann was geben wollte, hatte ich kein Geld mehr im

Portemonnaie! Da hatten die zwei in der Zeit, als ich draußen war, das Geld und auch das Silberbesteck geklaut. Der Fahrer meinte, allerdings ganz gutmütig: »Ja, ja, das sagen sie alle!« Also, das war mir so peinlich, wir waren ja auch nicht allein in dem Wagen!

Endlich sind wir, immer wieder mit Umsteigen, bis Langenfeld gekommen – und ich mußte ja zu meinem Bruder in Dormagen, wo die Kinder waren. Dann habe ich einen Schaffner gefragt, wo denn die Polizei wäre, damit die mir vielleicht weiterhalf. Da kommt ein Herr auf mich zu und sagt: »Gnädige Frau, Sie sind doch sicher vom Osten?!« »Ja!« sage ich, » sehen wir denn schon so aus?!« »Na«, sagte er, »ich kann es mir denken! Sie sind auch so naiv, nach der Polizei zu fragen. Wenn Sie nämlich dahin gehen, schickt man Sie wieder in die Ostzone!« Dann holte er 5 Mark aus der Tasche und sagt: »Damit fahren Sie jetzt weiter!«

Dann sind wir zu dem Ort gefahren, wo die Fähre abfuhr, und mußten noch über einen verschlammten Weg ein Stück am Rheinufer entlang. Es hat nur geregnet, uns lief das Wasser so runter! Wir bekamen gerade noch die letzte Fähre, denn es fing schon an, dunkel zu werden. Der Rhein war so richtig schmutzig braun und furchtbar stürmisch! Die Kinder klammerten sich aus Angst an mich! Ich sagte beruhigend: »Nun kommt mal, ich will doch auch nicht ertrinken!« Dann war das so ein Sturm, wir tanzten regelrecht auf den Wellen. Wenn der Mann nicht so eine Kraft gehabt hätte, wären wir nie drüben angekommen!

Wir kommen nach Dormagen, ist mein Bruder nicht da! Die Kinder waren eingeschlossen und schliefen bereits. Dann habe ich so lange gerufen, bis der Junge von meinem Bruder wach wurde und das Fenster aufmachte. Da sind wir mit letzter Kraft durchgeklettert, ich habe den Kindern die übriggebliebenen Brote auf den Tisch gelegt, die Mäntel aufgehangen und gesagt: »Kinder, eßt und geht schlafen, egal wo! Ich kann nicht mehr!« Dann habe ich mich hingelegt, die Kinder legten sich natürlich in die Ehebetten! Auf einmal werde ich von einem Schrei wach! Mein Bruder und meine Schwägerin waren nach Hause gekommen, und das erste, was sie sahen, war die große Wasserlache unter unseren Mänteln. Mein Bruder kam gleich zu mir und fragte: »Was ist denn mit dir?!« »Ach«, sagte ich, »laß mich schlafen!« Er machte mir noch einen Pfefferminztee, und ich schlief wieder ein.

Am anderen Tag druckste meine Schwägerin so rum, wie teuer das doch gewesen wäre mit zwei Kindern zusätzlich usw., was mich komisch berührte. Als wir dann sonntags beim Frühstück saßen, sagte ich meinem Bruder, daß ich morgen wegfahren wollte. Da sagte er: »Schon?! Bleib doch noch ein bißchen!« »Nein!« sagte ich, »ich möchte nach Herkenrath!«

Auf der Fahrt nach Herkenrath besuchten wir noch diese Mauenheimer Familie, die mir ja geholfen hatte, in den Westen zu kommen. Wir stehen da vor der Haustüre, die Frau macht auf, und als sie uns sieht, wird sie kreideweiß! Ich sage: »Frau Bötz, Sie haben sicher Angst, wir wollten bei Ihnen bleiben?!« »Nein!« sagte sie, »mir ist jetzt in dem Moment, als sähe ich Sie noch da stehen, alleingelassen von uns allen, die wir schon in den Westen gefahren sind!« – sie kannte ja meine Situation da! »Das hat mich nie in Ruhe gelassen!« Wir mußten dann reinkommen, und sie machte uns was zu essen. Dann sind wir weiter.

Wir kommen hier in Bensberg den Weg von der Bahn hoch, da kommt uns eine Mutter mit ihrem Jungen entgegen. Da sagt der Kleine: »Guck mal, Mutti! Da kommen wieder Zigeuner!« Wir sahen wohl etwas abgekämpft aus, oder eins der Kinder hatte vielleicht ein Loch im Strumpf..., ich weiß es nicht! Es war ja auch so: Sie wurden in Herkenrath schon mißtrauisch beäugt, wenn sie gestopfte Strümpfe trugen! Man fing an, vornehm zu werden, schon 1950!

Schließlich kamen wir nach Herkenrath. Die Selbachs waren so rührend zu uns, das kann man gar nicht sagen! Sie haben gleich was zu essen gemacht und haben uns die Betten überzogen, so daß ich mich gleich hinlegen konnte. Also, es war wunderschön, wir kamen uns vor wie im Schlaraffenland!

Ja..., und dann fing der Ernst an! Bis ich die ganzen Ämter hinter mir hatte! Alles zu Fuß, Geld für den Bus hatte ich nicht! Meine einzigen guten Schuhe habe ich mir bei diesen Wegen total kaputtgemacht! Dann hat mir die Lehrerin Schuhe geschenkt; die waren zwar zu groß, aber ich zog dicke Wollsocken an. Damit bin ich überall rumgelaufen. Man wollte mir die Zuzugsgenehmigung nicht geben! Ich wäre doch Berlinerin und käme ja eigentlich nicht aus dem Osten! Erst nach Wochen bekam ich die Genehmigung.

Inzwischen hatte ich Gott sei Dank meine Rente bekommen. Ich bezahlte erst mal meine Schulden, die ich bei den Selbachs hatte – sie hatten nämlich ein Geschäft unten im Haus, wo ich die ganze Zeit über eingekauft hatte. Ich bekam aber auch von den Nachbarn Obst, Salat und Gemüse geschenkt. Eine Familie hat mich immer mit Briketts versorgt und machte mir alles das in der Wohnung, was ich nicht selber machen konnte. Also, ich hatte wirklich wunderbare Menschen hier!

Es gab natürlich auch welche, die einem nicht das Schwarze unter dem Nagel gönnten, vor allen Dingen eine Familie, die mit im Haus wohnte. Die sagten immer zu den Selbachs: »Die nimmt Ihnen doch den ganzen Platz weg!« Dann waren wir zu gut angezogen, und es hieß: »Dat kann die nit alleen!« Ich weiß noch, einmal hatte ich von einer Herkenratherin zwei Faltenröcke geschenkt bekommen. Die trennte ich auf, drehte den Stoff um und nähte daraus zwei Kleidchen, eins für Roswitha und eins für Dietlinde. Die Roswitha hatte ihres schon an und war in der Schule, die Dietlinde hatte erst um 10 Uhr Schule. Dann habe ich das morgens noch schnell gewaschen, bin runter und hängte es auf die Leine. Als ich nun das Kleid zum Plätten holen will, war das weggehangen, und statt dessen hängt da die Wäsche von diesen Leuten. Ich bekam es aber doch noch trocken, und in letzter Minute habe ich noch den Verschluß eingenäht. Die Dietlinde geht raus, die Frau unten hängt am Fenster und drüben die Nachbarin auch, da ruft sie laut über die Straße: »Lur ens, die han immer wat Neues! Künnen wir uns nit erlauben!« Dabei war das aus alt gemacht, und wenn die schliefen, habe ich noch gearbeitet!

Einmal hat die Solveig Schuhe geschenkt bekommen, und zwar von der Frau Buchholz, die das Gasthaus hatten. Ihre Tochter, die Jüngste, war in Solveigs Klasse. Sie war ein bißchen größer, und ein Paar Schuhe, aus denen sie rausgewachsen war, bekam nun Solveig. Die trug sie also. Auf einmal, vor dem Unterricht, sieht das Mädchen ihre alten Schuhe und sagt: »Guckt mal, dat Solveig hät ming Schohen aan!« Solveig kam weinend nach Hause, seitdem zog sie die nicht mehr an!

Solveig hatte sowieso immer Neider! Ein Mädchen hat ihr sogar einmal heimlich Fehler in ihr Heft geschrieben, als sie ein Diktat machten; das Luder konnte nicht leiden, daß Solveig immer so vom Schulrat gelobt wurde. Er sagte einmal: »Solveig hätte eigentlich eine Eins in Deutsch verdient!« Die Lehrerin hat mir dann gesagt, daß sie gesteinigt würde, wenn sie ihr eine Eins geben würde. Ja, so war das damals. Viele konnten einfach nicht ertragen, daß so Polacken oder Pimocken, wie meine Kinder manchmal beschimpft wurden, die Ersten waren – und nicht ihre eigenen Kinder.

1954 bekamen wir dann endlich diese Wohnung hier! Finanziell ging es mir zwar besser, aber es war immer noch so, daß das Geld, was reinkam, sofort wieder für irgendwas ausgegeben werden mußte. Ich hatte ja auch Schulgeld zu bezahlen, denn damals kostete das was, wenn man seine Kinder aufs Gymnasium schickte. Außerdem mußte die Wohnung eingerichtet werden. Ich hatte zwar noch einige Möbel aus der Berliner Wohnung, aber trotzdem fehlte vieles. Auf jeden Fall, es war immer irgendwas! Dann gingen meine beiden Großen zur Konfirmation. Zum Weggeben hatte ich nichts mehr, vorher hatte ich schon einen 5 Meter langen Dielenteppich bei einem Gemüsehändler eingetauscht. Da fand ich eine Annonce von einem Geschäft in meinem Briefkasten, wo man auf Raten kaufen konnte. Dann bin ich das erstemal schweren Herzens auf Ratenzahlung kaufen gegangen! So was war ich nicht gewöhnt; zu Hause hieß es nämlich: Eh man sich was anschafft, spart man! – so wie das früher überall war!

Ich bin nun hingegangen und habe Stoff gekauft, um den Mädels Konfirmationskleider zu machen. Die habe ich also genäht, und von den Resten machte ich mir noch ein Kleid, zwar gestückelt, aber es sah nicht so aus! So waren wir drei schon mal fertig. Meinem Sohn nähte ich einen Anzug. Von einem Onkel hatte ich eine alte Hose bekommen und von einem anderen eine Jacke, beides aber in Cheviot und blau. Ich trennte alles auf, legte den Stoff in Salzwasser, daß er wieder wie neu wirkte, und nähte ihm eine lange Hose und eine kragenlose, langärmlige Weste. Das einzige, was ich ihm fertig gekauft habe, war ein Hemd! Ach, was hat er geschwärmt! So ging das immer, aber die Kinder waren stolz! Die Roswitha sagte einmal, als ich sie für eine Einladung zurecht machte: »Ja weißt du, Mutti. Wenn wir auch nicht die Modernsten sind, aber wir sind die Schönsten!«

Werner Huch

Ich habe zum erstenmal von Altenberg in einem russischen Kriegsgefangenenlager gehört, 500 km hinter Moskau im Bezirk Gorki. Neben mir lag ein Stabsingenieur der Luftwaffe, ein Herr aus Trier. Und während wir wieder einmal von zu Hause erzählten, er vom Rheinland und ich von Breslau, sagte er mir: »Wissen Sie, das wird Sie als Pastor interessieren! Wir haben da im Rheinland eine wunderschöne Kirche, den Altenberger Dom. Der ist zur Hälfte evangelisch und zur Hälfte katholisch.« Ich versuchte mir nun immer vorzustellen, in welchem Teil der Kirche jetzt der katholische Gottesdienst und in welchem Teil der evangelische Gottesdienst gehalten wurde; ob jetzt der Chorraum katholisch genutzt wurde, das Langschiff evangelisch; oder ob sie das Ganze in der Mitte durchgeteilt hatten. Damals habe ich nicht im entferntesten daran gedacht, daß ich einmal in dieser Kirche von Zeit zu Zeit Gottesdienst halten würde. Denn vom Bezirk Gorki bis zum Regierungsbezirk Köln ist doch ein sehr weiter Weg! Auf jeden Fall, immer wenn ich jetzt nach Altenberg komme, habe ich diesen trostlosen Raum unseres Kriegsgefangenenlagers vor Augen!

Zwei Jahre galt ich als vermißt, bis meine Frau 1946 den ersten Briefkontakt mit mir bekam. Sie war in der Nähe von Köln gelandet, nachdem man sie und ihren Vater von ihrem Landbesitz in Schlesien vertrieben hatte. Mutter und Schwester waren daheim an Typhus gestorben, so daß sie mit ihrem Vater übrigblieb. Ja, und wo einen dann der Güterwagen hinbrachte, landete man! Somit wußte ich, wohin ich mich zu entlassen hatte, wenn es einmal soweit sein sollte. Am 3. August 1948 kam ich zum erstenmal nach Köln. Der damalige Superintendent von Gesamt-Köln, Superintendent Encke, nahm mich sehr freundlich auf und stellte mich sofort in seiner Gemeinde Köln-Riehl in Dienst. Auf der noch im gleichen Jahr stattfindenden Herbstsynode frug mich dann Dr. Hochstetter aus Bergisch Gladbach, ob ich nicht bereit sei, nach Bergisch Gladbach zu kommen; sie hätten dort eine neue Pfarrstelle im Westen der Stadt eingerichtet. Diese Pfarrstelle sei durch den Zustrom der vielen Vertriebenen notwendig geworden. Was tat ich lieber als das! Wo ich sogar gefragt wurde!

So bin ich dann im Mai 1949 nach Bergisch Gladbach gezogen. Wir hatten eine sehr kleine Wohnung von ungefähr 40 Quadratmeter, für meine Frau, meinen Schwiegervater und mich. Außerdem war noch unser Ältester unterwegs, der dann auch noch dazukam. Bis auf die paar Betten hatten wir nichts! Wir hatten nur das, was meine Frau und mein Schwiegervater von zu Hause mitnehmen konnten, was sie mit ihren Händen tragen konnten. Man kann sich also vorstellen, daß wir nicht gerade wohlausgestattet waren. Wir waren schon froh, daß wir die paar Betten hatten! Das übrige mußten wir uns neu anschaffen.

Kirchlich war ja zunächst auch nichts da in diesem Bezirk Hand-Paffrath. Wo hielten wir die ersten sonntäglichen Gottesdienste? In den Schulbänken der katholischen

Volksschule! Was ein bißchen unbequem war für erwachsene Leute, wenn sie sich in die schmalen Schulbänke hineinquetschen mußten. Etwas später konnten wir eine LKW-Baracke auftreiben, woraus wir mit viel Liebe einen im Grunde genommen sehr anheimelnden, warmen Gottesdienstraum machten. Den Altar stellten wir auf ein Podest; seitwärts stand ein einfaches Lesepult, was gleichzeitig als Kanzel diente. In den Mittelgang legten wir einen Kokosläufer. Im nachhinein kann ich nur sagen, es war ein sehr einladender Raum. Und die Leute kamen treu!

Die meisten der Gemeindeglieder waren in irgendwelchen Notunterkünften untergebracht; alles Vertriebene aus den deutschen Ostgebieten, also aus Schlesien, Pommern, Ostpreußen – das waren ja die Hauptvertreibungsgebiete –, dann aber auch aus dem Sudetenland, aus der ehemaligen Provinz Posen, und auch aus dem alten polnischen Bereich, also aus Wolhynien und aus dem Lodzer Gebiet. Später kamen die ganzen Zonenflüchtlinge hinzu. Die meisten waren notdürftig in der Hermann-Löns-Kaserne untergebracht, die noch nicht mal fertig gebaut war! Ich erinnere mich noch, die Treppen waren zum Teil provisorisch aus Holz zurechtgezimmert. In jedem Raum war eine Familie untergebracht, man mußte zu vielen eine gemeinsame Toilette benutzen und hatte keine Möglichkeit, richtig zu waschen. Gekocht wurde auf einem Herd mit einem Ofenrohr dran, das einfach so oben durch ein Fenster ging. Dazu kamen die ganzen Schwierigkeiten, wenn mehrere Generationen in einem Raum untergebracht sind.

Oder später die Zonenflüchtlinge, die im Lager Heidgen untergebracht waren. Das war ein ehemaliger großer Gasthaussaal, den man in Kojen unterteilt hatte. Da lebte man! Ich weiß ja, was Kriegsgefangenenlager sind. Das hier war natürlich nicht von solch einer Dürftigkeit und Primitivität; aber gemessen an dem, was wir heute unter normalen Lebensverhältnissen verstehen, war das schon ein unglaublich hartes Leben. Und es dauerte lange, bis diese Neuankömmlinge richtige Wohnungen bekamen, bis die notwendigen Siedlungsvorhaben fertig waren; die bundeseigenen Schlichtwohnungen, die Jubiläumssiedlung, die Eschenbroichsiedlung und die Paffrather Siedlungen. Ich habe also wirklich alle Achtung vor diesen Menschen, die das alles durchgestanden haben! Demgegenüber war ich viel besser dran.

Am schwierigsten hatten es die vertriebenen Bauern. Jeder Handwerker, jeder Fabrikarbeiter – auch ich in meinem Beruf – konnte wieder da anfangen, wo er aufgehört hatte. Aber ein Bauer ohne Land . . ., ja, der hängt quasi in der Luft! Das war ja das Unvorstellbare, daß man die Menschen einfach von ihrem Grund und Boden vertrieben hatte. Daß so etwas möglich ist, haben wir erst mal lernen müssen! Ja, was sollten diese Bauern machen?! Es blieb ihnen nichts anderes übrig, als in die Fabrik zu gehen! Aus selbständigen Leuten wurden nun Unselbständige, meistens also ungelernte Fabrikarbeiter. Sozial waren sie – wenn man das so sagen darf – erst einmal eine Stufe abgerutscht. Das Erstaunliche für mich ist immer gewesen, wie dann in diesen Familien ganz hart gearbeitet wurde und wie aus den ungelernten Arbeitern qualifizierte Arbeiter geworden sind.

Auf jeden Fall war es für die Bauern besonders hart. Sie hatten kein Land mehr, und sie hatten keine Tiere mehr. Der Bauer braucht den Boden! Auch bei meiner Frau und bei meinem Schwiegervater, der ja auch Bauer war, konnte ich das erleben. Immer, wenn es Frühjahr wurde, kribbelte es den beiden in den Fingern. Das ist eine ganz eigentümliche Geschichte. Deswegen strebten alle die Vertriebenen danach, wieder ein Stück eigenes Land und ein eigenes Haus zu besitzen; wenigstens ein Stückchen Garten, damit sie zumindest ihre Mohrrüben und ihr Suppengemüse selbst anbauen konnten.

Später wurde dann in meinem Pfarrbezirk die Eschenbroichsiedlung als sogenannte Nebenerwerbssiedlung gebaut. Das waren Häuser mit einem großen Garten drumherum. Die Männer arbeiteten irgendwo in der Fabrik oder waren irgendwo anders tätig und hatten als Nebenerwerb diesen großen Garten. Sie haben da ihre Kartoffeln angebaut, ihre Kürbisse, Tiere gehalten, Kaninchen, Hühner, einige hatten ein Milchschaf. Verkauft wurde allerdings kaum etwas. Ich weiß, unter denen, die da gebaut haben, waren viele pommersche, hinterpommersche Bauern. Hier klang noch etwas von ihrer eigentlichen Herkunft nach.

Und immer im Herbst, am ersten oder zweiten Wochenende nach dem offiziellen Erntedankfest, wurde in der Diepeschrather Mühle ein regelrechtes Erntedankfest gefeiert, auch heute noch. Alles wurde selbst organisiert! Es gab einen Kronenbauern – der die Erntekrone trug; es wurde musiziert, es wurde Theater gespielt. Das Ganze war ein äußerst gemeinschaftsbildendes Fest, wo auch die nächste Generation mit hineingewachsen ist.

Genauso wichtig war unser kirchliches Erntedankfest. Bei uns in Schlesien war es üblich, daß vor dem Fest alle möglichen Erntedankgaben, also Kartoffeln, Kürbisse, Eier, Brot, Weintrauben, Mohrrüben, Kappesköppe usw. zur Kirche gebracht werden, um damit den Erntedankaltar schmücken zu können. Das habe ich hier beibehalten. So ging also mein Küster – erst der Herr Schirmer, später der Herr Breitkreuz – durch die Gemeinde und sorgte dafür, daß die Dinge zusammenkamen. Für meine Gemeindemitglieder war das ein Stück Heimat! Hier in Bergisch Gladbach-Hand wurde der Gottesdienst genauso gehalten wie einmal zu Hause! Die Menschen sollten das Gefühl haben: In der Kirche sind wir zu Hause.

Daß ich als Schlesier die Mentalität der meisten meiner Gemeindeglieder kannte, erleichterte ein bißchen meine Arbeit. Obwohl ich nie in einem bewußten Sinne Vertriebenenarbeit gemacht habe – ich war ja für alle da! Aber ich habe nie verleugnen können, wo ich her war. Die Rheinländer haben es mir nicht übelgenommen, und die Vertriebenen sagten: »Er versteht uns!« Und wenn man das von einem sagen kann, ist schon viel erreicht! Es gibt eine hübsche Erzählung des oberschlesischen Schriftstellers Hans Lipinsky-Gottersdorf: »Das Spargelbeet«. Da erzählt er, wie ihn ein Landsmann oft und gerne besuche. Sie seien zwar nicht aus dem gleichen schlesischen Dorf; er sei aus der Ebene, während dieser Landsmann daher sei, wo die großen Wälder Oberschlesiens anfangen. Aber er kannte auch diese großen Wälder, und er wußte, wie es bei dem

Landsmann zu Hause ausgesehen hat. So fängt er seine Erzählung an. Dieses Wissen, wie es zu Hause ausgesehen hat! Wenn also einer zu mir kam, der aus Pommern oder Ostpreußen vertrieben worden ist, dann konnte ich sagen: »Ja, da war ich auch mal! Das kenne ich! Ich weiß, wie es bei dir zu Hause ausgesehen hat!« Das hatte dann etwas ungemein Verbindendes.

Was ist für mich Heimat? Ich habe mich deswegen hier im Bergischen immer sehr wohl gefühlt – vom ersten Tage an, weil das Bergische Land so aussieht wie unser Schlesisches Vorgebirge. Wenn ich zum Beispiel aus dem Fenster meines Arbeitszimmers hinausschaue und dann diese sich schneidenden Linien der verschiedenen Hügelketten sehe, denke ich immer: Das ist mein Caspar David Friedrich! Das ist fast genauso wie bei den Gebirgsbildern dieses Malers, der Pommer war und schlesische Gebirgslandschaften gemalt hat. Also, zum Heimatgefühl gehört für mich der Ort und die Landschaft, wo man groß geworden ist.

Zur Heimat gehört sicher auch die Sprache. Die ehemals deutschen Landschaften Pommern, Ostpreußen, Schlesien hatten ja ihre eigene Sprachmelodie. Oder die Balten – übrigens ein großartiger Volksstamm! Hinzu kommt die spezifische kulturelle Prägung, sowohl in der bildenden Kunst als auch in der Dichtung. Es ist heute geradezu tragisch, daß viele Schauspiele von Gerhart Hauptmann im Grunde genommen bei uns nicht mehr aufgeführt werden können, weil es keine Schauspieler mehr gibt, die das Schlesische beherrschen. Oder es wird so ein sprachliches Mischmasch, daß man sich nur schütteln kann!

Die eigene Familiengeschichte spielt sicher auch eine Rolle. Ich hätte zum Beispiel sehr gerne noch irgendeinen alten Schrank meiner Großeltern oder irgendein altes Möbelstück meiner Eltern! Das ist alles in Schlesien geblieben! Ich kann nur schwer beschreiben, wie ich das empfunden habe, wenn ich dann hier mal von einer alten Gladbacher Familie eingeladen wurde. Wie wohltuend das war! Die gepflegte Atmosphäre mit den schönen alten Möbeln, mit dem schönen alten Porzellan! Wo also noch etwas von der alten Familienkultur weiterlebte! Ich habe diese Menschen nie darum beneidet, aber es hat einfach gutgetan, wieder einmal diese Atmosphäre zu spüren, die einem früher ganz selbstverständlich war.

Heute spricht man so viel von Identitätsverlust und der Suche nach Identität. Das hängt meiner Meinung nach auch damit zusammen, daß den Menschen bei uns heute zu wenig Vergangenheit, sprich Geschichte geboten wird. Auch zum Beispiel diese Antik-Shops, die es in Massen gibt. Die Menschen wollen irgend etwas von der Vergangenheit besitzen! Geschichte ist einfach ein ganz wesentlicher Faktor, der zum Allgemein-Menschlichen dazugehört!

Für uns war 1923 – ich war gerade 11 Jahre alt – die Rheinlandbesetzung durch die Franzosen völlig gegenwärtig, obwohl Hunderte Kilometer zwischen Schlesien und dem Rheinland liegen und es noch kein Fernsehen gab. Weil es da um ein Stück Deutschland ging, um ein Stück Heimat. Deutschland hörte für uns nicht am Rhein auf!

»Der Rhein, Deutschlands Strom, nicht Deutschlands Grenze«, hatte einmal der Pommer Ernst Moritz Arndt, Professor in Bonn, zu Beginn des vergangenen Jahrhunderts gemahnt. Das war uns im Gedächtnis geblieben. Heimat, das war der gesamte deutsche Geschichtsraum, zu dem natürlich auch Ostpreußen, Pommern und Schlesien gehörten. Schlesien gehörte ja mit zum »Heiligen Römischen Reich Deutscher Nation«. Zeugnisse dafür findet man noch heute in Breslau an soundso viel Stellen, und der königlich-preußische Adler befindet sich nach wie vor über dem Landeshaus.

Was die »Bewältigung der Vergangenheit« anbelangt, so habe ich den Eindruck, daß die Polen zunächst einmal ähnlich reagiert haben wie die kommunistische Staatsführung der DDR in Ost-Berlin, wo man nach dem Krieg zum Beispiel das schöne Barockschloß der preußischen Könige aus ideologischen Gründen abgerissen hat. Das Schloß als Sinnbild einer monarchischen, feudalistischen Ideologie paßte nicht in das neue sozialistische Weltbild, also mußte es weg! Heute bedauert man das vermutlich aufs tiefste. Zur Zeit werden in Ostberlin wieder alle die Denkmäler aufgestellt, die man damals aus dem gleichen Grund entfernt hat: Scharnhorst, Gneisenau, Blücher, Clausewitz, den Freiherrn vom Stein und zuletzt den Alten Fritz, der wie eh und je wieder »Unter den Linden« reitet. Also, man versteht es dort, Geschichte – wenn auch zum Teil uminterpretiert – wieder in das eigene Gegenwartsbild hineinzunehmen.

Meiner Meinung nach ist das uns hier in der Bundesrepublik etwas schwerer gefallen. Vor lauter »re-education« wurde darauf kein Wert gelegt, im Gegenteil! Die Furcht der Besatzungsmächte, die zwölf Jahre Nationalsozialismus könnten in den Schulen und in anderen Bereichen weiter kultiviert werden, hat sie dann Geschichte fast ganz streichen lassen. Es gibt einen interessanten Erlaß des früheren württembergischen Bischofs D. Wurm, der nach dem Krieg seine evangelischen Pfarrer angewiesen hat, sie sollten doch in ihren kirchlichen Unterricht auch etwas Geschichte mit hineinnehmen. Auf der Schule lernten's ja die Kinder nicht!

Im Herbst vergangenen Jahres war ich zum erstenmal nach dem Krieg wieder in meiner Heimat. Anlaß meiner Reise war die Lutherfeier der inzwischen ganz klein gewordenen evangelischen Gemeinde Breslau. Die deutsch-evangelische Gemeinde umfaßt noch 80 bis 100 Menschen, die polnisch-evangelische Gemeinde zählt ungefähr noch 800 eingetragene Gemeindeglieder. Immerhin hatten sie es zusammen fertiggebracht, eine Lutherfeier auf die Beine zu stellen, verbunden mit einem gemeinsamen Gottesdienst in St. Maria Magdalena, der Kirche, in der ich groß geworden bin. Es war bloß gut, daß wenigstens zwei der Lieder Melodien hatten, die auch bei uns in Deutschland gesungen werden! Das eine war »Lobe den Herren, den mächtigen König der Ehren«, und das andere Lied war Luthers »Ein feste Burg ist unser Gott«. Natürlich in Polnisch gesungen. Aber so konnte ich zumindest in Deutsch mitsingen! Alles übrige kannte ich nicht, verstand ich nicht.

In Schlesien wurde ja nicht polnisch gesprochen, kein Mensch dachte daran! Höchstens im oberschlesischen Grenzgebiet. Deswegen ist Polnisch für mich eine absolut fremde Sprache und mehr als »Im Namen des Vaters und des Sohnes und des Heiligen Geistes« kann ich in Polnisch nicht sagen. Ich weiß noch, damals gab es an unserer evangelisch-theologischen Fakultät ein Sprachstipendium für Kirchenpolnisch, damit deutsche Pfarrer den »wasserpolnisch« – also ein verwässertes Polnisch – sprechenden Gemeindegliedern in Oberschlesien die Predigt halten konnten. Aber heute, alles in Polnisch. Was sonst?! Dadurch bekommt die Stadt ein fremdes Gesicht, das macht einem die Stadt schon fremd! Denn zur Heimat, zur Heimatstadt gehören ja auch die Menschen, die man versteht und die man kennt.

Aber andererseits: Der alte Strom ist da, viele der alten Gebäude sind da, und es tauchen zum Teil die alten Stadtbilder wieder auf. Bei dem Gang durch die Stadt trifft man immer wieder auf bekannte Ecken, auf diese Kirche oder auf jenes Renaissanceportal. Darüber freut man sich; man ist froh darüber, daß doch einiges die Katastrophe von Breslau, die schweren Kämpfe um Breslau überlebt hat. Manches ist auch wieder von der polnischen Denkmalpflege aufgebaut worden. Es ergeht einem dann so ähnlich wie beispielsweise den Menschen, die aus Köln emigrieren mußten und die nach dem Krieg in das wiederaufgebaute Köln gekommen sind. Das ist nicht mehr das alte Köln, sagen die; aber auf der anderen Seite ist das wie ein alter Stadtplan, auf dem ein zweiter, neuer Plan liegt. Im ganzen hat sich das Angesicht der Stadt geändert; aber es gibt Fixpunkte, die nach wie vor da sind.

Dann habe ich die Straße aufgesucht, in der wir gewohnt haben; eine der Altstadtstraßen nahe der Oder. Früher brauchte ich nur ein paar Ecken rum, und ich war in der Schule. Wenn ich also mal mein Frühstücksbrot vergessen hatte, dann trabte ich einfach in der Pause schnell nach Hause und schaffte es immer noch, zeitig zum Unterricht zurück zu sein. Das Haus steht heute nicht mehr, beide Häuserzeilen sind im Krieg zerstört worden. Da, wo unsere Haustüre war, wächst ein Eichenbaum; dahinter steht eine Schule, einstöckig, moderner Bau. Die gegenüberliegende Seite hatte man grün eingesät. Ich muß sagen, die Straße erschien mir schöner als zu meiner Zeit! Das kann einem dann auch passieren!

Danach bin ich runter an die Oder und ein Stück die breite Promenade entlang. Auf der gegenüberliegenden Oderseite präsentierte sich die Stadt in einem strahlenden Spätherbstlicht. Ein großartiges Panorama! Links die Sandkirche, daneben die Kreuzkirche mit Unterkirche und Oberkirche, und dann die großen Doppeltürme des Domes. Nur die Renaissancehelme der Türme hatte man nicht restauriert. Als Kind ist mir das Großartige dieses Bildes nie bewußt gewesen. Genau wie uns die Promenaden nur interessierten, weil wir da so gut spielen konnten. Im Herbst latschten wir so richtig mit Wonne und Vergnügen durch die heruntergefallenen Blätter, die die Straßenwärter zu Haufen zusammengekehrt hatten. Und jetzt, 60 Jahre später: wieder diese Blätter, wieder dieser Duft des fallenden Laubes!

Dann wollte ich meine Universität wiedersehen, diesen langgestreckten schönen Barockbau direkt an der Oder. Es war Sonntagvormittag, der Haupteingang war verschlossen. Ich ging also zu dem Nebeneingang. Hinter den Flügeltüren sah ich ein paar Frauen; und ich versuchte nun, ihnen klarzumachen, was ich wollte. Ich sagte, ich sei hier einmal Student gewesen, und ich wolle mir meine alte Universität noch einmal ansehen. Das alles in Deutsch natürlich. Aber soviel ich auch erklärte, die Frauen verstanden mich nicht! Englisch verstanden sie noch weniger. Dann fiel mir ein, daß ich ja noch eine Tafel Schokolade bei mir hatte. Schokolade hatte ich mir extra von Deutschland mitgebracht, weil ich wußte, daß das hier Mangelware ist. Und mit Hilfe dieser Tafel Schokolade war dann sehr bald eine Verständigung möglich! Daraufhin haben sie mich eingelassen.

Es war mir noch alles vertraut! Ich brauchte nur die Stiege hochzugehen; die Gänge kannte ich. Die Aula, auch in einem sehr reinen Barock, war offen. Nichts hatte sich verändert! Die Bilder der Gründer und Wohltäter der Universität hingen noch da, selbst das Bild Friedrichs des Großen war noch an seinem alten Platz! Es war auf einmal so wie früher bei einer der großen Universitätsfeiern. Während Rektor und Senat in ihren weiten Talaren feierlich in die Aula einzogen, spielte oben auf der Empore das Collegium Musicum einen Händel, die Feuerwerksmusik! Das hörte ich alles wieder, die Vergangenheit war wieder da! Dieser Zusammenklang von Musik und Baukunst hatte sich ganz fest in meine Erinnerung eingegraben. Das einzige, was mich an die Gegenwart erinnerte, war der weiße polnische Adler über dem Sitz des Rektors.

Einmal habe ich mir eine Taxe genommen und bin nach Fraustadt gefahren, der Heimat meiner mütterlichen Familie, die dort 300 Jahre ansässig war. Das großelterliche Haus stand noch. Ja, es wäre schön gewesen, wenn ich mal in das Haus hätte hineingehen können! Aber wie sollte ich mich verständigen, wie sollte ich sagen: »Bitte erlauben Sie doch, daß ich noch einmal diese alte, knarrende Stiege daraufgehe?!« So stand ich »draußen vor der Tür«. Deswegen weiß ich nicht, wie es jetzt im Innern aussieht oder ob noch etwas von dem alten Mobiliar da ist. Aber vielleicht war es so besser.

Die Kirche stand noch wie eh und je, außen hatte sich nichts verändert. Ich hatte dann die Möglichkeit, hineinzugehen. Da war nichts mehr, einfach nichts mehr! War Lagerraum für Baumaterial oder so was! Der Lagerverwalter sagte zwar, daß man sich mit dem Gedanken trüge, den Raum wieder herzurichten, aber man wüßte noch nicht genau, ob als Kirche oder als Museum. So sind viele Kirchen umfunktioniert worden. Zum Beispiel auch St. Bernhardin, wozu unsere Schule gehörte und in der wir unseren Schulgottesdienst hatten: Die Kirche ist heute Architekturmuseum der Stadt. Ja, so ist vieles leergefegt worden! Das Beste, was den evangelischen Kirchen passieren konnte, war, wenn sie von der übermächtigen katholischen Kirche übernommen wurden.

Das Bedrückende für mich in Breslau war, daß wir im Hotel gut verpflegt wurden, während draußen die Leute vor den Läden Schlange standen. Dann war es so, daß man sofort als Ausländer erkannt wurde.

Einmal sprach mich ein älterer Mann von über 60 Jahren in Polnisch an. Ich sagte: »Bitte entschuldigen Sie, ich verstehe kein Polnisch, ich verstehe Sie nicht! Do you speak English?« »No!« sagte er. Aber Deutsch konnte er, sehr gut sogar. »Ja, woher können Sie denn so gut Deutsch?« »Nun«, sagte er, »ich war dienstverpflichtet in Augsburg.« Und dann: »Haben Sie nicht ein paar Mark für mich?! Ich möchte mir etwas Kaffee kaufen, den kriege ich nur im Intershop!« Das ist das Bedrückende, daß die Menschen dort zu so etwas genötigt sind; wegen Dingen, die für uns selbstverständlich sind. Denn selbst ein Sozialhilfeempfänger kann sich bei uns sein Viertelpfund Kaffee leisten. Es war nicht schön, sich in der Rolle des reichen Amerikaners zur Zeit der Care-Pakete zu befinden! Ich habe erschütternde Briefe, die zeigen, wie glücklich diese Menschen sind, wenn man ihnen ein Paket mit Lebensmitteln schickt! Auch unsere wenigen Deutschen, die noch drüben sind.

Rudolf Wegner

Es gab zuwenig Lehrer und nicht genug Klassenräume. Die Schülerzahl hatte nach dem Krieg durch den Zuzug aus den Ostgebieten übermäßig stark zugenommen, so daß ich Klassen mit über 50 Kindern hatte. Einmal saßen in einer Klasse sogar über 60 Kinder! Über sechzig! Die Lehrerinnen taten mir leid. Aber ich als Rektor konnte es auch nicht ändern, es ging nicht anders.

Und dann war es auch so: Ich hatte viele verheiratete Junglehrerinnen, die natürlich auch Kinder bekamen. Sie fielen dann für mehrere Wochen aus. Einen Ersatz gab es nicht. Wie wurde der Ausgleich hergestellt? Ich als Schulleiter bin eingesprungen und habe einen Teil der Unterrichtsstunden erteilt. Es gab Zeiten, wo ich acht oder zwölf Stunden in der Woche zusätzlich unterrichtete, unentgeltlich! Da gab es keinen Dank des Vaterlandes! Ich tat es aus pädagogischer Verantwortung heraus. Sonst hätte ich ja die Kinder nach Hause schicken müssen!

Einmal sagte einer meiner Lehrer zu mir: »Nun schicken Sie doch die Kinder nach der 2. Stunde nach Hause, und fertig!« »Ich schicke sie nicht nach Hause!« sagte ich ihm. Der Vater ist im Betrieb oder im Handwerk. Die Mutter weiß: Mein Kind kommt um 12 Uhr aus der Schule. Sie geht auf den Markt oder fährt schnell nach Köln einkaufen. Sie weiß, ihr Kind ist in bester Obhut, es ist ja in der Schule. Inzwischen ist ihr Kind aber nicht erst um 12 Uhr aus der Schule zurück, sondern bereits um 10 Uhr. Die Haustüre ist verschlossen; was macht das Kind? Es treibt sich auf der Straße herum! Im Winter kann es sich sehr leicht eine Erkältung zuziehen, es kann auch sehr leicht durch Unaufmerksamkeit – Kinder sind eben Kinder – unter ein Auto geraten. Und ich hätte dann die moralische Verantwortung dafür zu tragen, vor mir selbst!

Die Kinder in der Schule behalten, ohne Aufsicht, konnte man auch nicht; dann hätte ein Lehrer dabeisein müssen. Irgend etwas hätte ja passieren können. Es gibt ja auch Rabauken in der Klasse, die Lärm machen, den Nachbarn mit Absicht anstoßen, so daß er sich die ganze Heftseite verschmiert. Also, es mußte schon eine gewisse Aufsicht sein. Deswegen habe ich dann den Unterricht abgehalten. Natürlich, einige Stunden mußten trotzdem ausfallen.

Das waren so Dinge, die einem als Rektor Schwierigkeiten bereiteten. Aber im großen und ganzen war ich zufrieden mit meiner Schule; und auch mit den Schülern, ganz besonders mit den Schülern! Ich glaube, ich hatte kaum einmal Streit mit einem Schüler, das gab es gar nicht!

Ich denke auch, daß mich die Kinder einigermaßen gern hatten. Wenn ich heute die Straße entlanggehe, werde ich sehr oft von ehemaligen Schülern gegrüßt. Ich reiche dann gerne die Hand, so wie es in meiner Heimat üblich war: »Ja . . ., jetzt muß ich aber nach Ihrem Namen fragen! Wie heißen Sie denn noch?!« »Ich bin die Elke!« »Ach . . ., Elke Neumann!« »Ja . . ., aber jetzt heiße ich anders mit Nachnamen.« Denn viele der

Mädchen sind ja heute verheiratet und haben einen anderen Namen. Allerdings: Einen sehr großen Teil der Schüler kenne ich noch heute namentlich, daß sich manche wundern, wenn ich sie mit ihrem Namen anspreche. »Herr Wegner, Sie kennen noch meinen Namen!« »Ja, natürlich!« Was aber gar nicht so einfach ist bei all den Karins, Günthers und Peters!

Achtung hatten die Kinder, aber keine Angst! Sie kamen mit ihren Anliegen zu mir, auch mit ihren persönlichen Sorgen; sie kamen glattweg und erzählten, was sie auf dem Herzen hatten. Sie hatten Vertrauen zu mir. Kinder merken, wenn der Lehrer eine gewisse Zuneigung, Liebe oder Verständnis aufbringt. Sie wußten: Der Rektor hat weniger Unterrichtsstunden, und er sitzt dann in seinem Amtszimmer. »Kann ich gleich mal zu Ihnen nach oben kommen und mich mit Ihnen kurz besprechen?« fragten sie mich nach der Stunde. »Ja natürlich, Kind, das kannst du schon!« sagte ich.

Als Lehrer darf man ja auch nicht mit Liebe und Zuneigung geizen; Erziehung beruht ja auf Liebe und Achtung – und nicht auf Zwang und Autorität. Aber gerade das ist heute unter all den Bildungsplänen, Bildungstheorien und Bildungsforschungen hoffnungslos verschüttet! Die Pädagogen scheinen sich nur noch über ihre Wissenschaft den Kopf zu zerbrechen, die Schüler scheinen gar nicht mehr so wichtig zu sein. Ich habe manchmal den Eindruck, als wären heute die Schüler für die Lehrer da und nicht umgekehrt, wie es doch eigentlich sein sollte – der Pädagoge hat sich doch in erster Linie mit dem Kind zu beschäftigen!

Einmal fiel mir ein dreizehnjähriges Mädchen aus der vorletzten Klasse auf – den Namen will ich nicht nennen, sie ist heute erwachsen –, weil sie ihre Hausaufgaben ziemlich schlecht machte. Ich sprach sie daraufhin an: »So geht das nicht mit deinen Hausaufgaben! Du mußt die Aufgaben schon machen!« »Das kann ich nicht! Dafür habe ich keine Zeit!« vertraute sie mir an. »Wieso hast du keine Zeit?« »Ja, mein Vater arbeitet, und meine Mutter macht Heimarbeit, sie ist den halben Tag am Arbeiten. Ich muß dann auf meine kleineren Geschwister aufpassen und für sie sorgen. Wenn ich irgend etwas falsch mache, bekomme ich Schläge von meiner Mutter, sie nimmt den Schürhaken und schlägt mich!« »Ja«, sagte ich, »dann nimmst Du heute mal eine Nachricht an deine Eltern mit!« Ich schrieb den Eltern, sie möchten einmal vorbeikommen, ich müßte mich mit ihnen unterhalten. Die Mutter kam – der Vater war im Werk –, und dieser Mutter mußte ich nun streng verbieten, das Kind zu schlagen. »So geht es nicht!« sagte ich ihr, »das Kind hat etwas zu lernen! Und wenn es die Kleineren nicht so betreuen kann, wie Sie es wünschen oder verlangen, und Sie das Kind schlagen, dann tun Sie dem Kind ein Unrecht an! Sie überfordern das Kind!« Es besserte sich. Die Mutter hat wahrscheinlich weniger Arbeit angenommen, um sich mehr um die Kinder kümmern zu können, so daß die Größere mehr Zeit für die Schularbeiten hatte. Solche Fälle gab es.

Es passierten aber auch lustige Sachen. Einmal kamen zwei kleine Mädelchen aus dem ersten Schuljahr zu mir; es war ein heißer Tag, und bei 25 Grad im Schatten sind die

Kinder nach der dritten Unterrichtsstunde alle zu entlassen. Die Lehrer wußten, daß ich nicht gerne den Unterricht ausfallen ließ, so schickten sie am liebsten die Kleinen; denn dafür hatte ich das größte Herz, das wußten sie. »Was wollt ihr denn, Kinder?« fragte ich, als es bei mir klopfte, »was wollt ihr denn?« »Hitzefrei, Herr Rektor, hitzefrei!«, das war alles, was sie herausbrachten. Ich saß an meinem Schreibtisch, hatte irgendeine Akte vor mir in der Hand und tat so, als wenn ich in der Akte lesen würde, schaute aber in Wirklichkeit so ein bißchen über den Rand. Die zwei guckten sich an und trippelten unruhig hin und her. »Kinder, das muß ich mir noch überlegen!« sagte ich und tat so, als würde ich weiter in meiner Akte studieren. Sie guckten mich an, eine Weile. Mit einem Male sagte die eine: »Legst du dir noch lange über?« Natürlich lachte ich und sagte: »Geht raus und sagt, es ist hitzefrei!« »Hurra, hitzefrei, hitzefrei!« Da liefen sie die Treppe hinunter, und es klang schon im ganzen Haus: »Hitzefrei, hitzefrei!« In fünf Minuten war alles verschwunden!

Else Ardelt

Meine U II und ich waren eine große Familie, wo einer vor dem anderen keinen Hehl machte. Es ging auch nicht immer nach Schema F, da Schüler – hier Lehrer. Wie zum Beispiel in einer Mathematikstunde. Da beobachtete ich, wie eine Schülerin – die Elfriede – mich fortwährend von Kopf bis Fuß kritisch beguckte. Ich hatte ein Dirndlkleid an mit einem Südtiroler Stoff, rot-weiß-grün gemustert. Als ich sah, daß die dauernd den Stoff beguckte, habe ich einfach gesagt: »Elfriede, es geht immer so weiter, rot-weiß-grün, rot-weiß-grün, rot-weiß-grün!« Da schrak die natürlich zusammen und war entsetzt, daß ich ihre Gedanken gelesen hatte. Ja, so was kam dann vor, was eigentlich nicht in den Unterricht gehörte. Aber das war eben aufgrund des familiären Tones auch nur möglich. Ich hatte ja auch nur acht Schülerinnen in meiner ersten U II – vor nunmehr 56 Jahren.

Ich bin immer mit meinen Schülerinnen zurechtgekommen. Gab es Unstimmigkeiten, so machte ich das mit den Schülerinnen selber aus, es blieb also unser gemeinsames Geheimnis. Es ist auch nie vorgekommen, daß ich die Eltern einer Schülerin kommen ließ, so wie das damals üblich war bei Differenzen. Auf jeden Fall habe ich es immer vermieden, etwas aus der Klasse herauszutragen, was nicht unbedingt notwendig war. Dadurch hatte ich das Vertrauen der Schüler. Sie wußten: Die quatscht nicht, die klatscht nicht!

Nur, was mich anfangs in Bergisch Gladbach sehr gestört hat: Hier kannte jeder jeden! Wenn man einen traf und mit dem über die und die Schülerin sprach, dann hieß es: »Ach die! Ja, die ist doch meine Nichte!« So hatte man unter Umständen schon wieder etwas gesagt, was für die betreffenden Schülerohren nicht bestimmt war. Man mußte immer damit rechnen, daß man in eine Familie hineinredete, daß man etwas geplaudert hatte, was unter Umständen ein anderer aus der Familie oder der Verwandtschaft nicht wissen sollte. Es war ja alles so klein, so familiär hier in Bergisch Gladbach – ich kannte das gar nicht, ich kam ja aus Köln, aus der Großstadt.

Ich habe immer versucht, menschlich mit meinen Schülern fertigzuwerden, »pädagogisch einzuwirken« – um diese zeitgemäße, großartige Ausdrucksweise mal anzuwenden – brauchte ich eigentlich nie! Und das haben mir die Schüler gedankt! Es ist mir heute in meinem hohen Alter oft vorgekommen, wenn ich einen ehemaligen Schüler unvermittelt sah, daß er mir um den Hals flog. Was früher keiner riskiert hätte!

Denn eine Respektsperson war ich schon, das war ich außerdem. Ich habe mir nicht auf der Nase rumtanzen lassen. Die Schüler wußten: Das ist bei Fräulein Ardelt nicht drin! Sie haben mir später oft gesagt: »Oh, wenn Sie an der Klassentür standen und guckten . . ., dann wußten wir Bescheid!« In der Oberstufe bekamen wir einmal drei Schüler vom Bensberger Pro-Gymnasium, die wohl nicht gewöhnt waren, bei einer Frau Unterricht zu haben. Sie dachten wohl: »Ach bei der, da können wir Unfug

machen.« Ich gab gerade Physik in meiner U II. Also, wie die drei schon reinkamen! Sie suchten sich Plätze – ich teilte keine Plätze aus –, die möglichst nicht in meiner Blickrichtung lagen, was mir schon verdächtig war. Und dann merkte ich während des Unterrichts, daß sie anfingen, Papierknüdelchen, »Flümmchen« zu drehen, die dann wohl geflitzt werden sollten. Tatsächlich, gegen Ende der Stunde riskierte es einer. Den habe ich mir nur mal angeguckt . . ., und dann hörte das auf! Als die drei nach der Stunde aus der Klasse gingen, hörte ich, wie einer meiner Schüler, der mich schon länger kannte, sagte: »Dat braucht ihr bei der gar nicht anzufangen, dat hat gar keinen Zweck!« Also, ein besseres Lob konnte ich nicht bekommen. Die drei haben später auch nie mehr einen Versuch gemacht. Nein, Disziplinschwierigkeiten habe ich nie gehabt.

Wenn heute so viele Lehrer damit Probleme haben, so liegt das einmal an der vorschulischen, antiautoritären Erziehung; und daß es so viele unvernünftige Eltern gibt, die ihren Kindern sagen: »Laß dir vom Lehrer nur nichts gefallen! Der wird nur dafür bezahlt, daß er dir was beibringt, sonst nichts!« In dieser Beziehung war das früher anders. Es gab zwar auch Eltern – dann vor allen Dingen die Väter –, die meinten, auf der Lehrerin dürfe man ruhig »rumhacken«, aber im Grunde genommen hatte man die Eltern auf seiner Seite. Wenn sich zum Beispiel Schüler über eine angebliche Ungerechtigkeit zu Hause bei den Eltern beklagten, so wurden sie womöglich von denen nochmal zur Rechenschaft gezogen – und da hielten sie lieber den Mund.

Aber das gibt es ja heute nicht mehr. Der Lehrer hat ja einfach nichts zu sagen, man ist nur eine »bezahlte Kraft«! Daß die meisten sich das gefallen lassen! Ein Kollege, der jetzt auch schon tot ist, war damals als sehr streng verschrien – aber ich bin sicher, er würde heute mit der gleichen Energie auftreten, wie er das damals gemacht hat; so wie es heute immer noch Lehrer gibt, wo keiner einen Pieps riskiert.

Ich habe immer verfolgt, was aus meinen Schülern geworden ist. »Was macht denn der und der? Was hat der denn anschließend weiter gemacht?« frage ich dann bei Gelegenheit. Und aus vielen ist wirklich etwas geworden. Drei sind Mediziner – sie arbeiten an amerikanischen Universitäten und haben dort einen Namen, einer ist Direktor bei einer Zuckerfabrik drüben auf der anderen Rheinseite, einer ist Leiter eines neu eingerichteten Zweiges beim Gericht, und ein anderer ist heute Geschäftsführer respektive Programmgestalter bei Messerschmidt-Bölkow-Blohm. Das ist schön, wenn man das hört! Das macht Freude!

Paula Herbertz

Nach dem Ende des Zweiten Weltkrieges waren wir ungefähr achtzig Helferinnen. Einmal im Monat war Bereitschaftsabend; unser Dr. Gießmann hielt uns einen Vortrag, es wurden Verbände geübt und erste Hilfe gezeigt. Er sagte immer: »Ihr sollt mehr wissen als die anderen Rote-Kreuz-Schwestern!«

Und dann kam alles mögliche dazu. Meine Leute – ich war ja Bereitschaftsführerin – haben Nachtwachen übernommen, die Zuckerspritzen gesetzt; bei Fällen, wo versuchter Selbstmord vorlag, Tag und Nacht am Krankenbett gesessen. Oder die alte Gladbacher Bevölkerung gepflegt – alles ehrenamtlich, ohne irgend etwas dafür zu bekommen! Die Buchmühlenleute zum Beispiel haben wir bis zu ihrem Tode gepflegt, darunter auch den »Hexe-Köbes«. Diese Leute waren wirklich arm und krank! Dann die Kriegsheimkehrer, die kamen. Es sorgte sich ja keiner um sie! Die kamen an, zerlumpt, verkommen, mit zerbeulten, verstaubten Kopfbedeckungen, mit kranken Füßen. Ich ging mit ihnen in die Geschäfte, zu Heising, zu Büttgen, und bat um Kleidung; damit die Leute wenigstens wieder was anzuziehen hatten. Oft wurde ich nachts rausgerufen; da kamen sie mit fast vierzig Grad Fieber an, standen mir vor der Tür – und ich wußte nicht, wohin mit ihnen.

Die Blutspenden machten wir in den Fabriken, bei Zanders, bei Köttgen, bei Berger. Wir saßen an den Betten und mußten Blut rühren, und es war so primitiv, das glaubt heute keiner mehr! Das Kaffeekochen für all die Menschen! Wir brachten von zu Hause unser eigenes Porzellan mit, solche kleinen Kaffeekännchen, wo natürlich nur drei bis vier Tassen reingingen. Meine erste große Ausgabe für das Rote Kreuz war der Kauf einer 20-Tassen-Kanne – damit wir nicht so furchtbar oft Kaffee aufschütten brauchten. Heute haben wir große Kaffeeapparate, da läuft alles elektrisch. Ach, es gab so viele Sorgen in der Stadt; die städtische Sozialhilfe wurde ja erst langsam wieder eingerichtet, die Zwischenzeit haben wir überbrückt, wir mit unseren Leuten!

Bei mir sah das so aus: Jede Woche mußte ich in den Sozialausschuß; da war die Caritas vertreten, wir – also das Deutsche Rote Kreuz, die Stadt, Pfarrer Dr. Hochstetter und Frau Wöske von der Arbeiterwohlfahrt. Dort wurden die Fälle beraten, und daher nahm ich mir auch die Leute, die wir zu betreuen hatten. Jeder übernahm einen Teil. Ich ging mittags um zwei Uhr von zu Hause weg und kam abends um sieben Uhr zurück – es war immer sehr, sehr viel!

Was haben wir oft Geschichten erlebt! Das kann man alles gar nicht erzählen. Man kam ja in die Familien hinein; sie kamen und luden ab! Eine Familie mit 13 oder 14 Kindern – und das in der armen Zeit. Ich sagte dem Mann: »Verdammt noch mal! Kriegt doch nicht jedes Jahr ein Kind!« Jedes Jahr kam der wieder mit einem neuen Kind an. »Da kann ich nichts dran machen!« sagte er mir, »selbst wenn ich auf dem Speicher schlafe und meine Frau unten, es passiert trotzdem!«

Oder meine Helferinnen kamen an, die oft schwere Schicksale hatten. Die eine kriegte ein uneheliches Kind, bei der anderen soff der Mann! Ja, da habe ich viel miterlebt. Ich war immer auf Achse, immer unterwegs!

Wir hatten eine Flüchtlingsfrau bei uns, die kam eines Tages in die Bereitschaft; eine hübsche Frau. Sie war in Umständen und bekam kurze Zeit später das Kind. Das Kind wuchs heran; sie erkrankte an Tuberkulose und starb darüber. Wir übernahmen das Mädchen, betreuten es, versorgten es mit Kleidern und schenkten ihr immer was zu Weihnachten. Da stellte sich heraus: Das Kind hatte auch Tb, es hatte das von der Mutter geerbt! Ich bin dann Gott weiß wie herumgelaufen, um dem Mädchen zu helfen. Sie hat das erste Penicillin bekommen, was ich vom Düsseldorfer Krankenhaus bekommen konnte. Die Kur kostete 20000 DM, so teuer war das damals. Aber das Kind kam durch! Später heiratete sie einen Gärtner aus Bensberg – ja, geheiratet hat sie sogar und Kinder bekommen! Ich habe sie dann noch öfters getroffen, aber sie ist jetzt sehr dick. Einmal sagte ich zu ihr: »Ja hör mal, ißt du so viel?!« »Nein«, sagte sie, »ich weiß auch nicht, warum ich so zugenommen habe!« Sie ist wahrscheinlich von diesen Tb-Spritzen so dick geworden. Jedes Jahr muß sie noch zur Überprüfung, ob die Tb nicht wieder zurückkommt. Solche Schicksale habe ich so viele erlebt!

Oder eine, die ist in Rußland vergewaltigt worden, hat dort in Krankenhäusern gearbeitet; die habe ich hier übernommen und als Schwesternhelferin ausgebildet. Es war ein tüchtiges, zuverlässiges und braves Mädchen. Eines Tages kriegte sie ein Kind – sie hatte eine Karnevalsnacht gehabt mit allem Drum und Dran und kam in Umständen. Ich sagte zu ihr: »Weiß du denn gar nicht, wie der heißt, der Mann?!« »Nee!« Kannte ihn überhaupt nicht! Sie bekam das Kind, ein Mädchen. Und dann wurde sie krank, sie hatte eine Herzanomalie. Nach ihrer Genesung ging sie in das Wöllner-Stift in Hoffnungstal. Dort war sie tüchtig und zuverlässig, sie war ein braves und ordentliches Mädchen, bis sie wieder krank wurde und starb. Zur Beerdigung kamen alle, die Oberin und die Schwestern, und sagten: »Ihr Tod ist wirklich ein Verlust für uns. Sie hat alles menschenmögliche getan – und so gearbeitet! So fleißig, wie die gewesen ist!« Ihr Kind haben wir natürlich auch betreut. Das Mädchen lebt heute in Bergisch Gladbach-Hand, es ist ein tüchtiges Mädchen, leitet dort die Bibliothek und hilft dem Pastor. Aus dem Kind ist Gott weiß was geworden – ob sie inzwischen geheiratet hat, weiß ich nicht. Das ist ja schön dann, da freut man sich! Kürzlich sagte sie mir ganz stolz: »Sie brauchen mir aber nichts mehr zu Weihnachten zu bringen. Ich kann das jetzt alles selber verdienen!« Ist das nicht schön, so etwas dann mitzuerleben?!

So habe ich mitgelebt mit diesen Schicksalen. Sie kamen zu mir in die Bereitschaft, und jede erzählte ihren Kummer, ihr Schicksal. Ich habe nie geguckt ob evangelisch oder katholisch, das war mir vollkommen egal – auf den Menschen kam es mir an!

Heute sind es weniger geworden, heute sind es höchstens noch 30 bis 35 Helferinnen. Die Begeisterung ist mit den Jahren verflogen. Man geht in Berufe und hat keine Lust mehr, abends im Roten Kreuz zu arbeiten. Die Welt will heute Geld verdienen!

Wir sind doch alle jedes Jahr mit den Spendenlisten von Haus zu Haus gelaufen, das war so selbstverständlich wie nur was! Jeder, der in der Bereitschaft war, bekam eine bestimmte Anzahl Listen und mußte einmal im Jahr sammeln gehen. Heute weigern sich viele, sie wollen nicht sammeln gehen. Ich sage dann: »Ja Kinder, das ist doch so selbstverständlich! Ihr wollt doch Kleider haben, Taschen und alles mögliche! Dafür muß doch Geld dasein! Ihr müßt sammeln!« Nein, sie wollen nicht. Und so schicken sie ihre Kinder herum. Aber schicken Sie mal ein Kind mit einer Liste in der Hand herum, dem geben die Leute einen Groschen oder zwei – und schicken es weg! Das bringt doch nichts ein! Allerdings, es gibt immer noch welche, die sammeln gehen; vor allen Dingen die Älteren. Wenn die zu mir kommen, freue ich mich jedesmal: »Wie schön, daß ihr das noch tut!« »Ja«, sagen sie, »wir können es aber bald nicht mehr, das viele Laufen und Treppensteigen!« Ja, die Alten tun es noch! Die Jugend ist anders geworden. Muten Sie das denen mal zu! Die Jüngeren, die achtzehnjährigen Mädchen, die haben keine Lust an der »Drecksarbeit«, die wollen lieber mit den Krankenwagen rumfahren, an der Seite der Sanitäter. Und die Männer: Die sind verrückt auf die elektronischen Fernmeldeapparate und ihre großen Sanitätswagen. Da sind die heute ganz doll nach!

Der Professor Hackenbroich, der damals oben im Maria-Hilf-Krankenhaus arbeitete, hat einmal gesagt, als er merkte, daß alle unsere Leute ehrenamtlich arbeiteten: »So geht das nicht! Die sollen wenigstens eine Rente für ihre Arbeit bekommen!« Er sorgte dann dafür, daß unsere Leute in die Rentenversicherung reinkamen. So bekamen die später zumindest ein paar Mark für ihre Arbeit auf den Stationen, für das Hin-und-her-Schleifen der schweren Gipsbetten, Tag und Nacht. Ich kenne heute noch welche, die immer noch zum Arzt müssen wegen ihrem verdorbenen Rücken, das haben die alle von den Gipsbetten!

Das wurde alles in der Freizeit gemacht, neben dem Beruf oder der eigenen Familie. Ja, so war das! Es war damals mehr Aufopferung da, meine ich. Heute wird alles bezahlt!

Überhaupt ist es leichter geworden, was das Soziale anbelangt; Unterstützung an jedem Ende. Damals gab es nichts, wenn man sich nicht selbst dafür einsetzte; heute bekommen doch alle mehr Geld und mehr Unterstützung. Aber so persönlich ist es nicht mehr, es ist nicht mehr so eine Kameradschaft untereinander. Oder die Nachbarschaftshilfe, früher half doch einer dem anderen. Heute muß alles der Staat machen!

Ich kenne noch so unendlich viele Menschen. Inzwischen sind die auch schon alt und sagen, wenn sie zu mir kommen, etwas wehmütig: »Ach, Frau Herbertz! Wie war es doch damals anders!« Aber das denkt man ja immer dann, wenn es vorbei ist.

Margarete Kleist
Helene Hoellen

Helene Hoellen (rechts im Bild): Man hatte das Bedürfnis, den Menschen zu helfen. Vorbeugen, gesund erhalten und gesund machen, das waren unsere Grundprinzipien. Es war uns eine innere Verpflichtung, dabei zu helfen.

Gestern hatte ich diesbezüglich ein Gespräch mit einer Bekannten. Ich arbeite noch bei der Caritas in der Altenhilfe. Sie fragte mich ganz erstaunt, als ich ihr darüber erzählte: »Tun Sie das alles ehrenamtlich?!« »Ja, selbstverständlich, warum denn nicht?« »Also, nein, Sie opfern sich ja auf!« sagte sie. »Warum tun Sie das denn noch?!« »Mein Gott, seien Sie bloß still!« antwortete ich ihr, »es ist mir ein Bedürfnis! Mit Freuden tu ich es!« Sie konnte mich gar nicht verstehen.

Margarete Kleist: Das Vertrauen und die Dankbarkeit der Menschen gab einem die Kraft, zu arbeiten, immer weiter zu arbeiten, sich voll einzusetzen für die Arbeit.

Wenn ich noch daran denke, als einer von uns Namenstag hatte und wie die Portmanns von der Ferrenbergstraße uns ein paar Scheiben Wurst brachten. Das war kurz nach dem Krieg, in der schlechten Zeit, wo es fast nichts zu essen gab. Sie hatten ein Kaninchen geschlachtet und davon Wurst gemacht. Morgens kamen sie zu uns ins Gesundheitsamt und schenkten uns einige Scheiben von dieser Wurst. Ein paar Scheiben Wurst, das war damals ein großes Geschenk, da hat man sich sehr drüber gefreut!

Helene Hoellen: Einmal, das war auch in dieser Zeit, besuchten wir eine Mutter. Wir wollten ihr den weiten Weg zur Mütterberatung ersparen. Sie hatte Zwillinge, ihr Mann war im Krieg gefallen. So fuhren wir zu ihr und haben dort eine Mütterberatung abgehalten. Um uns eine Freude zu machen, hat sie uns Bohnenkaffee aufgeschüttet, von dem bißchen, was sie hatte. Allerdings mit Ziegenmilch! Den Geschmack habe ich noch heute im Mund. Kaffee mit der streng schmeckenden Ziegenmilch! Vor 14 Tagen begegnete sie uns zufällig, zum erstenmal seit damals: »Ja, hören Sie mal, Sie wollten doch immer mal vorbeikommen und uns besuchen?!« Das muß man sich einmal überlegen, nach 34 Jahren, die dazwischenlagen! Die Frau hatte uns nicht vergessen.

Man hatte ein sehr persönliches Verhältnis zu den Leuten, und das wurde – glaube ich – sehr stark empfunden und geschätzt! Das persönliche Verhältnis war einem gegeben, es kam aus der Natur heraus, es war nicht irgendwie gekünstelt.

Wenn man den Beruf der Fürsorgerin auswählte, hat man sich auch nicht überlegt: Was werde ich verdienen? So wenig! Ach nee, das ist mir nicht genug. Da muß ich mir etwas anderes suchen. Also, das kann ich von mir sagen: Ich habe den Beruf nicht nach dem finanziellen Entgelt ausgewählt. Und ich glaube, so war es bei sehr vielen.

Margarete Kleist: Aber nachher kam mit dem wachsenden Wohlstand auch das Streben nach dem höheren Verdienst, nach einem besseren Einkommen. Das steht doch heute bei fast allen sehr im Vordergrund; auch bei denjenigen, die in sozialen Berufen arbei-

ten. Vor allen Dingen bei den jungen Leuten. Sie wollen heute alles haben. Sie wollen einen Beruf haben, sie wollen verheiratet sein, sie wollen Familie haben, vielleicht auch noch Kinder, das schon weniger, je nachdem. Sie wollen eben alles haben! Und, nicht zu vergessen, viel Geld verdienen. Das war früher anders. Wer zum Beispiel Lehrerin wurde, der hat doch selten ans Heiraten gedacht. Oder wer Fürsorgerin wurde. Wer war als Fürsorgerin zu unserer Zeit verheiratet? Kaum eine!
Helene Hoellen: Ich kann das von mir sagen, aber auch von vielen anderen, mit denen ich damals gesprochen habe. Wenn man Fürsorgerin wurde, dann wußte man: Das ist solch eine umfangreiche Aufgabe, da kann man sich nicht teilen. Es gab nur ein Entweder – Oder. Mir war von Anfang an klar: Wenn ich in meinem Beruf bleiben wollte, dann konnte ich nicht heiraten. Das schloß sich aus. Aber man liebte seinen Beruf, man hatte Freude am Beruf; neben den Enttäuschungen, die es natürlich auch gab. Die Einsatzbereitschaft war selbstverständlich. Man war von vornherein so eingestellt.
Margarete Kleist: Heute ist das ein bißchen anders geworden. Auch durch den genau festgelegten Achtstundentag. Den kannten wir früher ja nicht!

Was einem auch so Freude machte, war, daß man selbständig arbeiten konnte. Ich erinnere mich an einen Fall: Wir hatten eine Lungenheilstätte, wo wir überwiegend schwerkranke Patienten einwiesen, das Krankenhaus Roßbach. Einmal kam ein Mann zu mir in die Sprechstunde und klagte: »Ach wissen Sie. Meine Frau ist da in Roßbach im Krankenhaus. Sie ist dort sehr, sehr unglücklich. Gibt es keine Möglichkeit, daß sie von dort wegkommt?« Ich machte meinen Bericht und legte ihn dem Arzt vor. »Ja«, sagte er, »das ist an sich auch kein Fall für Roßbach.« Ohne noch einen zu fragen, konnte ich dann die Frau in eine andere Heilstätte verlegen. Das sollte heute mal eine Fürsorgerin so eigenständig machen! Das wäre gar nicht möglich.
Helene Hoellen: Die Ärzte schätzten einen. Sie verließen sich auf uns, sie vertrauten einem. Und wir konnten uns auf sie verlassen. Wie zum Beispiel Dr. Viersbach. Er wußte, wenn man sich für etwas einsetzte, dann war das gerechtfertigt. Dann tat er auch das Seine dazu. Es war ein regelrechtes Vertrauensverhältnis unter uns allen, wir waren ein Team. Damals kannte man das Wort Team noch gar nicht. Es war einfach eine Selbstverständlichkeit, daß man zusammenarbeitete und miteinander auskam.
Margarete Kleist: Überhaupt, es ging sehr familiär zu! Unser Gesundheitsamt war damals Ecke Robert-Koch-Straße, Paffrather Straße. Wir waren sehr primitiv untergebracht, zu dritt saßen wir eingeengt auf einem Zimmer, überall mangelte es an Platz. Unten an der Pforte saß der Herr Gerlach, er machte die Annahme. Vor dem Krieg hatte er als Friseur gearbeitet. Mittags, wenn wir so ziemlich fertig waren und keine Patienten mehr da waren, kam er hoch und rasierte Dr. Keutgen. Wenn wir nun besonders viel zu tun hatten, kam es vor, daß Dr. Keutgen dabei Röntgenaufnahmen begutachtete und Befunde diktierte. Einer von uns stand dann neben ihm und schrieb mit – es gab noch keine Diktiergeräte. Und das alles, während er rasiert wurde. Ja, so war das damals. Heute wäre das undenkbar!

Karl Kremer

Meine ganze priesterliche Arbeit, die zu leisten war und noch immer mit zu leisten ist, ist die Erfüllung der Sehnsucht nach geistlichem Leben; das Wort Gottes zu verkünden, das Evangelium als Frohe Botschaft den Menschen näherzubringen; und vor allem die Kontaktaufnahme zu den Familien und die Teilnahme an ihren Sorgen und Nöten, soweit es irgendwie möglich ist. Die seelsorgliche Arbeit ist die Erfüllung meines Lebens!

Peter Kentenich

Als ich Anfang des Jahres 1948 – also vor nunmehr 36 Jahren – nach Bergisch Gladbach kam, war ich in den drei Nachkriegsjahren hier bereits der vierte Verwaltungsleiter. Die Gründe und die Auswirkungen zu schildern würde zu weit führen. Im Rückblick auf die damalige Situation seien nur einige Stichworte gestattet: gewaltige Wohnungsnot, Tausende und Abertausende Heimatvertriebene und Obdachlose, Hunderte und Aberhunderte Baracken und sonstige Notunterkünfte, an allen Schulen nur provisorischer Unterricht, in der damals 30000 Einwohner zählenden Stadt nur eine einzige Turnhalle, und zwar im damaligen Gymnasium an der Odenthaler Straße, keine ordnungsgemäße Stadtentwässerung, über viele Jahre hinweg ein jährlicher Einwohnerzuwachs von 1000 bis 2000, teilweise sogar von 2000 bis 3000 Personen – ich könnte noch manches in die Erinnerung zurückrufen. Aus der heutigen Sicht können nur wenige ermessen, welche Unzulänglichkeiten, wieviel Not und Elend sich hinter diesen nüchternen Zahlen verbergen! Vielleicht ist es gut so, vielleicht wäre es aber auch manchmal gut, wenn der eine oder andere sich die damalige Situation mal vor Augen führen würde!

Wenn ich dann und wann an diese Nachkriegsjahre zurückdenke, dann drängt sich mir das Gefühl der Dankbarkeit auf gegenüber den damaligen Mitgliedern des Rates der Stadt, den damaligen Mitarbeitern in der Verwaltung, aber auch weiten Teilen der Bürgerschaft, die in der Beratung und Beschlußfassung, in der Vorbereitung und Durchführung der Beschlüsse zur Beseitigung dieser trostlosen Verhältnisse ehrenamtlich oder hauptberuflich eine immense Arbeit – und zwar vielfach mit geringen Mitteln – geleistet haben. Viele von ihnen sind nicht mehr unter den Lebenden. Ich sagte: mit geringen Mitteln. Das Steueraufkommen und die Mittel des Landes waren nämlich in den ersten Nachkriegsjahren weit spärlicher, als es in den späten sechziger und den siebziger Jahren der Fall war. Es ist nicht zu verkennen, daß man insbesondere in den letzten Jahren in der Verausgabung der öffentlichen Gelder allenthalben zu großzügig verfahren ist, und es ist auch nicht zu leugnen, daß für die ältere Generation der Grundsatz einer sparsamen und wirtschaftlichen Verwaltung oberstes Gebot war! Die Auswirkungen eines jahrelangen gegenteiligen Verhaltens zeigen sich heute. Und noch eins: Als wir alle, Rat und Verwaltung, und mit ihnen die gesamte Bürgerschaft, nach dem Krieg gleichsam gemeinsam auf einem Trümmerhaufen saßen, da mußten wir gemeinsam anpacken; die vielfältige Not zwang dazu. Wir hatten keine Zeit, uns in ideologischen Auseinandersetzungen zu verlieren, uns gegenseitig Schuld an diesem oder jenem Zustand vorzuwerfen. Heute habe ich den Eindruck, daß auch im kommunalen Bereich in den politischen Auseinandersetzungen vieles anders geworden ist. Schade!

Manchmal werde ich gefragt, was mich in meinem langen beruflichen Leben am meisten bewegt hat. Ich pflege zu antworten: Den Mitbürgern zu helfen, soweit dies eben nur möglich war.

Herbert Kranzhoff

Es ist ungeheuer schwer, über die Nachkriegszeit zu sprechen und sie so darzustellen, wie wir sie erlebten! Das zu begreifen und nachzuvollziehen ist für den heutigen Menschen wahrscheinlich unmöglich.

Wir haben gearbeitet, an der Sache und um der Sache willen. Und das hat uns beschenkt! Wie Josef Weinheber einmal gesagt hat: »Mir bleibt im Werkrausch Dank genug!« Für uns war wichtig, etwas zu erreichen in der Arbeit, mit den Menschen und für die Menschen.

Dieser Arbeitsethos ist weitgehend verlorengegangen. Wer würde das noch so tun, wie wir es getan haben? Das betraf nicht nur meine Person, sondern ringsum begegnete einem das gleiche. Morgens um 8 Uhr am Schreibtisch, abends Theater, Vorträge, Konzerte. Um 23 Uhr war endlich Feierabend, man trank vielleicht noch ein Glas Bier, dann war Mitternacht. Am anderen Morgen saß man wieder im Büro, das war selbstverständlich.

Heute ist diese Selbstverständlichkeit anscheinend verlorengegangen; diese Selbstverständlichkeit, zu arbeiten und etwas zu schaffen. Die Selbstverständlichkeit des Mittuns, des Opferbringens. Heute wird gefragt: Was bringt der Job? Das Geld! Der Verdienst! Das Geld hatte für uns nur eine sekundäre Bedeutung.

Ich bin geprägt von den Vorstellungen und Werten meines Elternhauses. Mein Vater arbeitete auch bis in die Nacht hinein. Wir Kinder wurden mit angespannt, wir mußten mithelfen. Als kleiner Bursche habe ich endlos viele Noten geschrieben; oder ich wurde an die Orgel gesetzt, wenn der Vater ein Kirchenkonzert hatte.

Die Leute arbeiteten nicht nur, um das tägliche Brot zu haben, sie arbeiteten aus einer inneren Moral heraus. Und der Mensch braucht eine sinnvolle Arbeit, eine Tätigkeit, an der er Freude hat. Ich glaube, daß das früher ein Handwerker hatte. Er fand Freude und Befriedigung in seiner Arbeit.

Nach dem Zweiten Weltkrieg ist viel geschehen. Wir waren das Land der verbrannten Erde. Wir waren ausgehungert, nicht nur nach Lebensmitteln. Wir hatten ebenso einen großen Hunger nach geistigen Dingen. Es war in uns allen das Wissen, daß wir wieder neu anfangen mußten, daß wir es schaffen mußten, wieder etwas zu besitzen – auch im geistigen und kulturellen Raum.

Aber bei diesem Wiederaufbau haben wir zu großen Wert auf die Wiedergewinnung der äußeren Dinge, des Hauses, der Bekleidung, des Wohlstandes gelegt und nicht so sehr das beachtet, was wichtig ist, diese Dinge beherrschen zu können: die Ausformung des Menschen, das Wachhalten des Wissens, die Erkenntnis, wie notwendig die geistig-seelischen Werte sind, daß der Mensch nicht allein vom Wohlstand lebt, sondern daß er weitaus mehr von dem lebt, was er sich als geistigen Besitz erworben hat. Das ist meiner Ansicht nach trotz unseres Kulturangebotes vernachlässigt worden.

Allerdings muß ich sagen: Wir haben versucht, dem entgegenzuwirken. Wir haben uns viele Gedanken gemacht im Rat und im Kulturausschuß. Es war aber kaum begreifbar zu machen, daß auch hier der Aufbau große finanzielle Opfer erforderlich macht. Was wir trotzdem errungen haben, ist weitgehend der Mitarbeit und Opferbereitschaft vieler zu verdanken – und nicht in erster Linie der Verwaltung. Wenn ich an meine Volkshochschuldozenten und -Mitarbeiter denke: Es haben viele um der Sache willen mitgearbeitet, ohne nach dem klingenden Erfolg zu fragen. Ich glaube, daß das Geld, der »Run« nach dem Wohlstand, uns verdorben hat; der Tanz um das »Goldene Kalb«!

Lange Zeit habe ich geglaubt, daß man über die Kulturarbeit viel bewirken könnte. Diesen Glauben habe ich verloren. Zu viele bemühen sich heute, an den Bürger sogenanntes »Kulturgut« heranzutragen. Mich besorgt dabei eine Entwicklung: Immer mehr Angebote werden gemacht – und immer weniger erreicht es die Menschen. Das Angebot erschließt zuwenig die Werte, die heute gefordert wären. Sie regen kaum zum Denken an, und sie machen den Menschen nicht opferbereiter.

Diese ausgeprägte Anspruchshaltung! Mein erstes Fahrrad, welches ich als Pennäler gefahren habe – ich wohnte auswärts und mußte mit dem Fahrrad zur Schule –, war aus fünf anderen Rädern zusammengebaut. Der Sattel war von dem Fahrrad, der Rahmen von einem anderen, die Pedale hatte ich geschenkt bekommen. Es war selbst zusammengebaut und zusammengekauft. Heute muß das Fahrrad von einer ganz besonderen Marke sein! Man hat Bedürfnisse geweckt beim Menschen, die an sich schön sind – gegen ein schönes Fahrrad ist ja nichts einzuwenden. Aber diese Bedürfnisse werden heute übersetzt in selbstverständlich gewordene Ansprüche.

Ein anderes Beispiel: Wenn ich bedenke, was wir als Kinder zu essen bekamen. Es gab für uns nur sonntags Aufschnitt. Drei Scheiben Wurst bekamen wir. Schon beim Aufstehen wurde genaustens überlegt, auf wieviel Stücke Brot man die Wurst verteilt. Trotzdem haben wir gut und ausreichend gelebt – aber wir haben bescheiden gelebt. Es war eine Bescheidung da! Ein Maß. Um ein Maß wissen, und auch ein Maß halten! Das ist verlorengegangen. Heute will keiner mehr verzichten. »Sonntags kochen?! Nein . . ., wir gehen aus essen, selbstverständlich!«

Wenn ich an die Bergarbeiter in meiner Heimat denke. Sie hatten ein hartes Leben. Um 5 Uhr morgens mußten sie bereits los, damit sie um 7 Uhr pünktlich an ihrer Arbeitsstelle waren. Und sie verdienten wenig. Solche Lebensumstände und solch eine Bescheidenheit ist nicht begehrens- und erstrebenswert. Das war ungesund. Aber was wir jetzt haben, ist viel ungesünder!

Vielleicht müssen wir neue Mittel und Wege finden, mit denen wir an die Menschen herantreten. Vielleicht müssen wir uns mehr die Technik dienstbar machen. Das Fernsehen etwa. Das Fernsehen nicht so sehr als Mittel der Unterhaltung – also ein bloßes Nachgeben von billigen Wünschen –, sondern mit dem Medium pädagogisch sinnvoll arbeiten, es so einsetzen, daß mit einem ausgewählten Programm neue Werte mobilisiert werden.

Auf jeden Fall bezweifle ich, daß wir mit unseren jetzigen Vorstellungen und Möglichkeiten noch einen neuen Anfang erreichen können. Vielleicht ist es dafür schon zu spät. Ich kann leider nicht mehr daran glauben, daß der Mensch die Kraft hat, sich aus den Schlingen des Wohlstandes zu befreien!

Kurt und Helene Börsch-Supan

Frau Börsch-Supan: Wir alle hatten Spaß am Musizieren und Singen! Man darf nicht vergessen: Früher wurde doch in jedem gutbürgerlichen Haus – gutbürgerlich ist ja heute verpönt – musiziert! Das gehörte einfach dazu. Frau Bickenbach zum Beispiel, die ich von Kind an kenne. Schon unsere Eltern verkehrten miteinander. Sie war hochmusikalisch, hatte eine hübsche Stimme und spielte Laute. Zusammen mit ihrer älteren Schwester Irma sangen sie zu Hause Volkslieder zur Laute. Beide waren im »Wandervogel«, wo ja auch viel gesungen wurde. Also, sie trat selbstverständlich in den Cäcilienchor ein, der sich unter der Leitung von Paul Nitsche nach dem Zweiten Weltkrieg neu zusammenfand und der erstmalig Nicht-Angehörige der Firma Zanders aufnahm – der Cäcilienchor war ja ursprünglich ein Werkschor. Und man brachte Freunde mit. Es ist sogar so gewesen, daß Nitsche vor lauter Ansturm den Chor eigentlich überbesetzte und daß er solche mit etwas weniger guten Stimmen und musikalischen Fähigkeiten nach Hause schicken mußte. Heute ist das Gegenteil der Fall; sie wissen nicht, wo sie die Leute herbekommen sollen!
Herr Börsch-Supan: Es waren eigentlich immer die gleichen, die zu unseren Konzerten kamen, die sich kulturell engagierten und die sich auch privat etwas zu sagen und zu geben hatten. Die Hochstetters zum Beispiel, die ganze Familie Zanders, die Meeses, die Lehrerschaft des Gymnasiums.
Frau Börsch-Supan: Aber auch »einfache« Leute. Zum Beispiel der Herr Kessler. Er arbeitete irgendwo auf einem Büro, sein Bruder war Heizungsinstallateur. Frau Kessler ist eine Bunkerbekanntschaft. Als wir ihn kürzlich trafen, sagte er ganz wehmütig: »Ach wissen Sie, was war das damals schön, als Sie die Konzerte veranstaltet haben. Da bin ich so gerne hingegangen! Ich habe kein Konzert ausfallen lassen!« Sogenannte »einfache« Leute, aus einer Handwerkerfamilie vermutlich!
Herr Börsch-Supan: Man war auf geistigem Gebiet damals sehr hungrig! Es lag ja alles flach nach dem Krieg, man stand vor dem Nichts! Die heutige Jugend kann sich das gar nicht vorstellen! Die Musik war an ihrem untersten Ende, es zählte jede Note! Mein Gott, wir waren selig, wenn wir mal wieder in einem Konzert sitzen konnten! Mit aller Kraft wollten wir aus dem grauen, kulturlosen Leben heraus, wir wollten eine Stimmung entfesseln, die uns den miesen Nachkriegsalltag und all die Not vergessen ließ. Und man baute auf, der eine praktisch, der andere kulturell! Ohne erst mal ans Geld zu denken.
Frau Börsch-Supan: Wir organisierten selbst Konzerte! Obwohl wir kein Geld hatten, bis auf die paar »Kröten«, die wir privat besaßen! Es gab doch keine Organisation, die das hätte übernehmen können; so wie das heute – für alle selbstverständlich – von staatlicher Seite aus erfolgt. Auch unsere Söhne halfen. Sie konnten beide Schreibmaschine schreiben; so tippten sie die Briefe und Programme und spielten Briefbote – wie

sollten wir sonst die Briefe rundbekommen. Wir klebten Plakate in die Schaufenster, machten Besuche und warben persönlich für die Veranstaltungen.
Herr Börsch-Supan: Anders hätten wir das finanziell gar nicht geschafft! Von den Einnahmen bekamen wir nur so viel, daß wir gerade die Unkosten decken konnten. Die Konzerte fanden immer im Rathaussaal statt. Sie waren ständig ausverkauft! Und die Jugend kam. Für sie gab es selbstverständlich Schülerkarten, für eine Mark. Sie waren so begeistert und interessiert, daß sie auch mit Stehplätzen vorlieb nahmen – nachdem wir die Büros des Rathauses von Stühlen und Sesseln leergeräumt hatten. Viele Schüler brachten ihre Eltern mit, darunter auch solche, die noch nie in einem Konzert waren. Aber sie fanden es so schön, daß sie zum nächsten Konzert wiederkamen. »Wir freuen uns außerordentlich, daß Sie Ihren Vater und Ihre Frau Mutter mitgebracht haben!« sprachen wir sie in der Pause an. Ja, war das nicht der Mühe wert?!
Frau Börsch-Supan: Ich sehe noch meinen ältesten Sohn vor mir stehen. Er steckte in einem dunkelblauen Anzug meines Mannes, den mein Sohn immer bei den Konzerten trug. Der Anzug schlotterte nur so um seinen Körper! Ich hätte es nötig gehabt, ihm überall Sofakissen reinzustopfen.

Ich selber trug bei den Aufführungen ein schwarzes Taftseidenkleid. Einmal – wir hatten uns gerade für ein Konzert zurechtgemacht – rief einer unserer Jungs: »Mutti, Mutti, es liegen Roßäpfel auf der Straße!« Wir hatten einen großen Garten und brauchten Dünger, aber Dünger war damals Mangelware. Da habe ich meinen Eimer, die Schippe und den Handfeger genommen – das stand für solche Fälle immer parat –, bin auf die Straße und habe in meinem Taftseidenkleid Pferdeköttel aufgekehrt. Da hat keiner von der Nachbarschaft scheel geguckt!
Herr Börsch-Supan: Einmal, das war 1947, wollten wir das Forellenquintett von Schubert geben. Wir hatten dazu extra einen Kontrabassisten aus Köln engagiert. Wir warteten und warteten; wer kam nicht: der Kontrabassist! Die anderen Musiker waren pünktlich eingetroffen. Sie kamen von Wermelskirchen mit dem Fahrrad; die Instrumente hatten sie auf dem Buckel und ihren Frack im Rucksack. Wenn man sich das vorstellt: einen Frack im Rucksack! Ist das nicht köstlich!

Eine halbe Stunde vor Konzertbeginn wurde mir das nun doch zu mulmig. Ich wußte, sonntags fuhren keine Straßenbahnen – sie fuhren nur werktags für Berufstätige –, und es war nicht leicht, ein Transportmittel aufzutreiben. Ich war also gezwungen, einen anderen Kontrabassisten zu finden. »Gibt es in Bergisch Gladbach einen Kontrabassisten?« fragte ich überall herum. »Ja, da gibt es einen, der Gärtner Bosbach. Der wohnt hier an der Laurentiusstraße.« Ich mir schnell den Mantel übergezogen und renne los – es war ja bereits kurz vor Konzertbeginn. Als ich zu seinem Haus komme, sehe ich ihn im Garten stehen. Er war gerade dabei, Brennholz zu machen. Gott sei Dank ist es nicht der Kontrabaß, den er da zerhackt, dachte ich.

»Ja hören Sie mal! Sie gehen heute nicht zum Forellenquintett?!« »Nein. Da gehe ich nicht hin. Es war alles ausverkauft.« »Wir sind in ganz großer Verlegenheit wegen der

Kontrabaßpartie! Können Sie die spielen?« Er hackte weiter sein Holz. »Ja, die kenne ich, die spiel ich so vom Blatt! Da kann ich Ihnen helfen.« Haut die Axt in den Stamm – ich sehe das heute noch vor mir –, zieht sich schnell seinen dunklen Anzug an und kommt mit. Wir kommen zum Rathaussaal, da ist gerade der Kölner Kontrabassist mit einem Lastwagen angekommen! Er hatte kein anderes Fahrzeug auftreiben können. Jetzt hatte ich also zwei Kontrabassisten für das Forellenquintett, aber es ist ja nur eine Stimme da. Einer war zuviel. Was machst du jetzt mit dem Herrn Bosbach, fragte ich mich. »Ich muß um Ihr Verständnis bitten«, sagte ich zu ihm. »Der Kölner Kontrabassist ist einmal Berufsmusiker, und zum anderen von uns gegen Bezahlung engagiert worden. Gehen Sie und holen Sie Ihre Familienangehörigen. Für alle ist eine Freikarte übrig!«

Wir machten aber auch selbst regelmäßig Kammermusik. Man traf sich bei Herrn Engels; er war ebenfalls Musikliebhaber und Zweiter Dirigent des Cäcilienchores. Er wohnte damals im Gronauer Wald. Also, wir bildeten ein Quartett; die erste Geige spielte der Ministerialrat Karl von Rumor aus Thielenbruch, die zweite Geige spielte meine Frau, Herr Engels war unser Cellist, und ich spielte Bratsche. Es waren Abende von unerhörter Schönheit! Wir bereiteten ein Dîner, tranken ein gutes Gläschen Wein, tauschten Musikliteratur aus und machten Musik.

An einer dieser Zusammenkünfte – ich erinnere mich genau – spielten wir bei weit geöffnetem Fenster. Es war ein heißer Sommerabend, wir wollten uns etwas Luft verschaffen. Was haben wir gespielt: das Kaiserquartett von Haydn! Wir riskierten es! Wir wagten, den langsamen Satz zu spielen, die Melodie unserer Nationalhymne »Deutschland, Deutschland über alles, über alles in der Welt!« Und das bei weit geöffnetem Fenster! Wir hatten zu Ende gespielt, auf einmal hören wir lautes Geklatsche. Wir sehen aus dem Fenster, da stehen die Leute dicht gedrängt um das Haus herum und klatschen vor Begeisterung!

Ignaz Tenckhoff

Dr. Karl Krug, Sanitätsrat Karl Rhode und ich, wir waren die drei Ärzte in Bergisch Gladbach, die 1934 und 1935 nicht in die NSDAP eingetreten sind. Darum hat man uns im Januar 1939 aus dem Maria-Hilf-Krankenhaus entlassen, sogar mit Hausverbot! Und, wie es damals so Sitte war, wurden statt dessen zwei Parteigenossen eingestellt.

1939 brach der Krieg aus. Trotz meiner sechs Kinder bin ich als erster Arzt aus dem Rheinisch-Bergischen Kreis zum Militär eingezogen worden; sofort, am ersten Tag der Mobilmachung. Mein politisches Führungszeugnis lautete: »National durchaus zuverlässig; der heutigen Regierung nicht geneigt.« Ich kam als Arzt nicht in ein Lazarett, was an sich durch meine Krankenhaustätigkeit nahegelegen hätte, sondern zu einem Pionierbataillon, eine Art »lebende Feuerwehr«. Wir wurden da eingesetzt, wo es gerade »brannte«! Unser Bataillon war Armeereserve, es gehörte zu keiner Division und zu keinem Korps. Wir unterstanden direkt dem jeweiligen Armeeführer, der das Kampfgeschehen leitete. So wurden wir zum Beispiel in Frankreich an der Maginot-Linie eingesetzt, als es einmal hieß, die Franzosen wären durchgebrochen.

Dort, beim ersten Offiziersabend, wo ich die Offiziere des Bataillons zum erstenmal kennenlernte, kletterte nachts um zwei Uhr der Adjutant auf einen Tisch und sagte lautstark, zu allen gewandt: »Wer nicht in der Partei ist, und wer noch ein gläubiger Christ ist, der kann kein guter Deutscher sein!« Da habe ich mich auch auf einen Tisch gestellt und gesagt: »Meine Herren, ich bin der einzige Fremde unter Ihnen. Ich nehme an, die Worte des Adjutanten waren auf mich gemünzt. Ich gebe ganz offen zu: Ich bin nicht in der Partei, und ich bin auch noch ein gläubiger Christ. Aber wer an meiner Vaterlandsliebe zweifelt, ist ein Schweinehund!« Daraufhin wagte keiner mehr etwas zu sagen.

Ich war nachher der erste Offizier, der das EK 2 verliehen bekam, obwohl ich als Arzt nicht mit der Waffe kämpfte. Aber ich habe mich für meine Soldaten eingesetzt, ich bin immer mit an vorderster Front gewesen!

Dann sind wir nach Polen gekommen, von Polen nach Griechenland, von Griechenland nach Rumänien. Wir waren die einzige Truppe neben der »Leibstandarte Hitler«, die 1941 bis nach Rostow am Don kam! Als ich 1942 rückversetzt wurde – weil kinderreiche Väter nicht mehr an der Front sein sollten –, hatte ich acht Tapferkeitsauszeichnungen. Darunter auch das EK 1. Und zwar aus dem Grund: Wir lagen mit unserem Bataillon an einem Fluß unterhalb des Olymps. Die Engländer hatten die Brücke gesprengt. Wir hatten den Auftrag, eine Fährverbindung herzustellen. Als nun die erste Fähre fuhr, gerieten wir unter Beschuß der Engländer; sie hatten oberhalb des Flusses eine Artilleriestellung. Innerhalb weniger Minuten lagen im Bereich der Fähre nur noch Verwundete, es gab keinen aufrechtstehenden Mann mehr! Ich bin dann raus aus der Deckung und habe unter Artilleriefeuer nach und nach die Verwundeten auf meine

Schulter geladen und sie zu meinem Verbandsplatz getragen. Dann kamen mir einige Sanitäter zur Hilfe; es dauerte etwas, bis sie begriffen: Was der Stabsarzt kann, müßten wir eigentlich auch können! Den Befehl dazu durfte ich nicht geben, ich durfte sie zu keiner Handlung zwingen, die ihr Leben gefährdet hätte. Dafür habe ich das EK 1 bekommen, als einziger Offizier aus meinem Bataillon! Weder der Kompanieführer noch der Bataillonskommandeur bekam es, der Stabsarzt erhielt das EK 1: »Tapferkeit vor dem Feind ohne Waffe«.

Aber ich habe dabei immer Angst gehabt. Wenn mir einer sagt, er hätte im Krieg keine Angst gehabt, der lügt! Nur, man mußte den »inneren Schweinehund« niederkämpfen. Ich sagte mir: »Du mußt es tun, du mußt helfen!«

Ich bin kein Militarist. Aber die Kameradschaft, die wir in unserem Bataillon hatten, draußen im Feld, war großartig! Wir tausend Mann wurden in gefährlichen Situationen immer geschlossen eingesetzt, ob Offizier oder einfacher Soldat! Es ging bei jedem um die Wurst! Wir mußten zusammenhalten!

Als ich dann nach Bergisch Gladbach zurückkam, habe ich hier das Lazarett auf der Margaretenhöhe aufgebaut. Mit sehr vielen Schwierigkeiten; mein Kommandeur war in sieben Parteiorganisationen tätig, und mir – als Parteigegner – nicht gerade wohlgesonnen.

An dem Tag, als die Amerikaner hier einrückten, habe ich versucht, noch einen Verantwortlichen vom Wehrmeldeamt zu erreichen. Als ich dort eintraf, stellte ich fest, daß alle stiftengegangen waren! Sie hatten die Räume fluchtartig verlassen, alles lag noch an Ort und Stelle. Da habe ich mir gesagt: »Du mußt die Gelegenheit nutzen und etwas für die jungen Soldaten tun!« Ich entwendete das Dienstsiegel! Der Franz Heider von der Druckerei besorgte das Papier, und eine Nonne vom Krankenhaus fälschte die Unterschrift des geflüchteten Oberstleutnant – übrigens auf eine ganz vorzügliche Art und Weise. Die Papiere und das Siegel hielt sie unter ihrem Bett versteckt! So stellten wir illegal für über 1500 junge Soldaten Entlassungsurkunden her, so daß sie von der Kriegsgefangenschaft verschont blieben. Was natürlich mit einem Risiko verbunden war; hätten uns die Amerikaner erwischt, wäre es uns sicher schlecht ergangen!

Dann gab es ein Gesetz von den Amerikanern – zwecks Entnazifizierung –, daß derjenige, der der NSDAP angehört hatte, körperlich arbeiten mußte, also quasi Strafarbeit abzuleisten hatte. Diese Leute wurden gerne im Straßenbau oder bei Straßeninstandsetzungsarbeiten eingesetzt. Ich in meiner Funktion als Stadtverordneter habe dann zu den Amerikanern gesagt: »Es ist doch Unsinn, daß ihr einen Studienrat in den Straßenbau steckt! Der leistet da nichts! Setzen Sie ihn wieder als Lehrer ein; und als Bestrafung eine Gehaltsklasse tiefer, als ihm zustehen würde. Aber so haben wir auf jeden Fall mehr davon!« Dieser Rat wurde nachher auch befolgt.

Ja, mein ganzes Leben war Kampf! Da, wo mich das Schicksal hingestellt hat, habe ich meinen Posten ausgefüllt; ich war dabei. Aus jeder Situation das rausholen, was wirklich rauszuholen ist! Und anderen Menschen helfen, darauf kam es mir an.

Der Kampf geht weiter, auch jetzt noch! Ich habe meinen Garten größtenteils meinem Sohn in Amerika geschenkt. Und zwar deshalb: 1200 qm von dem Garten hinter meinem Haus hat die Stadt als Gelände für die Innenstadtsanierung ausgewiesen; und zwar im »Besitzergreifungsverfahren«, was meiner Meinung nach reine Erpressung ist. Die Stadt will hier einen Kindergarten mit Vorschulklassen bauen. Aber wer hat hier in der Innenstadt noch Kinder?! Von dem hinteren Teil des Gartens haben sie schon 35 qm für den Gehweg zum Parkplatz beschlagnahmt! Und um der Stadt das »Besitzergreifungsverfahren« zu erschweren, habe ich nun den größten Teil des Gartens meinem Sohn in Amerika geschenkt. Das Verfahren läuft noch. Aber ich werde es denen nicht so leichtmachen!

Als ich 1934 das Grundstück von dem damaligen Bürgermeister Franz Jacke gekauft habe, sagte er mir: »Ich weiß; solange Sie leben, bleibt das Gelände Grünfläche!«

Anton Gießmann

Ostern 1914 habe ich angefangen, Medizin zu studieren. Bereits nach drei Semestern meldete ich mich als Kriegsfreiwilliger, ich wollte wie tausend andere Soldat werden! Die Jugend drängte zum Militärdienst; jeder war stolz, wenn er Soldat wurde und seinen Dienst machen durfte. Eine schöne Uniform, ein ordentlich strammer Dienst, das war das Ideal! So war das auch bei mir. Aber wie sie bei der Musterung hörten, ich sei Medizinstudent, hieß es gleich: Sanitätsdienst! Man wollte mich unbedingt in den Sanitätsdienst stecken, auch wegen dem blinden Auge. Das wollte ich nicht! Als Student war ich vaterländisch gesinnt, ich wollte Waffenstudent sein und mit der Waffe kämpfen – und nicht als Sanitäter Dienst machen! Durch einen Trick schaffte ich es, daß ich felddienstfähig geschrieben wurde. Als Infantrist kam ich an die Front. Ich habe die Schlacht bei Soissons mitgemacht und später die Somme-Schlacht.

Die Somme-Schlacht war die schlimmste von allen, sie war mit keiner anderen Schlacht zu vergleichen! Was da für ein Durcheinander war! Kein Mensch wußte mehr, wo der andere war. Das waren furchtbare Tage!

An den Tag meiner Gefangennahme kann ich mich noch genau erinnern – es war der 1. Oktober 1917. Wir waren bei einem französischen Sturmangriff rückwärts in unser altes Quartier geflohen, fünf Kilometer hinter der Front in dem Örtchen Le Mesnil. Da kommt unser Arzt, den ich gut kannte, zu mir und sagt: »Gießmann, die Sanitäter sind nicht dazu zu bewegen, wieder zurück an die Front zu gehen. Sie haben sich in einen Keller zurückgezogen!« Das hatte ich auch gesehen; anstatt für die Verwundeten vorne an der Front zu sein, hatten sie sich in einen Keller verkrochen. Aus Angst oder Feigheit, das will ich dahingestellt sein lassen – Angst hatten wir alle! Und da sagt er weiter: »Sie müssen ja doch gleich zur Front! Nehmen Sie doch ein paar Flaschen Wasser für die Verwundeten mit und kümmern Sie sich mal drum!« Das war morgens so gegen fünf Uhr. Dann habe ich mein Gepäck geholt und mir den Wintermantel angezogen – eigentlich ganz unüberlegt und zufällig, denn es war gar nicht richtig kalt an dem Morgen. Der Mantel sollte mich die ganze Gefangenschaft über begleiten; ich war später der einzige aus unserem Gefangenentrupp, der einen Wintermantel hatte – die anderen froren wie die Schneider! Dann nahm jeder noch zwei, drei Flaschen Wasser mit, eine Art Selterswasser, und so marschierten wir los. Kurz vor sieben kamen wir an der Front an. Die Front, das war ein Trümmerfeld, da lagen nur Tote und Verwundete! Wir gaben den Verwundeten die Wasserflaschen, und dann setzte Punkt sieben das Trommelfeuer der Franzosen ein. Was machen?! Wohin?! Es gab keine Unterstände mehr! Die Erde war aufgewühlt, überall Erdlöcher und Granattrichter. Nirgendwo war Schutz; das war genauso, als wenn ich mich hier draußen auf die Wiese legen würde.

Ich fand dann doch noch so einen schmalen, mit Balken abgestützten Schacht, wo man reinkriechen konnte. Ich da rein, ungefähr fünf Meter weit, liegt da am Ende ein

toter Soldat, bereits verwest! Vor lauter Gestank bin ich rückwärts wieder raus und weitergelaufen, links und rechts schlugen die Granaten ein! Überall nur Tote, höchstens, daß man mal einen anderen Soldaten sah, der auch ziellos da rumlief. Einer davon war, wie sich später herausstellte, der August Baumann, ein Bauernjunge aus der vorderen Eifel bei Trier; wir beide liefen da rum wie die Wilden! Dann sind wir zusammen in ein Erdloch gekrochen, das nur so tief wie hier der Tisch war. Dann haben wir da ein paar Bohlenbretter drübergezogen und haben dadrin gehockt, von morgens sieben bis abends sieben! Den ganzen Tag über schossen die Franzosen aus 36 Geschützen auf unseren Punkt. Die Erde bebte und wackelte, und über uns rutschten dauernd die Bohlen auseinander!

Der August Baumann betete dauernd und schrie: »Lieber Gott, laß mich gesund wieder heimkommen! Liebe Mutter, bet für mich, daß ich lebend hier rauskomme!« Der hatte die Hose so voll! Ich betete auch. Ich gelobte Gott, ein ordentlicher Mensch zu werden und zu bleiben und Gott immer dankbar zu sein, wenn ich da jemals wieder rauskäme. Von dem Krieg hatte ich auf jeden Fall genug; ich sagte mir: Soldat bleibst du nie! Da wirst du lieber Arzt und hilfst den kranken Menschen, daß sie wieder gesund werden!

Der August Baumann hat dann noch ein Gelübde getan. Er wolle zu Fuß von seinem Heimatort in der Eifel bis zu dem Wallfahrtsort Klausen an der Mosel gehen, und zwar barfuß, hin die 30 Kilometer und zurück, wenn er die Somme-Schlacht überleben würde! Später habe ich ihn zufällig in Trier getroffen. Da sag ich: »August, wat macht dein Gelübde?!« »Ja, dat hab ich gehalten!« sagt er. »Ich bin nach Klausen wallfahrten gegangen, barfuß!« Dann hat er das Gelübde tatsächlich gehalten! Ja, das war der August Baumann. Seitdem habe ich nichts mehr von ihm gehört – er wird auch längst tot sein. Aber daran kann man sehen, wie dem der Hintern auf Grundeis hing in dem Schlachtengetümmel.

Dann haben wir da bis abends ausgehalten. Uns ist nichts passiert, es kam keine Granate auf uns geflogen! Wenn eine bei uns reingeflogen wäre, wären wir beide auf der Stelle tot gewesen, es gab keine andere Wahl.

Punkt sieben hörte auf einmal das schwere Trommelfeuer auf, was für uns schon eine Erleichterung war, und wir hörten Maschinengewehre – die Franzosen machten eine Offensive. Und wie ich so durch die Ritzen gucke, sehe ich die Franzosen in ihren blauen Mänteln um unser Erdloch rumlaufen; es wimmelte nur so! Ich sagte: »August, jetzt ist es vorbei; wir müssen uns ergeben!« Dann kam so ein Trüppchen auf unser Erdloch zu, rückten die Bohlen beiseite und eins, zwei, drei haben die uns da rausgeholt. Ich sagte auf französisch – Französisch hatte ich ja in der Schule gelernt: »Messieurs, pardon pour nous deux!« Wir mußten uns ja irgendwie verständigen, Deutsch konnten die natürlich nicht. So standen wir dann da, mit erhobenen Händen. Dabei hatte einer immer eine Flinte auf uns gerichtet, vorne drauf ein Bajonett. Ich sagte leise: »August, die Luft hier ist brenzlig!«

Dann hatte ich noch ein Eßpaket bei mir, was mir meine Mutter kurz vorher geschickt hatte; das lag noch unten in dem Loch. Wie ich mich so bücke, um nach dem Paket zu greifen, da stürzt sich der Franzose – das war der Haupträdelsführer von dem Trüppchen – mit dem aufgepflanzten Bajonett auf mich, um mich aufzuspießen! Ich sprang zur Seite, und er fiel mit seiner Flinte in unser Erdloch rein. Gott sei Dank hat er mir das nicht krummgenommen, er krabbelte wieder raus, und dann wurden wir ausgeneppt. Sie nahmen uns unsere Taschen und Geldbörsen ab und führten uns anschließend nach hinten in die Etappe.

Dadurch kamen wir auch an den Geschützen vorbei, die uns den ganzen Tag beschossen hatten. Das waren 36 Geschütze, die hatten Rohre so lang wie die halbe Wand hier! Und hinter dieser Geschützreihe, etwas weiter im Hinterland, wurden wir an riesigen Schiffsgeschützen vorbeigeführt. Die hatten die letzten Stunden noch mitgeschossen. So was hatte ich noch nie gesehen! Riesige Rohre, 10 Meter lang und so dick, da konnte ein Mensch mit weggeschossen werden! Räder hatten die, die waren höher als das Buffet hier. Furchtbar! Wo die einschlugen, gab es Löcher so groß wie Wassertümpel.

Wir sind also dazwischen durchgehüpft wie die Hasen – die Schlacht ging ja weiter –, bis wir endlich die Front im Rücken hatten. Dann marschierten wir los, begleitet von berittener Militärgendarmerie. Nach ein paar Kilometern kam unser Trupp – wir waren ungefähr 40 Gefangene – durch die ersten Dörfer. Als die Frauen uns Deutsche sahen, stellten sie sich in die Haustüren, hoben ihre Röcke und zeigten uns ihren blanken Hintern – vor lauter Verachtung! Wir sahen aber nicht hin; wir hatten kein Interesse, das zu sehen nach all dem, was wir durchgemacht hatten!

Die ganze Nacht wurde durchmarschiert, bis wir zu einem französischen Hauptquartier kamen. Dort mußten wir antreten, unsere Mützen vor uns auf den Boden legen und alles, was wir an Gegenständen bei uns trugen, in die Mützen reintun. Dann trat der General aus dem Haus, hinter ihm seine Offiziere, sah sich das an und sagte zu seinen Offizieren, auf französisch natürlich: »Meine Herren, nehmen Sie sich, was Sie brauchen!« Daraufhin stürzten sich die Generalstabsoffiziere wie die Straßenjungen auf unsere Sachen, knieten sich dahin und holten aus unseren Mützen raus, was sie interessierte! Auf die deutschen Taschenmesser waren sie besonders scharf, natürlich auch auf die Taschenuhren. Meine Taschenuhr hatte ich aber nicht rausgeholt, die war so gut versteckt, daß sie die nicht so ohne weiteres finden konnten. So habe ich die Uhr durch den Krieg retten können! Aber das muß man sich mal vorstellen: Da knieten die hohen französischen Offiziere wie die Schuljungen auf dem Boden und kramten in unseren Mützen!

Anschließend wurde weitermarschiert bis zum anderen Morgen. Dann wurden wir auf ein freies Feld geführt, umkleidet mit einem Drahtzaun und einem Wachturm davor, auf dem ein Wachposten mit einem Maschinengewehr saß. Er hatte den Befehl, jeden sofort niederzuschießen, der den Draht berührte. Keiner von uns wagte sich nun, auch nur in die Nähe des Drahtes zu gehen, damit der Wachposten nur ja nicht dachte, man wolle ausreißen. Das hat auch keiner von uns gewagt; wir waren so eingeschüchtert, wir wußten ja gar nicht, was mit uns geschah!

Ich war der einzige, der einen Mantel hatte – und es regnete und regnete! Dann haben wir uns auf ein Klübchen von fünf oder sechs zusammengetan und sind unter meinen Mantel gekrochen, das Wasser lief so runter! So haben wir da drei Tage in dem Regen gestanden, mitten auf dem Feld. Der Schlamm lief uns oben in die Stiefel rein, denn wenn vierzig Menschen auf so einem kleinen Sturzacker stehen, kann man sich ja vorstellen, wie der nachher aussieht! Mein Mantel war mittlerweile vollkommen durchnäßt, aber von oben hatten wir trotzdem Schutz. Merkwürdig war nur, daß ich der einzige mit einem Wintermantel war. Das ist mir heute noch rätselhaft – ob das eine himmlische Fügung war, daß ich den an dem Morgen angezogen habe?! Der Mantel hat mir die ganze Gefangenschaft durch gute Dienste geleistet.

Ja, was kriegten wir zu essen? Ein Kübel warmes Wasser mit etwas Salz drin und vielleicht so zwanzig oder dreißig Reiskörner, die da drin rumschwammen, und für jeden einen halben Laib Brot. 75 Gramm pro Tag, das war unser Maß die ganze Gefangenschaft durch.

Nach drei Tagen bekam ich eine schwere Lungenentzündung. Die Franzosen brachten mich in ein leerstehendes Sägewerk und steckten mich da in eine Stube. Dort habe ich acht Tage für mich gelegen, bekam mittags mein lauwarmes Reiswasser gebracht und ein Stück Brot. Als ich mich besser fühlte, kam ich von da aus durch die verschiedensten Gefangenenläger; man wurde alle 8 bis 14 Tage verschoben und kam in ein anderes Lager.

Zum Schluß landete ich in Le Havre; das war mein letztes Lager, in dem ich etliche Monate gewesen bin. Wie wir in das Lager kamen – da waren vielleicht 2000 deutsche Gefangene und 600 Österreicher –, mußte unser Trupp antreten. Ein österreichischer Gefangener, der auch übersetzte, schrieb auf, was wir für Berufe hatten. Als er nun zu mir kam und ich ihm sagte, daß ich Medizinstudent wäre usw., sagte er: »Mensch Gießmann, ich bin Oskar Grasser aus Teplitz! Ich bin auch Student wie Sie. Da freue ich mich, daß ich einen habe, der mir hier im Lager helfen kann!« Er konnte nämlich fließend Französisch und war dadurch der einzige Verbindungsmann zwischen den Franzosen und den Gefangenen, es ging alles über ihn! Dann sagte er noch: »Gießmann, ich spreche mit dem französischen Stabsarzt, daß Sie hier in den Sanitätsdienst kommen.« Dadurch, daß ich schon die drei Semester studiert und in den Semesterferien in Operationssälen mehrerer Lazarette mitgearbeitet hatte, hatte ich ja die Nase bereits ein gehöriges Maß in die Medizin gesteckt. Ich kam also in den Sanitätsdienst.

Der Stabsarzt, ein älterer Mann, freute sich natürlich – er hatte ja weniger Arbeit dadurch. Überhaupt war er sehr launisch! Er hatte auch eine Geliebte. Wenn er dann morgens in die Stube kam, nahm er als erstes sein Käppi ab und warf es an die Wand auf einen langen Nagel. Wenn das Käppi aber runterfiel – weil er es so ungestüm an die Wand knallte –, dann wußten wir, er hatte in der Nacht keine Freude gehabt bei der

Geliebten. Blieb aber das Käppi hängen, dann wußten wir, daß er die Nacht zufriedengestellt worden war. Dadurch hatten wir immer ein Maß für seine Laune.

Außer mir war da nur noch ein Korporal, der immer gut zu mir war, und vier französische Landsturmmänner. Diese Kerle, alle vier alte Böcke von über 40 Jahren, haben den ganzen Tag nichts gemacht; nur von morgens bis abends am Tisch gesessen, gefressen und getrunken! Was mich aber am meisten gestört hat, war, daß jeder so einen Packen saumäßiger Fotografien hatte; nackte französische Weiber, alleine oder die Männer dabei, also beim Beischlaf! Da haben die sich stundenlang – jeder hatte mindestens 20 Karten – gegenseitig die Fotografien ausgetauscht, von morgens bis abends. Also, es war widerlich! Die verstanden auch nichts von den Medikamenten, die wir in dem Medikamentenschrank hatten; die hatten alle halb französische und halb lateinische Namen. Was da an französischen Bezeichnungen stand, habe ich aus dem Lexikon rausgesucht, mir so kleine Schildchen gemacht und dadrauf die deutschen Bezeichnungen geschrieben, daß ich also genau wußte, was das für ein Medikament war oder was da in den Flaschen drin war. Auf jeden Fall, es ging nichts ohne mich; zumal es ja alles Deutsche und Österreicher waren, die kein Französisch sprachen. So machte ich da die ganze Arbeit, über mich lief alles!

Nach einiger Zeit wurde der alte Arzt von einem jüngeren Stabsarzt abgelöst. Mit dem habe ich mich dann sehr gut angefreundet, er war ein sehr menschlicher Kerl! Er hatte erst Philologie studiert und war später in den Arztberuf gegangen. Als ich meine schwere Malaria bekam mit über 40 Grad Fieber und Schüttelfrost alle vier Tage, kam mich dieser gütige Arzt jeden Morgen so gegen 11 Uhr besuchen: »Gießmann, cafard?!« sagte er. Auf deutsch heißt das: Ist Ihnen nicht gut? Ich nickte. »Eh bien, restez au lit!« Dann mußte ich Chinin schlucken. Abends, bevor er ging, kam er dann nochmal, um zu sehen, wie es mir ging, und um die Temperatur zu messen – er war mein Freund geworden! Nach dem Krieg war er zusammen mit seiner Frau und seinem Töchterlein 14 Tage Gast bei mir hier in Bergisch Gladbach. Wir sind dann noch nach Freiburg gefahren, zu meinen Eltern nach Trier, und ich habe ihnen das Moseltal gezeigt. Dann sind sie wieder gefahren.

Eines Abends kam ein französischer Stabsarzt, ein junger, schneidiger Kerl in feiner Uniform und mit einer Reitpeitsche – die hatten die immer, die Offiziere –, und sagte: »Ich bin beauftragt, hier die Untersuchung durchzuführen von den 600 Gefangenen, die sich krank gemeldet haben und glauben, Anspruch zu haben auf Entlassung in die Schweiz!« Vorher war nämlich ein Regierungsschreiben gekommen, daß kranke Gefangene sich deswegen bei der Lagerleitung melden könnten. Ich hatte mich auch gemeldet. Der französische Korporal stellte mich dann dem Stabsarzt vor, ich sei hier im Sanitätsdienst usw., und dann frug mich der Arzt, ob ich mich auch in die Liste eingetragen hätte. »Ja«, sagte ich. »Ja, was fehlt Ihnen denn?« »Malaria!« sagte ich. Dann frug er den Korporal, ob das stimmen würde, und dann sagte er: »Gut, ich will Sie in die Liste mit aufnehmen!«

An dem Abend hat der die ganzen 600 Gefangenen untersucht, von 8 Uhr an bis zum Morgengrauen, einen nach dem anderen! Da kamen welche, die hatten nur einen krummen Daumen, will ich mal sagen – die flogen aber direkt raus! Von den 600 »Kranken« hat er dann 65 rausgesucht; der eine hatte ein Lungenbluten, der andere einen Fuß oder eine Hand ab. Dann verschwand der wieder.

Nachdem Wochen vergangen waren, hieß es: »Macht Euer Gepäck fertig, ihr kommt in die Schweiz!« In der Lagerschreinerei hatten wir uns für 10 Mark Koffer machen lassen, da packten wir nun unsere paar Sächelchen rein, das Kochgeschirr, ein bißchen Wäsche und ein paar Socken – mehr besaßen wir ja nicht! Am anderen Tag kam der Lazarettzug. Der Zug ging erst nach Lyon, wo die kranken Gefangenen, ungefähr 400, in einem Lager gesammelt wurden. In Lyon wurden wir wieder in einen Zug gestopft, und es ging ab in die Schweiz.

Diese Fahrt werde ich auch nie vergessen! Das waren französische Wagen, alle zweiter Klasse, die aber keine Klos hatten. Nun war es aber so, daß der Zug durchfuhr, also nirgendwo hielt – es war ja ein reiner Gefangenenzug. Keiner frug danach, ob wir ein Klo hatten! Als wir nun nach Lons kamen, dem letzten größeren französischen Ort vor der Grenze, hielt der Zug zum erstenmal. Alles stürzte raus! Auf dem Bahnsteig drängten sich Hunderte von Menschen; alles Franzosen, die die Gefangenen sehen wollten. Und der Vizefeldwebel Schmitz, auch ein Akademiker, der hatte es so eilig; er setzte sich mitten unter die Leute, die da standen, zog sich die Bux runter und machte einen riesigen Haufen mitten auf dem Bahnsteig! Die Leute waren ganz erstaunt und drängelten sich dahin. Dann knöpfte er sich die Bux zu und verschwand eins, zwei, drei im Coupé. Die Franzosen, die wohl meinten, der hätte da Goldstücke hingelegt, standen da und starrten den Riesenhaufen an, während wir Gefangene aus dem Coupéfenster guckten und uns halb totlachten!

Nach dem Krieg habe ich mich hingesetzt und eine ordentliche Ausbildung gemacht. Dann arbeitete ich ein Jahr in dem Trierer Krankenhaus und war dann acht Jahre Assistenz- bzw. Oberarzt an dem Marienkrankenhaus in Hamm. Nachdem ich das Höchste erreicht hatte, was ich da an dem Krankenhaus werden konnte, habe ich mir gesagt: Jetzt mußt du dich selbständig machen. Du bist verheiratet, du kannst nicht ewig Oberarzt bleiben! Ich kaufte mir ein Buch, wo sämtliche Krankenanstalten Deutschlands drinstanden, und suchte mir ein Krankenhaus raus, wo es noch keinen Chefarzt gab. Da stand also: Krankenhaus Düren, Chefarzt Dr. Schmitz; Krankenhaus Bensberg, Chefarzt Dr. Sowieso ... usw. Nur bei dem Maria-Hilf-Krankenhaus in Bergisch Gladbach war kein Chefarzt aufgeführt. Da habe ich mir gesagt: Du mußt doch mal nachsehen, was da los ist! Ich bin also hierhin gefahren und hab mir das Krankenhaus angesehen. So bin ich auf Bergisch Gladbach gekommen. Dann habe ich mich hier als Facharzt für Frauenkrankheiten und Chirurgie niedergelassen.

Das alte Maria-Hilf-Krankenhaus war sehr gut ausgestattet – wenn es auch nicht fachärztlich besetzt war. Hauptarzt war der Sanitätsrat Rhode, er war freipraktizierender Arzt mit einer »Bomben«-Praxis. Es hieß immer nur: Rhode, Rhode, Rhode! Rhode war d e r Arzt hier. Was der Herr Rat sagte, war richtig, und was der Herr Rat machte, war gut! Er war aber auch ein tüchtiger Arzt. Er hatte ein zweisitziges Wägelchen mit einem Pferd davor und einen Kutscher, den Johann, der glaube ich schon seit 20 Jahren bei ihm Kutscher war und später auch Rhodes Auto fuhr. Dann saß er oben auf dem Bock, neben ihm der Johann, und so strich er jeden Nachmittag sein Gebiet ab – 30 Kilometer rund um Bergisch Gladbach war sein Bezirk!

Gegen mich war er von Anfang an feindlich gesinnt. Er sagte mir einmal: »Wer mir hier entgegendrückt, dem kann ich in Gladbach das Leben verbiestern!« Daß das dem unangenehm war, wie ich als junger Facharzt mit einer langjährigen Ausbildung hierhinkam, kann man sich ja denken. In den ersten Wochen machte ich für ihn einige größere gynäkologische Operationen, wo er mir sogar assistierte oder die er sich angesehen hat. Später hat er mir aber keine Patienten mehr überwiesen, wahrscheinlich aus Konkurrenzangst.

Einmal mußte ich ein junges Mädchen operieren – warum weiß ich nicht mehr. Die lag nun auf dem Operationstisch, der Bauch war schon vorbereitet. Dann sah ich, daß die einen Riesenblinddarmschnitt auf dem Bauch hatte. Ich frug dann: »Ja, wer hat ihr denn diesen langen Schnitt gemacht?!« Der kleinste Blinddarmschnitt, den ich je gemacht habe, war so kurz, da konnte ich mit einem Stich die Haut zunähen. Das machten wir schon mal als Assistenz- oder Oberärzte: Wer macht bei der größten Operation den kleinsten Schnitt. Der lange Schnitt kann aber auch durchaus notwendig gewesen sein, denn eine Blinddarmentzündung ist nicht wie die andere. Der Blinddarm kann auch, hochgeschlagen hinter den Dickdarm, hier oben an der Niere liegen. Na ja, auf jeden Fall sagte die Schwester: »Das war der Herr Rat.« Und hinter uns stand die Ordensschwester Tiburtia, die schon seit etlichen Jahren mit dem Rat zusammenarbeitete: eine ältere, große, hagere Frau, die das ganze Krankenhaus mitkommandierte, aber durchaus eine tüchtige Frau war. Dann hat die dem Herrn Rat gesagt, ich wäre über den langen Schnitt erstaunt gewesen, den er da gemacht hätte. Darüber muß er sich sehr geärgert haben, wie mir später hinterbracht wurde.

Ich war also der erste niedergelassene Facharzt hier in Bergisch Gladbach, die anderen waren praktische Ärzte. Neben dem Rhode war da noch der Dr. Hellmich, Dr. Zimmermann, Dr. Brendgen und Dr. Gronau; das waren die einzigen Ärzte hier. Der Dr. Tenckhoff war zu der Zeit noch Assistenzarzt von Rhode. Heute wundere ich mich über die Menge Ärzte, die wir hier in Bergisch Gladbach haben. Wenn man sich das mal überlegt: Damals waren wir fünf Ärzte, jeder hatte sein Brot gehabt, war geachtet und geehrt! Heute sind es über 25, darunter viele Spezialisten, auch Frauen. Alle leben davon, und jeder schneidet sich seine Scheibe davon ab. Das ist eine Überschwemmung heutzutage, das ist aber überall so!

Gewohnt haben wir zuerst beim alten Greis, dem Kreishandwerkermeister, dem Vater von Hans Greis. Im ersten Geschoß hatte ich mein Sprechzimmer für die Patien-

ten und noch Wohnzimmer und Eßzimmer, im zweiten Geschoß die Schlafräume. Der Greis hatte unten seine Räume. Er saß durchweg den ganzen Tag in seiner Wirtschaft – nicht daß er trank, das nicht –, und alle kamen an, frugen ihn um Rat und pötteten. Die Leute kamen von weit und breit, aus der ganzen Umgebung, bis Herrenstrunden rauf und noch weiter – und er saß mittendrin und gab Ratschläge. Was das für Leute waren, weiß ich nicht; ich sah immer, wie er mit denen in ernste Gespräche vertieft war, die sich was notierten, oder ein Schriftsatz gemacht wurde. Er war, so möchte ich mal sagen, der geheime Wirtschaftsdezernent hier in Gladbach; er hatte die Finger in allem drin! Außerdem war er ein ordentlicher, kräftiger Zentrumsmann! Ich weiß noch, wie er mir zugeredet hat, daß ich ja nur die stark katholisch angehauchte Bergische Landeszeitung lese, das Ortsblatt. Die durfte ich lesen, aber auf keinen Fall eine andere Zeitung wie etwa den Kölner Stadt-Anzeiger! Ja . . ., er wachte über alles!
Dann kaufte ich hier das Grundstück, um neu bauen zu können. Dem schlauen Greis kam das auch gelegen; ihm war es sehr recht, daß neben seinem Haus ein neues, herrschaftliches Haus stehen sollte. Er hat mich mit Rat und Tat unterstützt und mir sogar gestattet, meine Abwässer in seinen Kanalanschluß zu leiten. Genau wie sein Sohn Hans war er hilfsbereit, wo er konnte. Meine Kollegen hier aus der Stadt, der Dr. Gronau und der Dr. Brendgen, sagten allerdings: »Herr Gießmann, wie können Sie sich da unten nach Gronau setzen; da kommt kein Mensch zu Ihnen!« Denn die Ärzte gruppierten sich alle um den Marktplatz, da hatten die ihre Praxen. Daraufhin habe ich meinen Kollegen gesagt: »Ich will Ihnen eines sagen: Ein Arzt, der in seinem Leben was gelernt hat, der findet sein Brot, der wird hier nicht verhungern!«

Die Kalkstraße war damals nur ein schmaler Pfad mit tiefen Radfurchen, da paßte höchstens eine Kutsche durch! Auch die Hauptstraße hier, die war nicht gepflastert! Asphaltstraßen gab's damals noch nicht. Hier kamen dann immer die Fuhrwerke vorbei, große vierrädrige Karren mit schweren Pferden vorgespannt. Das Grundstück kaufte ich als Ackerland, das war Acker hier! Überhaupt, früher standen hier nur kleine Häuschen mit einer Etage, die großen Häuser vis-à-vis sind alle später gebaut worden.

Neben meiner Praxis und der Arbeit im Krankenhaus war ich der Rote-Kreuz-Arzt in Bergisch Gladbach; mir unterstand die Ausbildung des Rote-Kreuz-Personals. Ich hatte mehr die Männer unter mir und die Frau Herbertz die Frauen. Mit ihr habe ich fast zehn Jahre sehr gut zusammengearbeitet, einer half dem anderen! Die Menschen hier im Roten Kreuz sollten gut ausgebildet sein und etwas von der Medizin verstehen.

Dann kam die Zeit, wo die Nazis an die Reihe kamen. Einzelne Berufsgruppen wurden herausgeholt und mußten Rote-Kreuz-Kurse mitmachen; Lehrer zum Beispiel, Handwerker, Kaufleute . . ., die Nazis haben das einfach kommandiert. Ich war derjenige, der diese Kurse halten mußte; ein Kursus nach dem anderen. Die Leute wurden wie eine Herde zusammengetrieben, und an dem betreffenden Abend traten die an; entweder im »Braunen Haus«, wo die Partei untergebracht war, oder in dem Saal vom Greis, das waren immer so 30 bis 40 Personen. Freiwillig kamen die also nicht, da stand die Partei hinter! Im stillen wurde auch kontrolliert, wer anwesend war, oder man mußte sich jeden Abend in eine Liste eintragen. Ich habe nie verstanden, warum die Nazis sich so auf diese Kurse stürzten, während sie doch sonst allerhand Unflat machten. Das war das einzig Gute, was sie gemacht haben. Mir machte das Freude, meinen Mitmenschen etwas von der Medizin beizubringen. Bezahlt hat mich allerdings keiner für die viele Arbeit, das war alles zu Gottes Lob und Preis!

Den Nazis war man aber auch ganz ausgeliefert. Die hätten ja sagen können: Von morgen an sind Sie nicht mehr Kassenarzt! Da wäre mein Brot weggewesen – wo die kassenärztliche Praxis doch mein Haupteinkommen war! Wer nicht tanzte, wie die pfiffen, oder sich nicht mit Klugheit aus unangenehmen Situationen herauswand, der konnte schwer reinfallen. Ja, das waren Zeiten, die ich nicht noch mal erleben möchte; es war eine Furcht und Angst, in der die Menschheit lebte! Ich hätte meinen Einfluß hier bei den Nazis vielleicht ausnutzen können und sagen können: Bitte, macht mich zum Chefarzt vom Maria-Hilf-Krankenhaus – was ich ja nie gewesen bin. Aber so war mir das lieber, da brauchte ich denen kein Dankeschön zu sagen!

Trotzdem habe ich manche Kämpfe mit denen ausfechten müssen. Für die war ich der »schwarze Doktor«! Ich ging nämlich jeden Sonntag in die Kirche, während die Nazis ja nicht mehr gingen! Das hat man mir übelgenommen, das hat die geärgert! Hinter meinem Rücken schimpften sie dann, ich wäre kein Nazi usw.! Aber da habe ich mich nicht dran gestört, das war mir ja egal. Ich bin durch diese Zeiten durchgekommen und habe jedem Menschen geholfen, der Hilfe brauchte!

Im Kriege, ich wollte gerade mit meiner Frau zu einem Winterurlaub in die Schweiz fahren, da bekam ich von der Kreisverwaltung den Auftrag, das Krankenhaus Bensberg mit zu übernehmen. Der Arzt wäre zur Wehrmacht eingezogen worden, die säßen ohne ärztliche Versorgung da! Nun kann man sich ja denken, was das heißt, hier das Krankenhaus zu versorgen mit seiner großen Krankenstation und dann noch das Bensberger Krankenhaus! Was das für eine Jagerei war! Wie oft bin ich dreimal die Nacht aus dem Bett geholt worden!

Einmal, das weiß ich noch, hatte es den ganzen Tag über geschneit. Nachts bekam ich vom Bensberger Krankenhaus einen Anruf, ich müßte sofort kommen! Dann bin ich also zu Fuß los – Autofahren konnte man nicht mehr – und bin nach Bensberg gestapft, der Schnee ging mir bis zu den Knien! Nach einer Stunde war ich endlich da, hab den Patienten behandelt und stapfte dann wieder runter nach Gladbach.

Das einzig Gute war: Ich bekam ab und zu Benzin. Es gab ja Hunderte Autos, die nicht mehr fahren konnten, weil es kein Benzin mehr gab. Benzin war zu der Zeit so knapp und wertvoll wie Goldstücke! Dann habe ich mich an die Dienststelle gewandt und gefordert, als Arzt müßte ich Benzin haben! Wie sollte ich sonst zu den Kranken kommen! So konnte ich ab und zu mal ein paar Liter Benzin ergattern.

Als sich die Fliegerangriffe häuften und ich nicht mehr jeden Tag nach Gladbach runterkonnte, haben die Schwestern gesagt: »Herr Gießmann, lassen Sie doch Ihre

Frau und Ihre zwei kleinen Mädchen mit hier oben hinkommen!« So haben wir die letzten Kriegsmonate im Bensberger Krankenhaus gelebt.

Wegen der Bombengefahr haben wir oft im Keller operieren müssen. Der Keller war extra abgestützt worden und als Operationssaal ausgebaut – im Krankenhaus konnte ja auch eine Bombe einschlagen. Die Wöchnerinnen haben wir abends runter in den 1. Stock verlegt, damit es nicht schon auf der oberen Etage Todesopfer geben würde. Wenn in der Nähe eine Bombe einschlug und eine Leitung traf, passierte es schon mal, daß bei einer Operation plötzlich das Licht ausging. Dann standen wir da im Dunkeln und mußten bei Kerzenlicht weiter operieren, bis die Reservebeleuchtung funktionierte. Wie oft war ich derjenige, der als einziger die ganze Verantwortung tragen mußte! Ich hatte dann keinen, mit dem ich mich beraten konnte: Was ist jetzt richtiger, das oder das?!

Ja, ja, das waren schlimme Zeiten! Aber sie sind vorübergegangen, und ich habe dem Herrgott gedankt, daß er mir die Kraft gegeben hat, durchzuhalten. Die Dankbarkeit der Menschen und daß ich mit Erfolg helfen konnte, war immer der schönste Dank für mich. Ich denke gerne an die Zeit zurück, wenn sie auch oft mühevoll war – gerade in den Kriegsjahren!

Oscar Rehse

Ich glaube, daß es nur wenigen Menschen vergönnt gewesen ist, eine so schöne und glückliche Jugend zu verleben wie ich. In meinem Elternhaus, dem schön gelegenen evangelischen Pfarrhaus am Quirlsberg mit großem Garten, Wald- und Wiesenstück, versammelte sich die Jugend der Nachbarschaft. Es war immer ein fröhliches Leben im Garten und im Hause.

Ich spielte am liebsten Soldat! Bei allen Streitigkeiten war ich derjenige, der die meisten Hiebe austeilte! Zu jeder Gelegenheit ließ ich mir Soldatenbücher und Bleisoldaten schenken. Mein Sinn war schon früh auf das Militärische gerichtet.

In der Schule war ich nicht der Beste und nicht der Schlechteste. Aber als ich 1914 nach bestandenem »Einjährigen Examen« von dem Bergisch Gladbacher Pro-Gymnasium zum Gymnasium Köln-Mülheim überwechselte, kam ich doch schwer ins Hintertreffen. Glücklicherweise kamen mir die politischen Verhältnisse in Deutschland entgegen. Am 1. August 1914 zogen schwere, dunkle Wolken am Himmel auf! Der Erste Weltkrieg brach aus!

Obwohl ich erst 16 Jahre alt war, wollte ich mich dem deutschen Heer zur Verfügung stellen. Ich meldete mich beim 3. Westfälischen Infanterieregiment, Freiherr von Sparr, Nr. 16, genannt »Hacketau«, in Köln-Mülheim. Der untersuchende Arzt weigerte sich, mir das Zeugnis der Dienstfähigkeit auszustellen. Er sagte: »Wir brauchen hier Kerle und keine kleinen Vögelchen wie Sie! Sie sind ja noch nicht mal ausgewachsen!« Mit anderen Worten: Er setzte mich vor die Tür! Aber ich gab nicht auf. Ich meldete mich bei der zweiten Meldestelle des Regimentes in einer anderen Straße. Dort war ein Reservearzt, der großzügiger war. Er sagte: »Gesund sind Sie, nur nicht ausgewachsen. Wollen Sie tatsächlich die Strapazen eines Infanteristen im Kriege auf sich nehmen?!« Ich sagte mit voller Überzeugung: »Ja!« Daraufhin quittierte er den Anmeldezettel. Als Fahnenjunker trat ich in das Regiment ein. Ich hatte es geschafft; ich wurde Soldat, und das mit Leib und Seele, immer stolz auf meine Uniform!

Als ich mich beim Schuldirektor abmeldete, sagte er: »Eigentlich hätten Sie zweimal die Note ›ungenügend‹ haben müssen. Aber mit Rücksicht auf Ihr Vorhaben haben wir Lehrer beschlossen, Ihnen in beiden Fällen ein glattes ›genügend‹ zu geben!«

Am nächsten Tag schrieb ich eine Karte an meinen Vater: »Lieber Vater. Ich bin heute Soldat geworden, kann aber noch nicht grüßen! Wenn Du mich sehen willst, mußt Du morgen abend um sieben Uhr vor das Kasernentor in Mülheim kommen.«

Nach der Ausbildung kam ich im März 1915 ins Feld und erhielt Ostern meine Feuertaufe durch eine große Sprengung der Engländer. Sie hatten unseren Schützengraben auf Kilometer unterwühlt und sprengten auf einer Breite von zwei Kompanien unsere vordere Verteidigungslinie. Ich wurde verschüttet, konnte aber noch ausgegraben werden.

Der Krieg ging weiter seinen Weg. Wir mußten durch viele Gefechte, Märsche und Strapazen!

Das Schlimmste war nachher Verdun! Dreiviertel unseres Regimentes wurde zwischen den Forts Douaumont und Fleury aufgerieben. Ständige Angriffe der Franzosen, am Tage und bei Nacht, nur in offenen Granatlöchern, ohne Verbindung und Verpflegung! Das Regiment wurde anschließend ergänzt, und ich wurde zum Kompanieführer ernannt.

Schon nach wenigen Tagen brach der Franzose auf dem »Toten Mann« in unsere Regimentsstellung ein, so daß rechts und links die Verbindung verlorenging; nur ich mit meiner Kompanie lag 200 Meter zurück in Reservestellung. Am nächsten Tag habe ich nach kurzer Artillerievorbereitung mit meinen Leuten die Stellung zurückerobert und über 100 Gefangene, darunter drei Offiziere, und fünf Maschinengewehre erbeutet! Ich erhielt wegen »besonderer Tapferkeit« von höchster Stelle eine Belobigung, die jetzt über meinem Schreibtisch hängt.

Der Krieg dehnte sich weiter aus, wir wurden nach dem Chemin-des-Dames verlegt. Hier war es zunächst ruhig, bis der Franzose dann auch dort angriff und uns diesmal eine schwere Niederlage beibrachte. Es sanken dahin die besten Regimenter des deutschen Heeres, die Garde und die westfälischen Regimenter, darunter auch meins! Als der Feind nach sechs Tagen und sechs Nächten mit Artillerie getrommelt hatte, griff er mit Tanks an, für mich zum erstenmal. Ich kroch aus meinem verschütteten Unterstand mit meinen wenigen Männern und stellte mich zum Kampf. Im Nahkampf wurde ich durch zwei baumlange Neger verwundet, nachdem die Munition meiner Pistole verschossen war! Ich geriet schwerverwundet in Kriegsgefangenschaft.

Zwei lange Jahre mußte ich in der Gefangenschaft aushalten. In verschiedenen Lazaretten und Gefangenenlagern habe ich sehr viel durchmachen müssen. Erst 1919 kam ich in meine Heimat zurück, die inzwischen von den Engländern besetzt war. Ich ging noch an Krücken, wurde aber bald geheilt und trat als Volontär in die Papierfabrik I. W. Zanders in Bergisch Gladbach ein. Erst war ich Arbeiter im Betrieb, dann wurde ich Lehrling im Büro und später Korrespondent. 1921 trat ich meine kaufmännische Wanderung an, die mich durch viele Firmen und Stellungen in der Papierindustrie führte, bis ich mich schließlich 1928 als selbständiger Vertreter von sieben großen Papierwerken in Berlin niederließ. Das Geschäft ging gut, ich war gerne in der Großstadt Berlin.

Als nun das Dritte Reich errichtet wurde und Adolf Hitler 1935 die Wehrhoheit wieder einführte, war es um mich geschehen! Ich wollte wieder Soldat werden! 1936 trat ich als Hauptmann beim Fliegerhorst Faßberg, Lüneburger Heide, in die deutsche Luftwaffe ein.

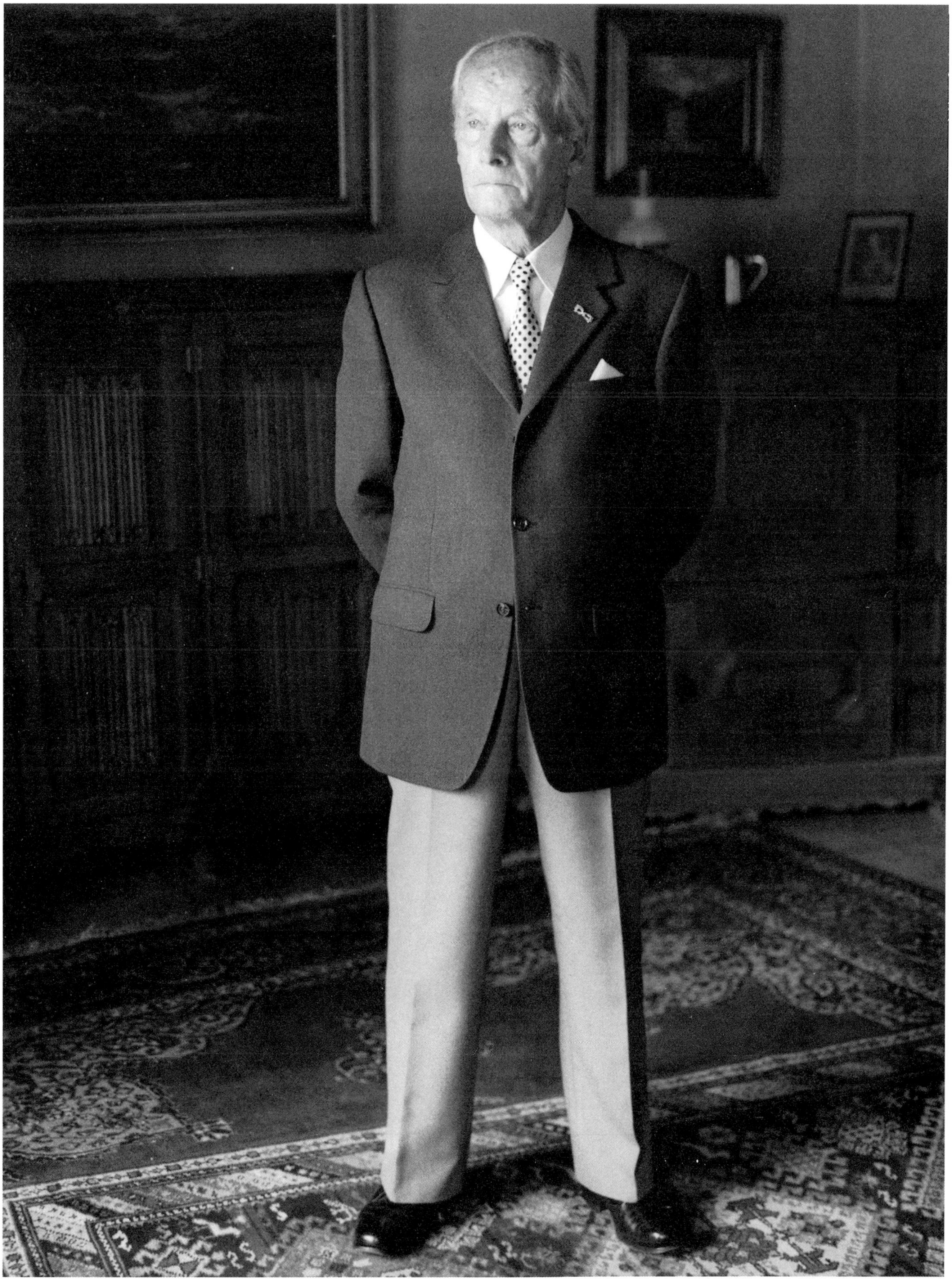

Aenne Arimont

Schwanensee zum Beispiel, also das war für uns das rote Tuch, da haben wir beinahe gepfiffen! Und die Pawlowa, die Anna Pawlowa, die fanden wir entsetzlich! Das war ja genau klassisches Ballett, mit all den dazugehörenden Schritten. Was uns begeisterte, war der moderne Ausdruckstanz, ins Leben gerufen von Rudolf von Laban und seiner Schülerin, der Mary Wigman, eine sehr kräftige Frau, also was sich früher überhaupt nicht auf die Bühne gewagt hätte. Das war etwas vollkommen Neues, das waren Tänze, wo der Mensch wirklich ausdrücken konnte, was er denkt und was er fühlt. Mit dem klassischen Ballett hat das überhaupt nichts zu tun. Aber für das normale Publikum war das Quatsch, was die da machten, Geld verdienen konnte man damit nicht. Die Wigman mit ihrer tollen Gruppe ist in der ganzen Welt herumgereist, kam aber nie hin mit ihren Groschen; früher wurde so etwas ja nicht subventioniert, früher mußte jeder selber sehen, wie er durchkam. Dann hatte man mal wieder kein Engagement, da war man wieder pleite! Also, solche Leute, solche Wegbereiter, haben es ja immer schwer.

Mit siebzehn kam ich in die sogenannte Laban-Schule hier in Köln und habe da bei beiden zwei Jahre gelernt. Eigentlich wollte ich gar nicht in diese Tanzrichtung, ich wollte eigentlich mehr in die Gymnastik. Aber dann hat man festgestellt, daß ich doch ein bißchen zum Tanzen prädestiniert war, und der Professor Streiffeler, der eine sehr große Rolle in Köln spielte, hat mich dazu gebracht, in diesen Beruf zu gehen. So kam ich in einen Kreis von Kölner Künstlern hinein, die alle irgendwie versucht haben, mich zu fördern. Es waren auch viele Maler dabei, auch sehr bekannte Maler: Heinrich Hoerle, Anton Räderscheidt, Emil Flecken, Jupp Bell, dann der Bildjournalist Hannes Flach, ein Freund meines ersten Mannes, der später von den Nazis umgebracht worden ist, und Heinrich Lehmacher, Komponist für Kirchenmusik. Die kamen zu uns in die Schule und interessierten sich für diese neue Tanzrichtung, und ich war öfters in der Werkschule und habe da Modell gestanden. Alles war so in sich verknüpft, jeder half jedem, und jeder war arm, auch die Maler; die haben nicht so gelebt, wie die heute leben, die waren manchmal wirklich bettelarm, bis die mal ein Bild verkauft hatten.

Mit zwanzig habe ich einen Tanzabend gegeben. Jeder hat etwas dazugetan. Ein Bildhauer, der Heinz Lohmar, machte Kostümentwürfe, einer machte die Beleuchtung, und der Professor Streiffeler begleitete mich bei den Tänzen und gab außerdem noch Klaviersoli, von Debussy »Dance« und »La Cathédrale engloutie« und von Rachmaninoff »Polichinelle«. Die Tänze hatten selbstverständlich alle ganz moderne Musiken, auch russische Moderne. Den »Maschinenmenschen« tanzte ich nach einer Musik von Alexander Tscherepnin, dann Hindemith, Satie; also die Musik war manchmal sehr schwer, auch die Tänze, die Bewegungen. So haben wir diesen Tanzabend veranstaltet. Der Hoerle, der Bell und wie sie alle hießen trommelten die Zuschauer her, und alles,

was interessiert war, war auf den Beinen und guckte sich das an. Ich war unbekannt und hatte ein proppenvolles Haus.

Nun hat mich da an dem Abend jemand entdeckt, und zwar war das der Otto Sander, der mit im Publikum saß. Otto Sander war Leiter von diesem politisch-literarischen Kabarett »Kolibri«, das stadtbekannt war. Also, der kam zu mir und fragte, ob ich nicht mitmachen wolle, besonders beeindruckt wäre er von dem Tanz »Der Maschinenmensch«. Ja . . ., und so bin ich noch an dem Abend engagiert worden.

Unsere Vorführungen machten wir in der »Großen Glocke«, genau gegenüber dem Schauspielhaus in der Schwertnergasse. Das war ein großes Restaurant mit einem Podium. Wir machten ein volles Programm, das lief einen Monat, und dann wechselte es wieder. Das Geld, das am Abend reinkam, wurde geteilt: von 70 Pfennig bis 20 Mark. Wenn man sich heute diese Summen überlegt! Aber in der Zeit, um die dreißiger Jahre, waren die Lokale nie so besetzt, das war ja die schlechte Zeit – sonst wäre ja auch der Hitler gar nicht drangekommen!

Also, ich tanzte nun diesen »Maschinenmenschen« und sehr viele Parodien, alles ausgefallene Sachen; deswegen paßte ich auch genau in dieses Kabarett rein. Dann hatten wir einen namens Lewison, das war ein Jude. Der war Schnellzeichner, der karikierte Persönlichkeiten, und dabei redete er immer, er hatte eine ziemlich schnoddrige Schnauze. Der Dr. Frank trug Gedichte vor, Gedichte von Tucholsky, Erich Kästner, Morgenstern und eigene. Dann spielte noch der Otto Schaller mit. Das war der Bruder von dem Gauleiter Schaller, also ein »Hoch-Nazi«, in Köln ein ganz großer Mann damals. Beide verstanden sich natürlich nicht, der eine in einem linken Kabarett und der andere in der NSDAP und höchster Nazi in Köln. Eines Abends, als die sich mal wieder verkracht hatten, hat sich der Otto Schaller vor das Haus der Partei gestellt – die hatten ein ganz großes Haus hier – und schimpfte von da unten seinen Bruder aus, den großen Gauleiter, und rief immer: »Ihr Nazis, ihr habt doch früher selbst die Kommunistenfahn getragen. . .« usw. Ja, dann war da noch eine Schauspielerin und ein junger Schauspieler, mein späterer Mann. Also, wir mußten uns schon anstrengen, um so einen Abend rumzukriegen. Anschließend an das reguläre Programm war ein Wunschkonzert, da konnte sich das Publikum wünschen, was es noch einmal aus alten Programmen sehen wollte. Und da kam ich nun jeden Abend immer wieder mit dem »Maschinenmenschen« dran, der wurde immer wieder gewünscht! Nach dem Krieg hat mich doch tatsächlich eine Dame auf der Straße angesprochen und hat gesagt: »Sie kenne ich! Sie haben im Kolibri den ›Maschinenmenschen‹ getanzt!« Das war lange nach dem Krieg.

Unser Publikum war ganz intellektuell, ganz intellektuell und politisch links. Eben viele Künstler, die uns gefördert haben und hinter uns standen. Das war die Gegenbewegung zu den Nazis. Die Leute, die den Mut hatten, in der Zeit noch etwas gegen die Nazis zu sagen, unterstützten sich natürlich gegenseitig – der Nationalsozialismus kam ja immer näher auf einen zu, schließlich war das schon 1931.

An einem Abend, das muß so Ende 1931 gewesen sein, kamen plötzlich fünf oder sechs SA-Männer in die Vorstellung und setzten sich dahin. Da wußten wir, was los war! Denn was wollten SA-Männer in einem politisch linken Kabarett?! Wir hatten schon so ein bißchen den Zitter in den Händen, machten aber weiter, und auf einmal sprangen die auf und fingen an, die Möbel geradezusetzen, wie man so schön sagt. Wir haben uns sofort von der Bühne verzogen und sind in den Hinterhof geflüchtet. Ja, dann haben die in dem Lokal ein bißchen rumgetobt und sind dann wieder abgegangen. Der Anlaß zu diesem Überfall war wahrscheinlich ein Vortrag, den ein Schauspieler – das war mein späterer Mann – in SA-Uniform gehalten hat. Was er vorgetragen hat, weiß ich leider nicht mehr, aber das ist wohl als eine Beleidigung der Uniform aufgefaßt worden. Was natürlich auch eine Rolle spielte, war: Die von der Partei vermuteten, der Leiter des Kolibri, der Otto Sander, wäre Jude. Der Lewison, der war Jude, der Sander aber nicht, er sah nur so jüdisch aus. Später habe ich ihn noch mal getroffen; also, der hat solche Ängste gehabt, der ist regelrecht verfolgt worden, obwohl er kein Jude war! Für uns war das ein Zeichen, daß Schluß war. Wir sind da weggegangen, und der Kolibri war nicht mehr. Es wäre auch lebensgefährlich gewesen, weiterzumachen; man wußte ja nicht, was sonst noch kam!

Ich habe dann ein bißchen nachverfolgt, was aus den anderen geworden ist. Die Schauspielerin hat eine Boutique aufgemacht. Der Lewison, der Jude, ist bestimmt weggekommen. Der Otto Sander ist kurz darauf eines natürlichen Todes gestorben. Und den Dr. Frank haben wir ab und zu mal in irgendwelchen Kabaretts getroffen, er trug immer so Gedichte und so kleine Texte vor in der Art wie Ringelnatz oder Morgenstern. Ein festes Engagement hatte er nicht, er tingelte so durch die Kabaretts und kam überhaupt nicht an mit seinen Sachen. Das sollte lachen, das Publikum, statt dessen guckte das immer so ganz dumm. Aber das waren einfach keine Sachen für diese Leute, für dieses Publikum; man kann das Publikum eines Kabaretts nicht mit dem eines politisch-literarischen Kabaretts vergleichen. Und daß er nicht ankam, sprach sich schnell herum. Also, der war ganz arm dran, der Dr. Frank. Aber er konnte sich auch nicht umstellen, ich konnte das.

Mit dem modernen Ausdruckstanz war ab 1933 auch Schluß, das war total verpönt. Den Nazis gefiel diese Ausdrucksart nicht, die haben sich ja gegen alles gewehrt, was ein bißchen intellektuell und unbequem war. Die Nazi-Kultur war ja total bieder, im Grunde genommen, total bieder! Der Harald Kreutzberg, ein Schüler der Wigman und wohl der größte Tänzer, den die Welt je gehabt hat, durfte nicht mehr auftreten. Die Wigman bekam Schwierigkeiten. Sie hat sich allerdings noch so einigermaßen durchlavieren können, sie hat dann plötzlich mit Frauentänzen angefangen und ist somit der Sache etwas entgegengekommen. Sie konnte sich umstellen, aber viele konnten das nicht, der Kreutzberg auch nicht. Ich vermute auch, daß er Jude war, denn er war plötzlich von der Bildfläche verschwunden. Dann der Kurt Jooss, mit dem ich persönlich bekannt war, ebenfalls ein Schüler von der Wigman. Jetzt im vorigen Jahr ist sein

Ballett »Der grüne Tisch« im Kölner Opernhaus aufgeführt worden, da hat man sich seiner wieder erinnert. Ich habe das natürlich gesehen damals, das war – und ist immer noch – ein hochaktuelles, hochpolitisches Stück. Es geht um Politiker, die an einem grünen Tisch sitzen, dann entsteht ein Krieg, und nach dem Krieg gehen die Politiker wieder an diesen grünen Tisch und machen wieder das gleiche. Das alles in Gesten und Tanzschritten. Also, das ist so erschütternd, dieses Ballett! Daß das bei den Verhältnissen nicht bestehen konnte, ist einleuchtend. Der Kurt Joos ist dann sofort nach Amerika gegangen und hat da gearbeitet, er ist auch nicht wieder zurückgekommen. Oder der Heinz Lohmar, der Bildhauer, mit dem wir sehr gut befreundet waren. Man wußte, daß er politisch stark links eingestellt war. Er ist bei Nacht und Nebel verschwunden, und später haben sie ihn in Paris halb verhungert auf der Straße wiedergefunden. Von Paris ist er nach Rußland gegangen. Diese Künstler – und die Künstler waren ja fast alle links – mußten alle weg, die standen alle auf der schwarzen Liste.

Und ich habe angefangen, Nationalballett zu machen, das vollkommen anders ist als der moderne Ausdruckstanz. Aber ich stand ja ohne Arbeit da. Mein Vater war gestorben, meine Mutter saß da mit einem Zigarrengeschäft, und das lief nicht, und ich verdiente nichts und bekam nichts auf die Beine. Damals, als wir mit der Ausbildung angefangen haben, waren wir so voller Idealismus, wir haben doch nie daran gedacht, daß man mal in so eine ganz andere Sache reinrutschen mußte, die einem im Grunde genommen nicht lag, die man nur machte, um Geld zu verdienen. Wir waren nicht wie die heutige Jugend, die bei allem, was sie macht, fragt: Was verdiene ich, wie sind meine Verdienstaussichten?! Also, eines Tages stand ein Inserat in der Zeitung: Tänzerin für Nationalballett gesucht. Ich bin dort hingegangen, und das war nun ein Choreograph, ein Ballettmeister von der Lübecker Oper, der sich selbständig machen wollte. Der hat neun oder zehn Tänzer und Tänzerinnen engagiert und hat versucht, denen etwas einzustudieren. Zwei waren Kolleginnen aus meiner Ausbildung. Wir mußten praktisch ganz von vorne anfangen, denn Nationaltänze, also zum Beispiel die russischen Tänze mit diesen Tiefschritten, hatten wir bei unseren modernen Sachen nicht gelernt. Da habe ich nun viel gelernt, und wir waren ein tolles Ensemble! Den ersten Auftritt hatten wir im Café Germania in der Hohe Straße, das war damals ein sehr schönes Café in Köln. Das war ja früher so: Die großen Cafés hatten alle irgendwo eine Bühne, entweder unten oder oben, und dann wurde da ein kleines Kabarettprogramm dargeboten, oder es spielte eine Kapelle. Das war eigentlich eine ganz gemütliche Sache. Wir haben dann sehr viel Erfolg gehabt, und es war sehr nett, dort zu arbeiten. Nun mußte der Mann sorgen, daß er jeden Monat wieder ein neues Engagement bekam; er mußte ja die neun Personen bezahlen. Wir bekamen zwar nur vier Mark am Tag und frei wohnen, aber schon nach dem dritten Engagement ging das schief. Dann bekam er ganz schlechte Angebote, und ihm blieb nichts anderes übrig, als diese Angebote anzunehmen – er war ja auch noch nicht bekannt genug. Die Cafés, die sich ein solches Programm leisten konnten, waren selten, und die Kabaretts, die wollten was für ihr Geld haben. Die Besitzer kamen nach der Vorstellung und sagten: »So, Sie müssen jetzt runter an die Tische gehen und sich einladen lassen!« Das haben wir nie gemacht, dafür waren wir zu seriös. Dann sind wir von Köln nach Aachen, das war noch ein einigermaßen anständiges Café, und von da sind wir nach Alsdorf, das war mehr so eine Wirtschaft. Ja, dann bekamen wir kein Geld mehr, dann ist der eine weggegangen und der andere weggegangen, und so löste sich das auf. Also, der Mann hat mir wahnsinnig leid getan. In seiner Verzweiflung ist er später in den Orient gegangen und hat da Tänzerinnen sozusagen verkauft, nachher brauchte der keine Nationaltänze mehr. Aber das ist auch die Schwierigkeit der Zeit gewesen.

Dann stand in der Zeitung: Tänzerinnen für Modenschau gesucht. Das war um die Karnevalszeit, und man sollte Karnevalskostüme vorführen, tänzerisch. Nun war ich ja immer so ein bißchen Außenseiter, also absolut kein Typ für Mannequin. Ich war auch nicht so reich, daß ich es mir leisten konnte, elegant zu sein, das hat mich noch nie interessiert. Aber aus der Not heraus habe ich gedacht: Versuch's mal! Ich komme nun dahin, der belächelt mich schon so etwas, als er mich so ankommen sieht, und da sagt er: »Ja, Sie müssen aber auch ganz normal Kleider vorführen! Können Sie das?« Ich sage: »Jaa, kann ich!« »Wie würden Sie das anstellen, haben Sie denn schon mal eine Modenschau gesehen?« »Jaa«, sage ich, »ich bin auf jeder Modenschau« – hatte aber noch nie eine gesehen. »Ja«, sagt er, »können Sie denn mal zeigen, wie Sie das so machen würden, wenn Sie ein Kleid vorführen?« Da bin ich dann so ganz elegant, die Hüfte immer so hin und her, durch den Raum . . ., der hat sich kaputtgelacht! Und da hat er gesagt: »Nun ja . ., einverstanden!« Ich glaube, er hat mich aus Mitleid genommen.

Wir bekamen ein tolles Honorar, acht Mark am Tag, alles andere war frei. Die Modenschauen waren meistens in sehr eleganten Hotels. Wir mußten dann immer zum Friseur, und die großen Bekleidungshäuser schenkten uns Kleider. Nun war es so: Die Mannequins entwickelten einen unwahrscheinlichen Ehrgeiz, immer nur die schönsten Kleider anzuziehen, also die fanden das herrlich, und mir war das so egal, was ich anzog! Und die Frau des Leiters war so ein bißchen schusselig, da war manchmal an einem Kleid kein Knopf dran usw., und da habe ich gesagt: »Gebt es mir, bevor ihr euch deswegen in die Haare kriegt!« Also, ich bekam immer die schäbigsten Kleider zum Vorführen. Ja, und das Schönste war noch, ich hatte keine Schuhe mit hohen Absätzen, ich habe nie Schuhe mit hohen Absätzen getragen. Aber die brauchte ich jetzt, wenn ich die Kleider vorführte; für die Tänze hatte ich Stiefel. Da bekam ich von der Frau ein Paar Schuhe, die waren mir zwei Nummern zu klein. Das muß so eine Wirkung gehabt haben, ich bekam dadurch so einen schwebenden Gang, einfach weil ich kaum auftreten konnte vor lauter Fußschmerzen. Aber alles war sehr schön, sehr harmonisch. Wir fuhren mit einem großen Horch; dann waren wir einen Tag in Mannheim, den anderen Tag in Hamburg, also wir sind manche Nacht durchgefahren.

Diesen Moment werde ich nie vergessen. Januar 1933 waren wir in Bremen, und wir sitzen am Tag der Ernennung Hitlers zum Reichskanzler in einem Restaurant genau unter dem Lautsprecher. Da kommt die endgültige Nachricht: Hitler hat gewonnen! Hitler wird Reichskanzler! Da verfärbten sich die Gesichter des Leiters und seiner Frau kreideweiß, plötzlich werden die kreideweiß, und er sagt: »So, wir müssen sofort weg!« Beide waren Juden. Also, was das für die ein Schock war! Es hatte doch kein Mensch ernsthaft gedacht, daß der Hitler Reichskanzler wird. Jedenfalls, die Modenschau wurde von heute auf morgen aufgelöst, und ich stand wieder da. Ich habe später, als ich in Brüssel Wehrmachtshelferinnen unterrichtete, diesen Mann auf der Straße wiedergesehen und habe Angst gehabt, ihn anzusprechen. Gott sei Dank hat er mich nicht gesehen – ich wußte, daß wir sehr stark beobachtet wurden. Was er da machte, weiß ich also nicht, aber in Brüssel konnte man sich als Jude noch so einigermaßen bewegen; was in Deutschland war, das kam ja in die Konzentrationslager.

Dann habe ich zusammen mit einer Kollegin eine Gymnastikschule aufgemacht, und zwar auf dem Mauritiussteinweg in der Nähe vom Neumarkt. Da hatte ich auch etwas mit dem sogenannten Betriebssport zu tun. Die Betriebsangehörigen mußten ja alle zwangsweise Sport machen, und das innerhalb der regulären Arbeitszeit. Das verband ich mit meiner Gymnastikschule, und so bin ich zum Beispiel mal in Deutz bei der Firma Brügelmann gewesen. Aber es war wenig, ich habe den Nazis wohl keine große Sympathie entgegengebracht, das merkt man ja; ich bekam nur mal hier und da einen Kursus. Andere, die hatten da voll zu tun.

1939 kam der Krieg. Eines Tages, das war vielleicht sechs Monate nach Beginn des Krieges, erhalte ich einen Anruf, ich sollte nach Düsseldorf zum Deutschen Veranstaltungsdienst kommen. Der Deutsche Veranstaltungsdienst war eine Organisation der Deutschen Arbeitsfront, die für die anspruchsvolleren Sachen zuständig waren, also für Konzertprogramme, Tourneen usw. Ich komme dahin, und da sagt dieser Herr: »Sie kommen in den Kriegseinsatz! Wollen Sie?« Ich war ja immer neugierig auf alles, und ich sage: »Ja.« »Gut«, sagt er, »hier ist der Vertrag. Übermorgen fahren Sie für eine viermonatige Tournee nach Norwegen.« Also, mir fiel das Herz in die Hose! Jetzt hatte ich ja die Schule, aber das war nicht so ein großes Problem, die Kollegin konnte meine Kurse übernehmen; aber mittlerweile kamen schon die ersten Fliegerangriffe, und wenn man dann seine Angehörigen in den Kellern weiß, ist das ja doch beunruhigend. Ich hätte natürlich absagen können, aber mich reizte das irgendwie – und so eine Schule ist sowieso nicht sehr interessant.

Nun ja, in zwei Tagen mußte alles gepackt sein, meine ganzen Kostüme und alles, und ich mußte in Essen antreten. Zu dem Ensemble gehörten eine Sängerin von der Essener Oper, ein Violinvirtuose, ein Pianist und ein bekannter Bandonion-Spieler. Von Essen ging es weiter nach Berlin, und in Berlin wurden wir vereidigt – wir standen ja im Rang eines Soldaten. Dann sind wir mit einem Riesenhorch zur dänischen Küste hoch. Übernachtet haben wir immer in Wehrmachthotels, das waren beschlagnahmte Hotels, die besten natürlich. Dann erfuhren wir erst mal, was in der Skagerrak los war. Da waren ja regelrechte Schlachten in der Skagerrak! Und wir waren wohl die erste Künstlergruppe, die nach der Invasion nach Norwegen geschickt wurde. Nach uns kam die ganze Berliner Scala, die hatte man auch engagiert, und die sind alle mit einem Schiff untergegangen!

Wie wir in Frederikshavn ankommen, der Übersetzstelle nach Norwegen, mußte erst mal jeder die Anschrift seiner nächsten Angehörigen angeben. Da wurde es uns schon schummerig. Dann waren dort 500 Soldaten, die kamen alle aus Bayern, und wir zwei Frauen, also die Opernsängerin und ich. Abends um 7 Uhr mußten wir antreten und genau wie die Soldaten in Reih und Glied stehen. Dann wurde jeder aufgerufen und ging auf das Schiff, wo jedem als erstes eine Schwimmweste verpaßt wurde. Also, was wir da für Gefühle hatten, wir haben ja vorher überhaupt nicht darüber nachgedacht, was da auf uns zukommen könnte! Auch die Soldaten waren baß erstaunt, daß Frauen mitkamen; die wußten ja, was los war!

Bei Dunkelheit fuhr das Schiff los. Dann kamen die ersten Luftangriffe. Das ganze Schiff wurde verdunkelt, und auf Deck durfte keiner ein Streichholz oder ein Feuerzeug anmachen. Da war das eine Schießerei, von oben nach unten und von unten nach oben! Das waren wahrscheinlich Engländer, die uns angriffen. Außerdem hatten wir Windstärke 11, alles flog durcheinander. Unsere Kollegen, die haben eine solche Angst gehabt, die haben aus lauter Angst einen gehoben und waren so betrunken, daß sie von der Schiffsfahrt überhaupt nichts mehr gemerkt haben. Und alle wurden seekrank. Die Opernsängerin und ich, wir sind nach draußen gegangen – an der frischen Luft kann man das ja besser vertragen –, haben uns da ans Händchen genommen und haben uns neben das Rettungsboot gesetzt. Also, wenn ich heute darüber nachdenke! Ja, und wie es morgens hell wurde, kamen deutsche Flugzeuge, und die haben uns immer umkreist, um das Schiff zu schützen. So sind wir gut in Oslo angekommen.

In Oslo hatten wir unseren ersten Auftritt, das war in einem Riesentheater vor bestimmt 2000 Soldaten. Nun bekamen wir erzählt, was alles schon passiert war mit den Soldaten; wie die in Oslo reingekommen sind. Im April war die Invasion gewesen, und die große Blücher, wohl das erste deutsche Schiff, das mit Besatzungstruppen nach Norwegen fuhr, ist im Oslo-Fjord von einer kleinen Insel aus torpediert worden und untergegangen. Die Soldaten haben sich zum Teil retten können. Sie sind an Land geschwommen, und die Norweger saßen in den Bäumen und haben auf sie geschossen. Ich habe später diesen riesengroßen Soldatenfriedhof gesehen, da war auf jedem Kreuz der Stahlhelm. Alle Stahlhelme hatten den gleichen Einschuß! Wir haben auch viel mit dem General gesprochen; der hat, als er ans Ufer gekommen ist, irgendeine Bude aufgebrochen, da waren trockene Kleider drin, und dann, so hat er uns erzählt, hätte er mit Damen-Wasserstiefeln die Parade abgenommen.

Von Oslo aus haben wir die Tournee gemacht, vier Monate lang, und jeden Tag anderswo. Ich muß sagen, es war eine phantastische Tournee, wir sind ganz phantastisch aufgenommen worden! Ich muß auch sagen, daß sich die deutsche Wehrmacht der norwegischen Bevölkerung gegenüber sehr ordentlich benommen hat. Wir waren ja immer in Hotels untergebracht, die Besitzer waren noch im Haus. Da wurde zu den Soldaten gesagt, die auch da wohnten: »Sie müssen abends aber leise auf Ihr Zimmer gehen!« Also, randaliert wurde da nicht. Trotzdem haben uns die Norweger wahnsinnig gehaßt, was man sich ja denken kann – so ein friedliebendes Land wie ausgerechnet Norwegen zu überfallen! Wir waren auch immer in militärischer Begleitung, wir konnten nie alleine irgendwohin gehen.

Die Tournee wurde gemacht zur Unterhaltung der Soldaten. Meine Kollegin sang Opernarien, etwas leichterer Art, oder Operetten; der Geiger spielte so Bravourstücke, Paganini; und ich habe getanzt, also keine problematischen Tänze, sondern mehr zur Unterhaltung. Das war ein Step-Tanz, ein Walzer, ein Tango und eine Masurka, alles in den passenden Kostümen. Jeder hatte sein eigenes Programm. Die Soldaten freuten sich natürlich wie wahnsinnig, wenn sie mal ein deutsches Wort hörten, wenn denen mal etwas Heimat vermittelt wurde. Einige waren aber auch ziemlich durchgedreht. Dann lagen die an so einsamen Stellen, waren viel allein und hatten dauernd dieselben Gesichter um sich herum.

Also, wir spielten immer vor Soldaten, wir hatten nur mit Soldaten zu tun. Dann waren die auch zum Teil so reizend. Einmal kam ein General, das war der Graf Baudissin, und sagte: »Ich lade Sie ein für mehrere Tage, daß Sie sich mal erholen können.« Wir haben bei ihm gewohnt, brauchten nicht zu arbeiten, und die Burschen mußten uns mit dem Bötchen auf den See hinausrudern. Abends machten wir eine Fahrt mit dem Landauer, vor uns die Pferde und die Laternen, also, es war schon toll romantisch! Dann hatten wir einen Zahlmeister, der fuhr manchmal zig Kilometer, nur um uns Lebensmittel zu besorgen. Wenn er zurückkam, brachte er so einen Klumpen Butter mit. Er hatte immer Angst, daß wir verhungerten. Auf jeden Fall, es freuten sich alle. Wir sind dann mit dem Zug vom Süden bis ganz in den Norden hoch. Das Furchtbare war: Man war auf der Suche nach dem norwegischen König Haakon, der geflüchtet war. Wir konnten nun genau seinen Fluchtweg sehen, denn dort hatten die deutschen Soldaten alles in Brand gesteckt, da standen nur noch die Kamine von den Häusern. Also, das war ganz tragisch!

Zurück sind wir über Schweden. Schweden hatte einen Vertrag mit Deutschland, daß deutsche Truppen durch Schweden fahren durften, und von Trelleborg fuhren wir mit einem Schiff unter schwedischer Flagge nach Saßnitz. Von da aus sind wir mit unserer Truppe nach Holland, nach Belgien, nach Frankreich, bis Südwestfrankreich runter, immer die Küste entlang. Dann war ich es leid, und ich bin nach Hause gefahren, die Truppe allerdings ist weiter nach Rußland. Nach Rußland wollte ich nicht, das war mir dann doch zuviel – es stand sowieso nicht mehr zum besten mit allem. In Rußland haben die auch sehr viel Schlimmes erlebt, und sie sind noch mit dem letzten Zug da rausgekommen.

Ich kam zurück, und da haben sie mich wieder drangekriegt: Ich mußte im Bensberger Priesterseminar, das war geräumt worden, Gymnastik mit Kriegsversehrten machen, also mit Soldaten, denen ein Arm oder ein Bein fehlte. Das Tragische war: Die meisten waren sich noch gar nicht ihres Zustandes bewußt! Wir hatten zum Beispiel eine Gruppe, das waren alles Beinamputierte, aber an beiden Beinen amputiert. Zur Gymnastik wurden die immer so zusammengesetzt. Die nannten sich das »Hofballett«. Also, die haben ja später überhaupt erst gemerkt, was mit ihnen los war, dann, wenn sie wieder unter die Menschheit kamen, wenn sie wieder in ihrer Familie waren. Es war eine Tragik, fürchterlich! Die waren ja erst mal froh, daß sie wieder in der Heimat waren und nicht mehr an die Front mußten. Sie sagten sich: Für uns ist der Krieg aus! Deswegen diese Euphorie. Viele waren auch regelrecht verroht und auch so rauh uns Frauen gegenüber! Aber wenn man überlegt, was die alles gesehen haben, ihre Kameraden haben sterben sehen, zerfetzt von Granaten . .! Ja, und wir haben mit Medizinbällen gearbeitet, Ballspiele gemacht und sogar Fußball gespielt, alles auf den Krücken.

1943 war ich in Brüssel und habe dort, auch für die Arbeitsfront, Wehrmachtshelferinnen ausgebildet. Mein Mann arbeitete als Schauspieler am Dürener Theater. Intendantin war die Erna Schiefenbusch, sie brachte immer so ausgefallene Stücke. Die hat mich dann als Choreographin für tänzerische Einstudierungen innerhalb der Schauspiele engagiert. Und in einer Nacht, das war Anfang 1944, ist das Theater vollständig zerstört worden, und fast alle Mitglieder des Theaters sind dabei umgekommen. Mein Mann und ich – ebenso die Intendantin – waren Gott sei Dank zu Hause, als dieser schwere Angriff auf Düren kam; wir hörten die Nachricht im englischen Sender. Die Schiefenbusch ist ein paar Tage später bei einem Fliegerangriff umgekommen, zusammen mit ihrem Mann. Da war das auch zu Ende!

1944 sind wir in Köln ausgebombt worden. Dann haben meine Mutter und ich hier oben in einem 2 × 4 Meter großen Holzbüdchen gewohnt, das hatte uns ein Bauer vermietet. Da war kein Boden drin und nichts, das hatte der vorher als Werkzeugschuppen benutzt. Später kam mein Mann dazu, er war in Berlin ausgebombt und hatte am Schillertheater seinen Posten verloren – die Theater hatten ja alle geschlossen, es war ja alles kaputt! In der Zeit wurde mein Sohn geboren. Ich bin, als ich ganz starke Wehen hatte, mit dem Fahrrad ins Bensberger Krankenhaus gefahren. Dann wußten wir überhaupt nicht, wohin mit dem Jungen. Außer einem geschenkten Kinderwagen – damit hatten sie Briketts transportiert, das war mein Kinderwagen! – hatten wir nichts für das Kind. Tagsüber mußte der Junge draußen im Kinderwagen liegen, und das war dieser wahnsinnig kalte Winter 1944. Nachts durfte ich mit dem Kind im Wohnzimmer des Bauern schlafen, da hatte ich mir ein Bett hingestellt. Also, es war so furchtbar, ich darf eigentlich gar nicht daran denken! Wenn man älter wird und überlegt, was so alles an einem vorbeigegangen ist . . .! Einen Teil unserer Möbel haben wir noch aus Köln herüberbringen können, die hat man noch irgendwie gerettet. Da stand man auf der Straße mit seinen Möbeln, die hatte man noch so eben aus seiner Wohnung rausschieben können, und da wartete man; um einen herum brannte alles lichterloh. Dann fuhr die Wehrmacht durch die Straßen. Wo Leute auf ihren Möbeln saßen, hielten die an, packten die Möbel auf den Wagen und brachten die, wenn man Glück hatte, dahin, wo man sie hinhaben wollte.

Nun saßen wir hier oben und hatten nichts zu essen. In Köln hatten wir wenigstens noch Sonderzuteilung bekommen, wenn die Angriffe waren. Da hieß es zum Beispiel: Auf den Bezugsschein Nummer soundso gibt es heute ein Hähnchen. Dann gingen wir, uns allen das Hähnchen holen. Also, auf diese Sonderzuteilung mußten wir nun verzichten. Und da ist auch noch folgendes passiert. In Deutz waren diese großen Kühlläger, diese großen Vorratslager. Das waren riesige Hallen, wo auch Fett lagerte. Auf der anderen Rheinseite standen schon die Amerikaner. Da sind die Leute von hier aus mit Fahrrädern und mit so Kissenbezügen zu diesen Hallen gefahren, sind unter Beschuß in die Hallen hinein und haben das Fett – das war inzwischen weich geworden, weil der Strom nicht mehr funktionierte – mit Schaufeln in die Kissenbezüge getan und sind mit den Rädern zurückgefahren. Dabei sind noch zig Leute umgekommen. Das riskierten die, nur um etwas Fett zu haben, man hatte ja nichts.

Kurz darauf wurden hier auf dem Berg Geschütze aufgestellt, die Amerikaner waren über den Rhein. Und wie die unten die B 55 entlangkommen, haben diese Kinder vom Volkssturm, vielleicht gerade 14 Jahre alt, den amerikanischen Panzern Handgranaten entgegengeworfen, und hier oben diese Idioten haben angefangen zu schießen. Wir haben eine weiße Fahne gehißt und sind in einen Unterstand gegangen. Meine Mutter sagte immer, ich sollte mich doch auf den Weg machen, ich sollte mich mit dem Kind absetzen – man war ja völlig verzweifelt, man wußte ja nicht, was werden sollte. Die Amerikaner hätten uns doch alle erschießen können. Und da habe ich gesagt: »Nein! Wenn, dann alle; dann alle ohne Ausnahme!« Dann sahen wir plötzlich die Amerikaner durch den Wald kommen. Ich nahm meinen Jungen auf den Arm, bin aus dem Unterstand raus und habe sie gefragt, ob nun endlich der Krieg zu Ende wäre. Die haben uns auch nichts weiter getan. Als wir wieder zu Hause waren, habe ich noch im letzten Moment meine wunderbaren afrikanischen Schwerter, das war so ein Hobby von mir, draußen in den Boden gesteckt und abgebrochen, weil ich Angst hatte, die Amerikaner könnten meinen, wir wollten damit Widerstand leisten. Ein Heft von so einem Schwert habe ich noch. Ja, somit war der Krieg zu Ende.

Dann fing die Hungerszeit an. Vor dem Zusammenbruch haben wir wenigstens noch etwas bekommen, aber jetzt bekamen wir nichts, nicht so viel! Mein Sohn war zum Beispiel einmal mehrere Tage ohne Milch. Überhaupt, die Milch, die der bekommen hat: Die war völlig entrahmt, da konnte man auch Wasser trinken! Dann hatten wir nichts zum Tauschen, und mein Mann war vollkommen unbegabt, irgend etwas zu organisieren, der konnte das einfach nicht, und ich konnte das auch nicht. In der Not bin ich nach Köln gefahren und habe mir da Steckrüben geholt, weil es die ohne Marken gab. Die kochte ich, ohne Fett natürlich, und der Junge aß das. Also, wenn ich heute das Wort Steckrübe höre! Wie diese Hungerjahre so schlimm waren, habe ich zu meiner

Mutter gesagt: »Übersteht es der Junge, ist gut. Aber ich kann nichts machen, wenn er es nicht übersteht!« Von den Bauern aus der Umgebung bekamen wir nichts, im Gegenteil, wir wurden so gehaßt, ich weiß nicht, warum. Wenn wir aus dem Haus gingen, haben uns die Leute mit der Faust gedroht. Uns wurde auch alles zugeschoben. Da hat mal einer nachts einen ganzen Apfelbaum abgeerntet. Wer war das? Wir! Aber mein Mann war Schauspieler, und für die Landbevölkerung hier war das ja sowieso ein unseriöser Beruf.

Dann habe ich zufällig eine ehemalige Kollegin getroffen, und da fragt sie mich, ob ich noch tanzen würde. Als ich verneinte, sagte sie: »Jetzt nimmst du schnell deine Kostüme, gehst nach Aachen und tanzt da bei den Belgiern, bei der Besatzung. Da bekommst du Zigaretten noch und noch!« Ich habe also wirklich blutenden Herzens meinen Sohn bei meiner Mutter zurückgelassen, habe die Koffer genommen – meine Kostüme hatte ich noch gerettet – und bin zu Fuß nach Köln, dann mit dem Bötchen über den Rhein und bin nach Aachen gefahren. Da habe ich gearbeitet und wirklich alles einkassiert, was ich einkassieren konnte, hauptsächlich Zigaretten, die tauschte ich sofort am anderen Tag gegen Lebensmittel ein.

Ja, und ab 1950 habe ich ein paar Jahre Saunadienst gemacht, und zwar bei Frau Margarete Zanders. Die Frau Zanders war Gauleiterin bei den »Braunen Schwestern« gewesen; ihr bin ich auch einmal vorgestellt worden, als ich bei den »Braunen Schwestern« Gymnastikunterricht gegeben habe. Ich sah nun, daß sie in Bergisch Gladbach die Sauna baute und zusätzlich einen Gymnastikraum. Da habe ich gedacht: Du mußt doch mal sehen, ob sie noch eine Gymnastiklehrerin braucht. Ich habe ihr geschrieben, und sofort kam ein Brief zurück, es täte ihr leid, sie hätte schon eine Gymnastiklehrerin. Ich sollte sie aber trotzdem einmal besuchen kommen. Das habe ich getan, und da hat sie mir angeboten, ich könne bei ihr Saunadienst machen. Dann machte ich also drei oder viermal in der Woche diesen Dienst. Dadurch habe ich Beziehungen zur Volkshochschule bekommen, und die Leute, die in die Sauna kamen, fragten einen, was für einen Beruf man hätte, und so habe ich mir hier meine ganze Arbeit aufgebaut. Ich fing mit einem Gymnastikkursus an und hatte nachher zwanzig – aber das hat natürlich lange gedauert. Dann habe ich noch, weil das Geld nicht reichte, eine Zeitlang beim Toto gearbeitet, und ich bin sogar einmal Schmuckverkäuferin gewesen. Da mir aber keiner etwas abkaufte – ich habe ja überhaupt keine Beziehung zu Schmuck –, habe ich das bald drangegeben. Also, wenn ich überlege, was man alles hat mitmachen müssen! Ich bin eigentlich selten länger stabil gewesen; immer passierte etwas, was zeitgeschichtlich bedingt war. Heute stehe ich über diesen Dingen, und erst jetzt bin ich reif, darüber zu sprechen und zu sagen: Ich habe für vier Mark abends in einem Kabarett gearbeitet – weil es nicht anders ging! Man kann nur leben, wenn man mit allem mitgeht. Wenn ich die Leute in meinem Alter sehe, ja, viele von ihnen sind einfach stehengeblieben, die kommen mit dem Zeitgeschehen jetzt nicht mehr zurecht. Ich habe es immer wieder akzeptiert.

Und heute? Heute fühle ich mich sehr zufrieden und sage: Ich habe eigentlich noch nie so schön gelebt wie jetzt. Zu Wohlstand habe ich allerdings gar keine Beziehung, aus Wohlstand habe ich mir nie etwas gemacht. Und je mehr Wohlstand, desto unzufriedener werden die Menschen; ich erlebe das ja immer wieder bei meinen Yoga-Schülerinnen. Immer diese Hast nach dem Geld, nach schönen Kleidern, nach Schmuck – und innen geht man zugrunde. Zufriedenheit entsteht nur, wenn man etwas mehr in die Innerlichkeit geht. Unsere Generation ist bescheiden geblieben, weil wir immer für unsere Existenz kämpfen mußten und weil man früher arm war. Wenn wir zur Kommunion gegangen sind, haben wir ein Kettchen und ein Eßbesteck bekommen. Wenn man sich einmal anguckt, was heute die Kinder bekommen: fünfzig Mark, hundert Mark, eine Stereoanlage! Und jetzt kommt dieser Einbruch durch die Arbeitslosigkeit. Die jungen Leute, die ihr Geld nicht mehr so locker aus der Tasche ziehen können . . ., ja, was ist das für die schwierig! Wir sind auf solche Fälle eingerichtet, aber die jungen Leute? Das kann nicht gutgehen. Insofern kann man schon gar nicht mehr von Wohlstand reden, wir sind ja wieder auf dem totalen Abstieg!

Hans Greis

Ich habe oft den Unterhaltungen und politischen Gesprächen zugehört, wenn die bei uns in der Gaststätte zusammen karteten, mein Vater und seine Parteifreunde. Sie hörten gern, wenn ich ab und zu mal einen Geistesblitz dazwischenwarf. Ich konnte ihnen auch ganz schön Bescheid sagen; nicht beleidigend, aber so, daß sie mal ein bißchen darüber nachdenken mußten!

Dann haben wir den Vater immer zu den Zentrumsversammlungen gefahren, wenn er da oder dort eine Rede halten mußte. Wir wechselten uns ab; einmal fuhr ich den Mercedes, und das nächstemal mein Bruder. Selber wollte er nicht fahren – er fuhr grundsätzlich nur Motorrad! Da diese Versammlungen meistens samstags- oder sonntags abends waren, nahmen wir auch unsere zukünftigen Frauen mit. So haben wir oft an den Versammlungen teilgenommen; und auch miterlebt, wie die politischen Gegner des Zentrums dem Vater Fragen stellten und ihn in die Ecke drängen wollten. Aber er war schlagfertig, er konnte schon antworten! Und er war glücklich, wenn er sah, daß die Versammlung ein Erfolg war.

Damals, nach dem Ersten Weltkrieg, hatten wir an die 20 Parteien. Da war die christliche Zentrumspartei, fast alles Katholiken; die Deutsche Demokratische Partei, das waren mehr Evangelische; die Sozialdemokratische Partei, die Sozialisten; dann gab's die Deutschnationale Partei, da waren die »oberen Zehntausend« drin; dann die Kommunisten und noch andere, kleinere Parteien. 1926 bin ich dann auch in die Zentrumspartei eingetreten.

1933 kamen die Nazis an die Macht. Die Zentrumspartei wurde verboten, wie alle anderen Parteien auch. Alles wurde verboten, die Gewerkschaften . . ., alles! Und hier im Stella-Werk an der Richard-Zanders-Straße sind viele Bürger geknüppelt und geknebelt worden. Aber keiner sagte was davon, das haben wir alles erst später erfahren. Den Peter Walterscheid, Sozialdemokrat und wichtiger SPD-Mann in Gladbach – aber ein wirklich anständiger Mensch –, haben die Nazis mit einem Schild »Ich bin ein Bonze« durch die Stadt geführt. Mein Vater – damals Parteivorsitzender des Zentrums – sollte auch dabeisein. Aber ein SA-Mann, ein Herr Maurer, hat sich dann dafür eingesetzt, daß das nicht passiert. Er muß gesagt haben: »Der Greis, der hat auch dem kleinen Mann geholfen!« Vorher war nämlich folgendes passiert: Der Maurer hatte an der Mülheimer Straße neu gebaut; konnte dann aber, weil er arbeitslos wurde, die Rückzahlungsrate und die Zinsen nicht mehr bezahlen. Das Haus sollte versteigert werden. In seiner Not hat er sich an die Stadt gewandt, an meinen Vater, der zu der Zeit Beigeordneter war. Und mein Vater hat bewirkt, daß das Haus nicht versteigert wurde, sondern daß die Raten und Zinsen gestundet wurden. Später bekam der Maurer Arbeit und konnte seinen Verpflichtungen wieder nachkommen. So ist den Leuten das Häuschen erhalten geblieben. Von seiner politischen Gesinnung her war der Maurer erst

Kommunist, er ist aber dann aufgrund von schlechten Erfahrungen mit dem Kommunismus zum Nationalsozialismus übergetreten.

Die Nazis haben den Vater dann in Ruhe gelassen; die Zentrumsleute wurden aber auch nicht so stark verfolgt wie die Kommunisten oder die Sozialdemokraten. Sich politisch betätigen konnte er natürlich nicht mehr! Nur den englischen Sender hat er ab und zu noch gehört, verbotenerweise. Und er war weg, wenn er die Marschkolonnen der SA hörte – damit er nicht mit »Heil Hitler« zu grüßen brauchte! Aber sonst hat er sich zurückgehalten. Der Walterscheid hat seine Gesinnung auch nicht aufgegeben – um dadurch vielleicht irgendwo einen Posten zu bekommen. Nein, das hat er nicht gemacht! Er hat durchgehalten und sich – als ehemaliger Arbeitsamtsleiter – mit Schuhereparieren über Wasser gehalten. Das ist auch anerkennenswert! Als alles vorbei war, war er natürlich wieder dabei. Derjenige, der das hauptsächlich betrieben hat in Gladbach, war der Peter Menrath, ein Gladbacher. Der hat auch dieses geleitet unten beim Stella-Werk; und ein paar Gefangene muß er erschossen haben, hier oben in der Sandgrube am Wapelsberg. Das weiß ich allerdings nur vom Hörensagen, ich war ja nicht hier, ich war ja Soldat. Nach dem Krieg hat man ihm den Prozeß gemacht und ihn aufgehangen!

In die NSDAP bin ich nicht reingegangen, trotzdem mich viele darum gebeten haben. Ich kannte ja viele, die in der Partei waren; einer war sogar Ortsgruppenleiter. Nein, da habe ich nichts drin getan! Genau wie der Vater!

1939 kam der Krieg! Am 10. Januar 1940 kam ich als Soldat nach Köln-Ostheim und wurde dort ausgebildet. Ich hatte das Glück, daß die Einheit – eine Fliegerhorstkompanie – aus Leuten zusammengesetzt war, die alle vom Bergischen oder Oberbergischen kamen. Viele davon kannte ich. Dadurch haben wir auch viel Spaß gehabt. Ausgebildet wurden wir aber von Ostpreußen, von Frontkämpfern, die bei den ersten Kämpfen im Osten schon dabeigewesen waren. Wir sind immer nur im Westen geblieben; in der Eifel bei Vogelsang wurden wir eingesetzt, dann kamen wir nach Belgien in die Nähe von Lille, und dann nach Leuven. Ich war erst gewöhnlicher Soldat und habe es dann zum Feldwebel gebracht.

Dann bekamen wir einen sogenannten »nationalen Verbindungsoffizier«, einen von der Partei. Das wurde in der ganzen Wehrmacht eingeführt. Dieser Mann hatte die Aufgabe, bei uns Nationalsozialismus zu predigen; der sollte darauf achten, daß alles »Heil Hitler« ging! Den militärischen Gruß hatte man ja abgeschafft und anstelle dessen den Hitlergruß eingeführt. Was wir aber nicht machten! Dieser Mann sah auch bald, daß das Nationalsozialistische bei uns in dem »rheinischen Haufen« nicht so florierte. Später habe ich ihn näher kennengelernt. Als wir dann mal einen zusammen tranken, sagte er zu mir: »Weißt du, das größte Leid ist, daß ich hier so einen Unsinn verzapfen muß!« Da sagte ich zu ihm: »Wenn du meine Meinung hören willst: Ich werde mich auch niemals mehr um Politik kümmern!« Dieser Mann wurde nicht von uns verachtet, der wurde von uns als vernünftig angesehen. Der hätte uns auch nie verraten, wenn mal etwas gewesen wäre! Deshalb konnten wir auch schon oft was sagen.

»Nie mehr Politik!« sagten die meisten, »nie mehr diesen Unsinn!« Und: »Nie mehr Krieg!« Diese Gesinnung ist da gewachsen. Obwohl ich ja noch Glück hatte; ich brauchte nie gezielt auf den Feind schießen. Nur wenn die Tiefflieger angriffen, haben wir mit der Flak geschossen. Nie mehr Krieg, nie mehr Politik, nie mehr diesen Unsinn, hieß es! Mit dieser Gesinnung kamen wir aus dem Krieg zurück.

Am 10. Dezember 1945, nach acht Monaten amerikanischer Kriegsgefangenschaft, war ich wieder in Gladbach. Und wie ich nach Hause kam, sagte meine Frau: »Hans, hast du Hunger?!« »Ja«, sagte ich, »ich hab Hunger!« Da macht sie den Küchenschrank auf, steht da Mehl, Speck, einfach alles! Sie hatte alles! Vom Ersten Weltkrieg war ich gewohnt, daß nichts mehr da war. Aber das! Da sagte ich: »Frau, das kann ich nicht begreifen! Soll das der verlorene Krieg sein?! Wenn das so ist, dann haben wir aber noch Glück gehabt!« Meine Frau und meine Mutter hatten die Lebensmittel von den Besatzungstruppen, von den Engländern, von den Franzosen, von den Amerikanern, die ständig unser Haus belegt hatten, und für die meine Mutter kochte. Dadurch hatte sie Lebensmittel genug. Am nächsten Tag ging ich wieder an die Arbeit.

1946 wurden die politischen Parteien zugelassen, unter anderen auch eine christliche Partei, die sich CDU nannte. Die katholischen und die evangelischen Christen hatten sich zusammengesetzt – richtigermaßen, wie ich meine – und eine christliche Partei gegründet. Das war schon etwas Neues, daß sich Katholische und Evangelische zusammentaten. In meiner Schulzeit, also noch in der Kaiserzeit, war das ein gewaltiger Unterschied zwischen katholisch und evangelisch. Wir waren so erzogen, daß wir zum Beispiel glaubten, eine Sünde getan zu haben, wenn wir auf dem Schulhof der evangelischen Schule Wasser tranken. Aber das war ja Unsinn! Der Vater hielt das auch für falsch! Er sagte: »Ich kann nur christlich sein, wenn ich auch die Überzeugung anderer achte!« Er hat sich mit den evangelischen Christen immer gut verstanden. Und so trat er in die CDU ein. Ich aber nicht, noch nicht. Ich hatte mir ja gesagt: Nie mehr Politik!

Dann kam der Erhard, der Ludwig Erhard, Wirtschaftsminister unter Adenauer. Das war 1949, als er noch jung war. Er sollte nach Köln kommen und dort sprechen. »Da solltest du doch mal hinfahren!« sagte mir der Vater. Ich also mit noch anderen Handwerkern nach Köln und habe dort in der »Flora« den Erhard gehört. Anschließend war Diskussion. Er appellierte kolossal an die Jugend, doch mitzumachen, mitzuarbeiten beim Wiederaufbau. Die von früher wären alle gefallen im Krieg, jetzt käme die Jugend! Und man müßte mit allen Mitteln dafür sorgen, daß das nicht mehr passiert, so eine Diktatur wie unter Hitler! Das hatte mich beeindruckt, damit konnte ich politisch übereinstimmen. Auch daß man wieder frei wählen durfte! Daß man mitentscheiden konnte, wer ins Parlament kommt! Und daß das alles im Grundgesetz festgelegt wurde. Daß man wieder offen seine Meinung sagen durfte – nicht wie bei den Nazis; wer da was sagte, der war ja weg! Als ich das alles hörte, sagte ich mir: »Das ist die richtige Partei!«

In die SPD einzutreten habe ich mir nie überlegt. Als Handwerker hatte ich ja die Selbständigkeit als das Ziel meines Berufes vor Augen. Wenn ich in die Fabrik gegangen wäre, hätte ich vielleicht anders gedacht. Nein, für mich war klar: Ich wollte in die CDU! Obwohl viele an mich herangetreten sind, doch in die SPD oder in die FDP einzutreten. Ich kannte ja viele, die in den anderen Parteien waren; auch in meinem Kegelklub waren alle drei Parteien vertreten.

Der Erhard war später auch mal in Gladbach und hat hier am Rathaus gesprochen. Zu der Zeit war ich schon Parteivorsitzender und Fraktionsführer. In diesem Amt habe ich ihn persönlich begrüßt!

Jetzt war ich also in der CDU. Ich ging regelmäßig in die Versammlungen, habe öfters das Wort ergriffen, mich engagiert und auch im Wahlkampf mitgemacht. Dann ging es um Kandidaten für den Stadtrat: Ich wurde vorgeschlagen! Meine Frau sagte dazu: »Tu es nicht! Das können wir uns nicht leisten! Dafür muß man mehr Geld haben; der Mittelständler kann das nicht!« Ich habe dann aber doch ja gesagt; nachdem sie mich alle bearbeitet hatten, der Herr Josef Esser vom Rheinhöhenweg und noch andere Parteifreunde. »Ja, dann tut mich auf die Liste, aber ziemlich hinten!« sagte ich, »damit auch Handwerker draufstehen!« Es standen ja auch Frauen auf den Listen; meist aber so weit hinten, daß sie nicht in den Rat kamen. Trotzdem: Ich wurde mit Mehrheit in den Rat gewählt! Das war 1962.

Dann mußten die Ausschüsse besetzt werden. Ich war zuerst im Bauausschuß und dann im Personalausschuß – übrigens ein undankbarer Posten. Bei anstehenden Beförderungen zum Beispiel: Da kamen alle gelaufen, die befördert werden wollten. Jeder versuchte, Stimmung für sich zu machen. Ein Bekannter von mir war auch mal dabei. Das Geschäft, in dem er arbeitete, lief nicht mehr so richtig; deshalb hatte er sich bei der Stadt beworben. Als er mich daraufhin ansprach, sagte ich ihm: »Ich wüßte nicht, warum wir gegen dich sein sollten. Du mußt natürlich auch mit den Leuten von deiner Partei reden!« Ich habe dann mit meinem Ausschuß gesprochen, und so haben wir ihn gewählt. Wir konnten ja auch nicht nur Leute aus der eigenen Partei wählen; es ging doch vielmehr um Können, Eignung und demokratische Gesinnung. Ein halbes Jahr später kam die nächste Beförderung. Da kommt der wieder zu mir und sagt: »Hans, wie is dat?! Die Beförderung! Ich hab mich auch beworben!« »Nein!« sagte ich, »dafür kannst du meine Stimme nicht haben! Du bist erst ein halbes Jahr da und willst jetzt schon befördert werden! Das empfinde ich als Ungerechtigkeit! Denk mal, all die Leute, die schon Jahre dasitzen und auf eine Beförderung warten! Jetzt soll ich mit meinen Leuten . . .?! Nein, das geht nicht!« Daraufhin hat er mich ein halbes Jahr nicht mehr gegrüßt. Aber so geht das dann!

Es war viel zu tun! Am Tag habe ich mich drei- oder viermal umziehen müssen. Morgens auf die Baustelle, dann eine Besprechung im Rathaus, wieder auf die Baustelle. So ging das! Meine Hausangestellte frug mich jeden Tag: »Herr Greis, was haben Sie morgen?!« »Ja«, sagte ich, »ich muß um 9 Uhr da sein, dann da, und dann da!« Dann legte sie mir die Anzüge fertig dahin. Ich konnte ja nirgendwo hingehen mit den Sachen, die ich auf der Baustelle trug.

Und dann, eines guten Tages, sollte ich Bürgermeister werden. Sie wollten mich wählen! Ich weiß noch genau: Ich kam nach Haus, es war schon spät. Da sagte ich zu meiner Frau: »Maria, jetzt wollen sie mich zum Bürgermeister machen!« Sie, direkt: »Dann pack ich die Koffer, Hans! Du mußt wählen zwischen mir oder dem Bürgermeisteramt! Das will ich nicht! Und denk an dein Geschäft. Du bist weit zurück, in allem!« Ich habe abgelehnt! Es wäre auch nicht gegangen, das Geschäft, die Politik . . . Denn ich nahm die Politik ernst. Einmal sagte mir ein Ratskollege nach einer Ratssitzung, als wir noch einen trinken gingen: »Du nimmst das ja ernst, was da passiert! Hast du sie nicht mehr all! Du mußt das doch nicht so ernst nehmen, die Politik!« Aber ich nahm das ernst; ich konnte mich auch so richtig aufregen in einer Sitzung.

Mein Verhältnis zur SPD war gut. Mit dem Herrn Walterscheid zum Beispiel war ich per du. Wir waren zwar politische Gegner, aber keine politischen Feinde. Es kommt ja auch darauf an, wie man es macht! Einmal hatte ich im Rat eine Stellungnahme vorgetragen und auch meine Meinung dazu begründet. Am Schluß sagte ich dann: »Daß die SPD dagegen ist, ist aus den und den Gründen zu begreifen. Wir sind da anderer Auffassung . . .!« Dann sprach der Walterscheid: »Herr Greis, ich kann Ihnen nur eins sagen: Um das, was Sie sagen, zu begründen, da sind Sie viel zu jung für!« Und dann sprach er weiter. Das ärgerte mich doch! Ich ließ ihn aber weiterreden. Als ich später wieder zu Wort kam – nachdem ein paar andere Punkte behandelt waren –, sagte ich, zu ihm gewandt: »Und was die Rede vom Herrn Walterscheid anbelangt: In Achtung Ihres Alters, Herr Walterscheid, habe ich eben auf Ihre Bemerkung hin, ich sei noch zu jung, nicht geantwortet. Das möchte ich jetzt tun! Ich weiß, daß das Alter Weisheit ist – also kann ich die noch nicht haben. Aber ich werde mich befleißigen, daß ich« . . . usw. So habe ich ihm ganz ruhig und schön eine Antwort gegeben, nicht gehässig. Ich hatte Applaus im ganzen Haus! Man kann es eben auch so machen.

Oder manchmal gingen wir zu Kenfenheuer, in das Wirtshaus der SPD; das sogenannte »Rote Lokal«. Da tranken wir schon mal ein Bier. Der Hölzers Peter, auch ein CDU-Mann, und der Richerzhaas Heiner aus Herrenstrunden, er war in der FDP; wir trafen uns öfters in der Wirtschaft Hölzer in der Bahnhofstraße. Dann sagten wir auch schon mal: »Sollen wir nicht den Heinrich was ärgern gehen?!« Das war der Kenfenheuer. Er war natürlich überzeugter Sozialdemokrat. Dann gingen wir dahin und haben mit ihm so richtig politisiert, haben ihn so ein bißchen gekitzelt. Er ging auch immer hoch – aber er konnte gut reden, er konnte einem schon eine Antwort geben! Ja, das war das »Rote Lokal«! Die ganzen Kenfenheuers waren Sozialisten. Das war bekannt in Gladbach. Wir unterhielten uns aber trotzdem, selbstverständlich! Es wurde sich zwar was geärgert, aber nicht gehässig!

Der Vater und der alte Kenfenheuer machten das genauso. Da ist einmal folgendes passiert, das ist Tatsache: Der Vater war sehr fromm; jeden Morgen ganz früh ging er in die Kirche. Und so ging er natürlich auch in die Christmette. Als er einmal Weihnachtsmorgens die Gladbacher Straße hochkommt, steht da der Josef Kenfenheuer in der Türe. Er stand auch immer früh auf. Als er den Vater kommen sieht, sagt er: »Morgen, Theo!« »Ja, Morgen, Josef.« »Theo, dat is doch die sicherste Nacht heut. Man kann wenigstens ruhig schlafen!« »Jaa . . ., warum dat dann?« fragt der Vater. »Jaa . .«, sagt er, »die Spitzbuben sind ja all in der Kirch!« Da sagt der Vater: »Josef, daran liegt das nicht. Aber wenn du die andere Zeit im Jahr nicht ruhig schlafen kannst, dann gebe ich dir den Rat, doch mal beichten zu gehen, dann kannst du auch wieder ruhig schlafen!« So wurde sich dann was aufgedreht, sich gegenseitig was geärgert.

Demokratie ist Kompromiß! Man muß miteinander arbeiten, man muß sich auch gegenseitig achten! Wir hatten auch schon mal einen Bürgermeister, der sprach nicht mit einem SPD-Mann! Wenn ich als Fraktionsführer zu dem sagte: »Herr Bürgermeister, heute abend habe ich eine Besprechung mit dem Fraktionsführer der SPD, könnten Sie . . .« »Da geh ich nicht mit! Das müssen Sie alleine machen!« hörte ich dann von ihm. Der war gegen die SPD, gegen alles Sozialistische! So geht das auch nicht! Die CDU ist ja christlich-sozial, die Politik muß dann auch dementsprechend geführt werden. Man muß ja alle Bürger in die Überlegungen und Handlungen miteinbeziehen, man darf ja nicht nur an die eigene Partei denken! Manchmal war es auch so, daß Stimmen fehlten, daß einige aus unserer Fraktion bei einem Antrag nicht mitzogen. Dann versuchte man, die Stimmen von den anderen Parteien zu bekommen. Und wenn dann der Bürgermeister sagte: »Nein, wenn da Sozialisten bei sind, gehe ich nicht dahin!«, dann ist das eine schwierige Situation für einen Fraktionsführer!

Ende der sechziger Jahre habe ich mich aus der Politik zurückgezogen. Ich kam mit der Verwaltung nicht mehr zurecht! Ich hatte mir Sparsamkeit vorgenommen, die Stadtverwaltung aber wollte meiner Meinung nach zuviel Geld ausgeben. Ich wollte nicht direkt so ein großes Gymnasium; und dann noch in einem so unvernünftigen Baustil! Die Verwaltungen setzen sich gerne ein Denkmal! Das kostet viel Geld, und wenn was verkehrt gemacht wird, muß es der Bürger bezahlen. Es ist nicht immer richtig, was die Verwaltungen machen! Nachher habe ich das nicht mehr mitgemacht. Und als ich dann wenig Unterstützung von der eigenen Partei bekam, habe ich aufgehört. Ich mußte mich auch wieder mehr um das Geschäft kümmern.

Die Achtung des einen vor dem anderen war auch nicht mehr so! Der Umgangsstil war früher besser. Weil man sich auch gut kannte. Überhaupt, früher kannte man doch jeden in Gladbach. Das ist ja heute nicht mehr möglich. So viele Fremde, Flüchtlinge, neu Hinzugezogene sind hierher gekommen; mit dem Ergebnis, daß das einheimische Gladbach nicht mehr einheimisch blieb. Damals kannte eine Familie die andere! Man wußte, zum Beispiel die Schmitters, das ist eine anständige Familie. Wenn man jetzt den Sohn von so einer, sagen wir mal »echt Gladbacher Familie« kennenlernte, dann hieß es: »Ach so . . ., das ist Ihr Vater!« Man setzte nun direkt voraus, daß der Sohn auch ein anständiger Mensch war. Das Familiäre, das Miteinander-bekannt-Sein, machte viel aus! So war es auch in der Politik. Jeder wußte: Die Kenfenheuers sind Sozialdemokraten, der Bode ist Sozialdemokrat; und was ich für eine Gesinnung hatte, wußte auch jeder. Das wußte man damals mehr als heute. Wieviele Geschäftsleute gibt es, die sagen: »Nein, ich kann mich aus Geschäftsgründen nicht zur CDU bekennen!« Sie haben Angst, eine Mark weniger einzunehmen, der und der käme dann nicht mehr einkaufen. Das sind aber doch keine überzeugten Bürger! Das sind Leute, die nur an die Finanzen denken. Im Lager der SPD gibt es die allerdings auch, aber weniger. Die sind mutiger, die Leute!

Ich halte es für wichtig, daß man die Leute kennt – auch in der Politik. Dann kann man ja auch besser beurteilen, was der oder jener eigentlich will mit dem Antrag; und ob er es gut meint. Für uns war selbstverständlich: Nach der Sitzung, selbst nach schwierigen Sitzungen, gingen wir zusammen ein Glas Bier trinken. Das war klar! Auch wenn jemand von der Verwaltungsspitze oft meinte, das wäre Bierthekenpolitik.

Käthe Wöske

An politischen Dingen waren damals die Frauen nicht interessiert! Für sie galten die drei Ks: Küche, Kinder, Kirche! Und mindestens sechs Kinder mußten es sein, sonst schimpfte der Pastor. Als junge Frau habe ich einmal eine ältere Dame gefragt: »Frau Müller, warum haben Sie denn sechs Kinder bekommen?!« »Ja, Frau Wöske«, sagte sie, »das mußten wir doch! Das mußten wir einfach aus optischen Gründen! Sonst wäre der Pastor gekommen und hätte gefragt: ›Ja, was ist denn los bei Ihnen?‹«

Ich war ja in politischer Hinsicht auch ein ganz unbeschriebenes Blatt. Aber ich gehörte zur Opposition, immer schon! Selbst in meiner Tätigkeit als Büroangestellte. Ich habe mich gewehrt, wenn es sein mußte, regelrecht gewehrt! Ich habe mir nichts gefallen lassen!

Durch meinen Mann bin ich zur Politik gekommen. Als wir 1924 nach Bergisch Gladbach kamen, ist er sofort in die Politik eingestiegen. Ich wollte jetzt nicht alleine zu Hause sitzen – wir hatten nur ein Kind und wollten auch nicht mehr haben. Außerdem war ich eine Frau, die sich für die Dinge um einen herum interessiert hat. So bin ich 1927 in die SPD eingetreten, in der auch mein Mann engagiert war.

Ich habe mir von Anfang an erlaubt, Kritik zu üben! Auch an den Männern. Dadurch ist mir der Ruf angehängt worden, ich müßte immer vorne stehen. Das ist aber gar nicht wahr, das stimmt nicht! Ich bin nur eine Frau, die mitdenkt, die auch eine eigene Meinung hat.

Wir waren damals höchstens drei Frauen, die wirklich aktiv in der Partei mitgearbeitet haben. Das ist die Käthe Caster gewesen, sie wohnte auf der Bensberger Straße, die Grete Schmidt und ich. Sie sind beide tot.

Wir Frauen haben uns mehr um die familiären Dinge gekümmert, wir sind bemüht gewesen, den Frauen, die zu unseren Veranstaltungen kamen, behilflich zu sein, zum Beispiel wenn es um Kindererziehung ging. Das sind Dinge gewesen, woran die Männer ja überhaupt nicht gedacht haben! Wir haben uns mehr um die kleineren Dinge gekümmert und haben versucht, den Frauen, die doch zu dieser Zeit aus ihren vier Wänden gar nicht rauskamen, auch etwas Geselliges zu bieten, wo sie sich einmal ausschwatzen konnten! Früher haben die Frauen doch alles alleine verkraften müssen! Heute wird das ja alles wieder gefördert, heute werden ja Frauengruppen gegründet und Frauenhäuser eingerichtet.

Ich kann mich erinnern: Einmal ist mein Mann mit einigen Freunden in die Waldbeeren gegangen. Als sie wieder zurückkamen, brachten sie einen 10-Liter-Eimer voll Waldbeeren mit. Wir Frauen haben dann Kuchen gebacken und haben eingeladen. Wer kam, konnte Pfannkuchen essen, soviel er wollte. Solche Berge habe ich gebacken! Wir Frauen hatten noch gar nicht vor, in die große Politik einzusteigen. Wir sahen mehr das Kleine, die Hilfe der Frauen untereinander. Das war der Sinn unserer Frauengruppe.

Als Frau sehe ich die Dinge aus einer ganz anderen Sicht. Die Männer sehen nur das Große, das ganz Große. Die Frau sieht aber auch das Kleine, was zum Beispiel so wichtig ist für die Familie und den Fortbestand der Familie. Frauen denken doch ganz anders als Männer! Die Männer haben immer nur das große Ziel vor Augen, Städteplanung zum Beispiel. Wie man dann später in diesen Städten lebt, daran denken sie nicht. Sie sehen nicht die kleinen Dinge, die so wichtig sind im Leben.

Aber wir Frauen müssen viel aktiver werden in der großen Politik, wir müssen da viel mehr einsteigen. Zum Beispiel, um Kriege zu verhüten. Wir ziehen unsere Kinder groß und lassen sie uns nehmen! So ist es doch! Hunderttausende sind doch umgekommen im Ersten und Zweiten Weltkrieg! Ich darf gar nicht daran denken, was noch kommt in der Zukunft. Es ist noch nie umsonst gerüstet worden! Ich meine, wir Frauen haben da eine große Macht, die wir aber leider nicht ausnützen, die wir wirklich nicht ausnützen!

Wir Frauen haben natürlich auch diskutiert, wir haben nicht nur Kaffee getrunken und Kuchen gegessen. Wir haben die Frauen hergeholt, um bei ihnen langsam ein Interesse für politische Dinge zu wecken. Allerdings, an eine Gleichberechtigung der Frau hat man vor dem Krieg nicht gedacht. Die Idee der Gleichberechtigung ist bei den Frauen erst durch den Krieg geweckt worden, als sie selbstbewußter wurden. Denn, was haben wir doch alles geleistet und durchgestanden, in der Heimat und auf den Flüchtlingstrecks, doch mindestens genausoviel wie die Männer an der Front! Ich kann mich erinnern: Ich war in Essen bei meiner Mutter. Es war Fliegeralarm, nachts, wir stürzten in den Luftschutzkeller. Da sind wir Frauen von einigen Frontsoldaten an die Seite geschubst worden, damit sie schneller als wir im Bunker waren. Sie hatten mehr Angst als wir! Wir hier in der Heimat, in den Städten, haben doch genausoviel aushalten müssen wie die an der Front! Dadurch ist das Selbstbewußtsein der Frau sehr gestärkt worden. Da ist ihnen bewußt geworden, was für einen Wert sie haben. Was sie vorher nicht wußten. Sie sind ja mit Absicht kleingehalten worden. Den meisten Frauen fehlte auch der Mut, was zu sagen. Mir hat er nie gefehlt, auch später im Rat nicht. Ich habe immer gesagt, was ich dachte. Als ich nach zwölf Jahren mit der Tätigkeit im Rat aufgehört habe, bedauerten das alle, quer durch die Parteien. Das hört sich zwar nach Eigenlob an, ist aber eine Tatsache. Ich habe meinen Mann gestanden!

Dann haben wir Referenten aus Bonn zu unseren Versammlungen geholt. Die sind auf meine große Schnute aufmerksam geworden, und dann war ich einmal acht Tage in Brodenbach auf einer Schulung für junge Frauen. Es hatte sich also schon in ganz Deutschland eine größere Gruppe von politisch aktiven Frauen zusammengefunden.

Aber wir hier im kleinen, »schwarzen« Bergisch Gladbach! Wenn nicht die Fremden dagewesen wären, die neues, fortschrittliches Gedankengut hierhergebracht hätten! Von den einheimischen Bürgern war in dieser Hinsicht nicht viel zu erwarten. Es war eine grundsätzlich »schwarze« Mehrheit hier. Der Pfarrer von St. Laurentius hatte das Sagen, er war der heimliche Bürgermeister! Ich meine, das charakterisiert doch schon die ganze Situation.

Wir sind hier heimisch geworden durch unsere Parteifreunde. Als wir hierherzogen, habe ich zu meinem Mann gesagt: »Hier krieg ich kein Kind! Ich will wieder zurück nach Essen!« Trotzdem habe ich mein Kind hier bekommen. Dann habe ich gesagt: »Hier in die Schule kommt das Kind nicht!« Trotzdem ist es hier in die Schule gekommen. Mein Mann wollte nicht mehr zurück nach Essen, zurück in die Großstadt. Aber ich wollte in diesem Bergisch Gladbach nicht bleiben. Die Leute waren alle so kleinkariert, so engherzig! Ich bin zwar ein Mädchen vom Lande gewesen, aber ich habe in Essen in der Stadt gearbeitet, bin bei Thyssen, beim Roheisenverband auf dem Büro gewesen, ich hatte dadurch einen ganz anderen Horizont. Und welche Frau interessierte sich hier für gesellschaftspolitische Dinge?! Deshalb wollte ich nicht bleiben.

Die Bergisch Gladbacher Sozialdemokraten konnte man an der Hand abzählen. Das war der Peter Walterscheid; er war schon sehr früh dabei, und er ist damals wegen seiner politischen Gesinnung sehr viel gemaßregelt worden, wie man mir erzählte; das waren die Kenfenheuers, sehr feine Leute; dann ein Herr Thieme und noch einige andere. Ich vergesse nie, als die alte Frau Thorn einmal ganz entsetzt zu mir sagte: »Was! Sie verkehren bei Kenfenheuer!« Kenfenheuer war das »rote« Lokal! Dort hatten wir auch viele Tagungen von unserer Frauengruppe aus. Aber es war mir gleich, was die Frau Thorn dachte. Wir hatten ja unsere Freunde. Ja, wir waren die »Roten«!

Ich bin heute noch in der Straße, in der ich wohne, die »Rote«! Alles »schwarz« hier, diese Häuserzeile. Oberhalb wohnt ein Protestant, FDP; nebenan Schmitz, auch katholisch. Ich habe immer isoliert dagestanden. Solange ich meine Familie hatte, störte mich das nicht. Aber heute!? Nur ein kleines Beispiel: Vor ungefähr fünf Jahren hatten die Herrschaften im übernächsten Haus goldene Hochzeit. Ich hatte das durch meine Nachbarn, die jetzt beide tot sind, erfahren. Obwohl ich nie Kontakt zu diesem Ehepaar hatte, habe ich als Geschenk eine Azalee hingeschickt – wir sind ja schließlich Nachbarn. Montags oder dienstags wurde die ganze Nachbarschaft eingeladen, nur ich nicht! Obwohl ich als alleinstehende alte Frau hier lebe! Kann man das verstehen?! Und das sind Kirchgänger, die fast jeden Tag in die Kirche laufen. Das ist für mich unbegreiflich! Das kann ich einfach nicht fassen. Ja, so ist das heute noch, ich bin die »Rote«! Obwohl ich gar keine Kommunistin bin, ich bin Sozialdemokratin.

Mein Mann war damals noch bei den Jusos, zusammen mit dem Josef Müller, dem Jupp, wie wir ihn nannten, und mit dem Bosbachs Heinrich. Sie standen in echter Opposition zu ihren älteren Parteigenossen. Als die Alten dann beim Erstarken der Nationalsozialisten merkten, was los war, haben sie die Jungen drangelassen. Mein Mann wurde 1. Vorsitzender der Partei.

Februar 1933 haben wir noch eine große Veranstaltung im Saal des »Bergischen Löwen« organisiert. Die SA, die »Braunen«, standen schon draußen an der Tür und paßten auf, wer in die Veranstaltung kam. Aber unsere Leute haben sich daran nicht gestört. Die Begrüßung unter uns Genossen war »Freundschaft«, im Gegensatz zum Gruß der Nationalsozialisten »Heil Hitler«. Ich vergesse nie: An der Tür stand der Josef

Müller von der Sander Straße. »Jupp, wie is et?« fragte ich ihn. »Total besetzt«, antwortete er, »brechend voll!« Da war ich froh und glücklich; mein Mann als Vorsitzender hatte die Versammlung organisiert.

Es war eine tolle Zusammenkunft. Alles nur unsere Leute. Der Saal: voll! Luise Schiffgens aus Bonn, unsere Referentin, hielt eine mitreißende Rede. Sie prophezeite: Zwölf Jahre bleibt er dran, der Hitler. Dann ist er weg! Es sind tatsächlich nur zwölf Jahre geworden. Zwischendurch ist mein Mann impulsiv aufgesprungen, hat sich an den großen Flügel gesetzt und »Brüder, zur Sonne, zur Freiheit« intoniert. Und ein Herr Braun referierte. Er stand da in seinem schwarzen Anzug wie ein Baum, er stellte was dar! Später ist er ins Ausland geflüchtet. Ja, das war unsere letzte Veranstaltung. Angst hatten wir alle nicht; trotz der SA-Männer vor der Türe. Es war ein letztes Sichaufbäumen.

Kurz danach setzte die brutale Verfolgung der Kommunisten und Sozialdemokraten ein. Mein Mann floh nach Düsseldorf zu einer Schwester, bei der er sich einige Tage im Keller versteckt hielt. In der Kasseler Gegend sind ja die Sozialdemokraten von den Nazis so furchtbar zerschlagen worden. Die Mutter meines Mannes wohnte in der Nähe von Kassel, so daß wir nach dort Kontakte hatten. Dadurch war mein Mann informiert. Wir hatten Angst, daß das in Bergisch Gladbach auch passieren würde. Als dann sonntags durchs Radio kam, Hitler hätte jede Einzelaktion der SA untersagt, ist er wieder zurück nach Bergisch Gladbach, um seine Arbeitsstelle bei Köttgen nicht zu verlieren.

Ich war noch in Düsseldorf mit meinem Sohn. Montags bekam ich ein Telegramm, mein Mann wäre in Köln im Gefängnis, im Klingelpütz. Er wäre geholt worden! An diesem Morgen ist mein Mann bei Köttgen rausgeholt worden! Obwohl Hitler jede Einzelaktion untersagt hatte. Aber da haben sich die Bergisch Gladbacher SA-Leute nicht dran gestört! Erst haben einige Mitarbeiter von Köttgen versucht, meinen Mann zu verstecken. Der Betriebsleiter muß wohl gesagt haben, er wäre nicht an seiner Arbeitsstelle. Erst als ein SA-Mann – ein Herr Maurer von der Mülheimer Straße – drohte: »Wenn Sie den Wöske nicht rausgeben, nehmen wir Sie auch mit!«, haben sie meinen Mann rausgegeben.

Den Peter Walterscheid haben sie aus dem Arbeitsamt rausgeholt – er war Leiter des Arbeitsamtes und führender Mann hier von der SPD. Die Nazis haben ihm ein Schild in die Hand gedrückt »Ich bin ein alter Bonze« und ihn mit diesem Schild durch die ganze Hauptstraße geschleppt. Er muß auch geschlagen worden sein.

Das Bild war vor kurzem in der Zeitung abgedruckt. Ich bin auch angerufen worden von einem Redakteur, ob ich nicht noch Fotos hätte, wie mein Mann geholt worden ist. »Nein«, habe ich ihm gesagt, »das habe ich alles verdrängt, ich möchte das auch nicht wieder hervorholen!«

Trotz der Verfolgung ist Widerstand geleistet worden von unseren Genossen. Von Köln waren zwei Leute bei mir, mein Mann war nicht da. Sie wollten meinen Mann für die Untergrundbewegung anwerben. Es waren Parteifreunde. Ich habe ihnen gesagt: »Nein! Mein Mann nicht!« Da habe ich als Frau gestreikt. Das wollte ich nicht. Es ist Widerstand geleistet worden, aber was hat es denn genützt?!

Nach dem Krieg war es sehr viel einfacher für die SPD. Wir waren keine gemiedene Partei mehr, wir wurden langsam, aber sicher groß. Wir waren nicht mehr eine so schrecklich kleine Minderheit. Und dann kam ja auch der große Flüchtlingsstrom aus dem Osten, aus den evangelischen Bezirken. Die Partei wurde wieder gegründet, und vor allen Dingen auch die Arbeiterwohlfahrt, um den Menschen helfen zu können.

Wir Frauen waren die gleichen, die schon vor dem Krieg dabei waren. Unsere Gruppe ist dann sehr aktiv geworden. Wir haben zum Beispiel die Flüchtlingslager betreut, wir haben auf dem Marktplatz alles mögliche verteilt: Kleider, Salzheringe, Milchpulver, Geld – alles Spenden. Wir veranstalteten politische Vorträge, besuchten mit unseren Frauen den Bundestag und betreuten Kinder, damit die Mütter Besorgungen machen konnten.

Einmal haben wir Frauen eine Feier veranstaltet im oberen Saal des »Bergischen Löwen«. Eine ganze Wanne Kartoffelsalat wurde gemacht und dazu Würstchen gekauft. Dann haben wir unsere Männer eingeladen. Es wurden Zettelchen geschrieben, an der Tür bekam jeder Mann einen Zettel, auf dem stand, mit welcher Frau er zusammensitzen mußte – damit nicht Ehemann und Ehefrau zusammensaßen. Wir hatten sehr viel Spaß. Mein Mann spielte Lieder auf dem Klavier, und ich habe eine Rede gehalten – mehr eine Büttenrede – über unsere Bonzen hier in Bergisch Gladbach. Bonzen, das war früher der übliche Ausdruck für die, die an der Spitze der Partei standen. Alle lachten sich halbtot. Später haben sie mir dann gesagt, sie hätten nicht über die Rede gelacht, sondern über mein »Gläbbisch«, über meine Aussprache. Und einer ist aufgesprungen, hat sich für ein paar Minuten zurückgezogen und anschließend eine Schmachrede über uns Frauen gehalten – aus Spaß natürlich, denn die Männer schätzten unsere Arbeit. Aber das vergesse ich nie, diese Wanne voll mit Kartoffelsalat. Das war noch in der schlechten Zeit.

Und heute?! Ich habe dieses Jahr eine Weihnachtsfeier von unserer Partei erlebt. Die Frauengruppe hatte ein kaltes Büffet gestaltet, alles sehr schön zurechtgemacht. Es spielte eine Frauengruppe aus Rösrath, sie nennt sich »Die Rotkehlchen«. Vier Frauen sind das. Sie singen Lieder zur Laute. Was sangen sie: Kampf- und Streitlieder! Während der Lichterbaum brannte! Dagegen habe ich opponiert. Wenn ich eine Weihnachtsfeier besuche und der Lichterbaum brennt, dann will ich nicht die Internationale singen, die singe ich bei anderen Gelegenheiten! Ich habe die Internationale schon mehr als einmal in meinem Leben gesungen, aber nicht auf einer Weihnachtsfeier! Dann tituliere ich das nicht Weihnachtsfeier. Ja . . ., ich bin noch lange nicht mit allem einverstanden, was unsere jungen SPD-Frauen heute machen. Aber das sage ich ihnen auch!

Doch, es war schon sehr schön, für andere Menschen zu arbeiten und zu versuchen, für sie etwas rauszuholen – besonders für die Kleinen! Für die Großen wird ja bei uns genug getan. Die Hauptsache ist, daß man Mut hat! Ich habe sehr viel Mut gehabt. Deshalb bin ich so geschätzt worden, auch im Rat; weil ich den Mut hatte, den Mund aufzutun. Und . . ., ich habe nie einen Hehl daraus gemacht, daß ich Sozialdemokratin bin und der Partei angehöre! Ich habe mich der Partei nie geschämt, obwohl wir hier in Bergisch Gladbach eine schrecklich kleine Minderheit waren und gesellschaftlich gemieden wurden. Selbst unter gleichgesinnten Männern ist es nicht immer einfach gewesen. »Ach ja, sieh an! Die Käthe Wöske!« Käthe Wöske ließ sich aber nicht unterkriegen! Ich erinnere mich noch: Im Konfirmandenunterricht hat der Pastor einmal zu uns Kindern gesagt: »Die Welt ist entstanden aus der Urzelle.« Da bin ich aufgestanden und hab gefragt: »Und wo ist die Urzelle hergekommen, Herr Pastor?« Da hat er gesagt: »Setz dich, Käthe!« Ich wollte es immer genau wissen!

Ludwig Bode

Im Schatten der Hochöfen und Schlote der Ilseder Hütte wurde ich geboren. Mein Lebensweg war vorgezeichnet. Als Hüttenarbeitersohn begann ich eine dreijährige Lehre als Laborant in dem Werk, in dem auch mein Vater tätig war. 1933, bedingt durch den nationalsozialistischen Umbruch, mußte ich meine Heimat verlassen und mich versteckt halten. Die Nationalsozialisten wollten mich umbringen. Ich war Sozialdemokrat, genau wie mein Vater! Als sein Sohn mußte ich – da er mit der Feder nicht umgehen konnte – Berichte für die Zeitungen schreiben. Der Vater sagte: »Jung . . .! Schreib!« Er erzählte mir dann von der und der Ratssitzung – er war führendes Mitglied im örtlichen Gemeinderat –, und ich brachte das zu Papier. Wenn dann am nächsten Tag gepfefferte Angriffe gegen die Nationalsozialisten in der Zeitung standen, hatten die auch eine Heidenwut auf mich. Die Folge war, daß ich sofort, als Hitler 1933 zur Macht kam, einen Brief auf meinem Schreibtisch fand: Ich hätte sofort das Werk zu verlassen und es nicht mehr zu betreten! Ich bekam noch Gehalt bis zum 30. Juni, sollte mich aber laut Befehl zum SA-Wehrsport beim SA-Führer Beyer melden. Dagegen sträubte ich mich. Das wollte ich nicht! Der Beyer war als Schläger bekannt; er hatte schon einigen meiner sozialdemokratischen Freunde ins Gesicht geschlagen. Ich sagte mir: Bevor du ihm vor Wut an die Kehle gehst, suchst du besser das Weite! Das habe ich dann auch getan. Deswegen bin ich weggelaufen.

Was haben die denn alles mit den Tausenden von politisch Verfolgten angestellt! Die haben sie einfach geprügelt und geschlagen! Und strammstehen vor solchen Leuten, die einen früher als Lausejungen angespuckt haben! Einigen meiner Freunde aus Hannover ist es erbärmlich ergangen, viele sind im Konzentrationslager gestorben. Ich habe nur Glück gehabt, daß sie mich nicht gefunden haben. Natürlich suchten sie mich, konnten mich aber nicht finden, weil ich mich an mehreren Orten versteckt hielt. Auf der Flucht lernte ich dann Leute aus Bergisch Gladbach kennen, die für ihr Reformhaus einen Nachfolger suchten. So bin ich nach Bergisch Gladbach gekommen, wo ich mich erst dreiviertel Jahr in einer Gartenlaube an der Ferrenbergstraße versteckt halten mußte. 1936 schrieb ich einen Brief an Schacht, den damaligen Reichsbankpräsidenten und Reichswirtschaftsminister. Ich kannte ihn von früher her, er kam aus dem »deutschnationalen« Lager. Ihm schilderte ich meine Not. Ich wollte mich mit eigener Kraft aus dem Millionenheer von Arbeitslosen befreien. Dazu fehlte mir aber mein erspartes Geld, welches in Peine auf der Genossenschaftsbank »eingefroren« war. Ich schrieb ihm, ob es keine Möglichkeit gäbe, das Geld auf ein Konto meines Freundes zu überweisen – mein Konto durfte ich ja hier nicht angeben. Was ich nicht geglaubt habe, trat nach zehn bis zwölf Wochen ein: Ich bekam von Berlin einen Bescheid des Reichswirtschaftsministeriums: »Entsprechend Ihrem Schreiben wird das Geld auf das angegebene Konto überwiesen.« Erst jetzt konnte ich es wagen, mich in Bergisch Gladbach

anzumelden und an die Öffentlichkeit zu treten. Aber immer noch mußte ich stillhalten; ich durfte nicht sagen, daß ich Gegner der Nationalsozialisten war. Das konnte ich bis Kriegsende nicht.

Dann kam der Krieg, ich sollte eingezogen werden. Vom ersten Tage an war ich darauf aus, um den Kriegsdienst herumzukommen. Ich war ja Kriegsgegner, ich wollte nicht für Hitler sterben, der mich umbringen wollte. Auch das ist mir nach vielen Mühen gelungen; nachdem ich ein halbes Jahr im Lazarett lag und anschließend vom Kriegsdienst befreit wurde.

Als 1945 die Amerikaner kamen, saß ich in meinem Haus an der Laurentiusstraße. Der Vollberg aus Bergisch Gladbach ging ihnen mit einer weißen Fahne entgegen. Sie standen mit ihren Panzern an der Ecke, wo jetzt der »Co op« steht. Irgendwo fiel ein Schuß, und bums, da knallten sie schon los. Der erste Schuß ging in die Kirche rein. Vollberg blieb aber unerschrocken und ging weiter auf die Panzer zu. Dann kamen die Amerikaner aus ihren Panzern raus und verhandelten. Der Krieg in Bergisch Gladbach war zu Ende!

Als die Parteien wieder zugelassen wurden, trat ich wieder in die Sozialdemokratische Partei ein, habe mich aber erst nicht organisatorisch betätigt. Bis mich einige Freunde ansprachen: »Menschenskind, ran hier! Das gibt es nicht, beiseite stehn!« So bin ich wieder im Ortsverein tätig geworden, und nach einiger Zeit, es dauerte nicht lange, kam ich in den Rat der Stadt. Das war 1952. Später wurde ich dann noch stellvertretender Bürgermeister.

Ich bin im parteipolitischen Leben heute nicht mehr so aktiv tätig, wie ich das einmal war. Das kann ich nicht mehr, und ich habe auch keine Lust mehr dazu. Aber nach wie vor bin ich noch ein Sozialdemokrat alter Schule, ganz alter Schule! Ich habe mich neulich gefreut, als wir das Denkmal »Der Papierschöpfer« auf dem Rathausplatz eingeweiht haben. Da schrieb die Bergische Landeszeitung – die wollte mir eins auswischen: »Alt-Sozialdemokrat Ludwig Bode . . .« Daß mich das geehrt hat, Alt-Sozialdemokrat genannt zu werden, ist dem Redakteur wohl gar nicht bewußt gewesen, daß ich stolz darauf bin!

Es ist sowieso unglaublich, daß einer der bekanntesten Geschäftsleute in Bergisch Gladbach – also ich – als Sozialdemokrat galt. Versteckt mag es hier und da noch einen Sozialdemokraten geben unter den Geschäftsleuten, aber öffentlich aufgetreten, so wie ich, ist keiner. Den Bekennermut hat keiner aufgebracht. Da gehörte ja schon Mut zu, im katholischen, christlich-demokratischen Bergisch Gladbach. Ich – als Sozialdemokrat und Freidenker, nicht Mitglied der Kirche – wurde Vorsitzender des Schulausschusses der katholischen Stadt Bergisch Gladbach! Ein Ereignis, ein Novum! Und sie haben mich alle akzeptiert.

Ich habe das sozialdemokratische Gedankengut von Haus aus, sozusagen von der Muttermilch, mitbekommen. Der Widerstand gegen die Unfreiheit des Arbeiters – des aufstrebenden Arbeiters – liegt mir im Blut. Ich kann Unrecht nicht ertragen, ganz gleich, wo es herkommt. Unrecht muß bekämpft werden! Und wer es auch sein mag, und mag er auch eine noch so hohe Stellung innehaben oder einen noch so schönen Titel: Wenn er unrecht tut, dann ist es aus! Es muß alles in Verantwortung gegenüber der Allgemeinheit vertretbar sein!

Die Veränderung der Partei Ende der sechziger Jahre gab mir den Anstoß, mich langsam zurückzuziehen. Aus gutem Grund. Früher war die Sozialdemokratische Partei eine echte Arbeiterpartei, in der Bürgerliche, wenn sie mit ganzem Herzen dabeiwaren, hochwillkommen waren. Was hätten wir in meiner Jugend oder gleich nach dem Krieg noch darum gegeben, so viele Intellektuelle in der Partei zu haben wie heute! Diese sogenannte Außerparlamentarische Opposition um Dutschke und andere herum, das ist das Unglück und der langsame Niedergang der SPD gewesen! Der Kern der wahren Sozialdemokraten – der echten Sozialdemokraten – wurde immer kleiner. Immer mehr sogenannte Intellektuelle strömten in die Partei. Und diese Klugscheißer, um es mal so auszudrücken, die wollten alles besser machen. Ich vergesse nie – das war am Ende meiner Zeit im Rat –, als zwei von solchen Leuten in eine Schulausschuß-Sitzung kamen und mich in meiner Tätigkeit kontrollieren wollten! Das gab mir zu denken. Wenn dieser Geist aufkommt und sich breitmacht, dann ist kein Platz mehr da für dich, sagte ich mir. Und so ist es auch gekommen. Ich bin zwar immer noch mit dem Herzen Sozialdemokrat, begeisterter Sozialdemokrat, aber mit dem, was die heute tun – nein!

Die heutige Argumentation der Partei ist zu sehr an materielle Dinge gebunden. Ich wünsche mir mehr Gründlichkeit, mehr Innerlichkeit, Herz! Das Grundanliegen ist nicht tief genug in den Herzen der Mitglieder verankert. Viele sind nur deswegen dabei, weil sie meinen: Die SPD sorgt dafür, daß ich mein Leben lang meine Rente beziehe oder daß ich nächsten Monat 50 DM mehr bekomme. All diese Dinge sind doch sekundär; sie sind zwar notwendig, aber sie sind nicht das Primäre im Leben!

Mit dem Herzen – das ist so eine Angelegenheit! Ein Beispiel: 1929 fand ein großer, internationaler Arbeiterjugendtag in Wien statt. Von Adenstedt, wo ich aufgewachsen bin, sind wir losgezogen und nach Wien gefahren. Das war ein Erlebnis! Und die Begeisterung! Wir haben Zeit und Raum vergessen. Es war das schönste Fest, was die Sozialistische Internationale überhaupt je erlebt hat. So etwas hatten unsere Alten damals nicht fertiggebracht. Wir mit unseren dicken Holzschuhen sind oben in die Hofburg gegangen und haben da getanzt. Wo Kaiser und Könige gefeiert haben. Die ganzen Tage über hat unentwegt die Sonne geschienen. Auch werde ich nie die Redner vergessen, die damals gesprochen haben. Oh, das waren Kerle! Der Felix Kanitz zum Beispiel – ihn haben die Nazis später im KZ umgebracht: »Es glüht noch die Flamme, es grünt noch die Saat!« Ich weiß noch genau, wie er das sagte. Und dann hat er losgelegt. Das waren Redner! Bei denen ging das Herz mit. So etwas erleben wir heute doch gar nicht mehr. Wir begeisterten uns an dem sozialistischen Gedanken, wir wollten die Gemeinschaft ändern, eine bessere Gesellschaft formen, nicht nur im materiellen Sinn;

hier innen, das muß bereichert werden, das Herz muß höher schlagen. Das fehlt den heutigen Sozialdemokraten. Die sind alle angesteckt von der Zeitkrankheit des Mammons, immer mehr haben wollen, immer mehr! Geld allein macht nicht glücklich. Wenn der Mensch nicht von innen her zufrieden sein kann oder will, dann ist es schlecht um ihn bestellt.

Ja, und 1979 wurde der 50jährige Wiederholungstag dieses internationalen Arbeiterjugendtages gefeiert. Ich bin mit meiner Frau wieder hingefahren. Es war schön, aber so schön wie damals war's auch nicht mehr. Es waren fast nur alte Leute da, viele waren schon fast nicht mehr! Bei einigen, da loderte noch etwas, da spürte man noch etwas! Aber bei dem Gros der Versammelten fehlte die Begeisterung. Es war nicht mehr so, wie wir es in der Jugend empfunden hatten.

Wenn man nicht von Jugend an so ganz tief erkannt und erfaßt hat, daß dem arbeitenden Menschen, den Menschen der unteren Schichten Unrecht geschieht – und daß man dagegen ständig angehen muß –, dann kann man den sozialdemokratischen Gedanken nie ganz verstehen. Ich habe schon manchem gesagt, der mich gefragt hat: »Wie können Sie als Geschäftsmann Sozialdemokrat sein?« Ich pflege dann zu sagen: »Was ich in meiner Jugend als Recht, als wahres Recht und Gesetz erkannt habe, das kann, wenn ich älter werde und in eine andere Gesellschaftsschicht hineinwachse, nicht plötzlich Unrecht sein. Entweder war es Recht – oder es war kein Recht! Und wenn es Recht war, dann muß es Recht bleiben; auch wenn ich in einer anderen Gesellschaftsklasse bin!«

Ich habe es bisher in meinem Leben noch nie bereut, Sozialdemokrat zu sein, und ich werde es auch bis an mein Ende bleiben! Der sozialistische Gedanke ist im Grunde ein edler Gedanke; nach dem Goethe-Wort: Edel sei der Mensch, hilfreich und gut! Die bürgerliche Gesellschaft ist gar nicht gut. Ich werde bis zu meinem Ende so weitermachen. Und ob der Kohl jetzt Bundeskanzler ist oder nicht, meine Grundüberzeugung bleibt: Sozialdemokratisch handeln und tun, was Rechtens ist.

August Fischer

Die Abschlußfeiern waren typisch für diese Zeit damals Ende der sechziger Jahre. Ich kann mich noch erinnern: Vor einer Abschlußfeier kamen der Pfarrer Kunze und Dr. Kentenich, der damalige Stadtdirektor, zu mir: »Na, Herr Fischer, was kommt denn heute auf uns zu?!« Ich sagte: »Heute kommt gar nichts auf uns zu! Die Schüler haben die Feier selbst gestaltet, alles ist bestens vorbereitet. Es kommt gar nichts auf uns zu!« Wir hatten eine tolle Feier! Ich hielt die Abschlußrede, und nachher hatte ich einen Berg von Blumen in den Armen. Anschließend sagte Pfarrer Kunze: »So was Harmonisches haben wir lange nicht mehr erlebt!«

Aber was haben hier andere Schulleiter in dieser Hinsicht mitmachen müssen! Bei denen gab es ja auch diese Abschlußfeiern, und dann kamen so Unflätigkeiten von den Schülern. Und zu allem Ärger hatten sie manchmal noch eine ungünstige Presse. Aber sie waren wahrscheinlich noch zu autoritär für diese Zeit. Man durfte nicht gegen alles angehen, was die Schüler neu brachten.

Genau wie mit den Haaren. Einmal hat mir der Turnlehrer einen Schüler raufgeschickt mit so langen Haaren – das fing damals an. Er weigerte sich, den Schüler zu unterrichten. Ich sollte ihm einen Befehl geben, die Haare wieder abschneiden zu lassen. Es klopfte, da kommt der Schüler ganz schüchtern rein. Ich sagte: »Jetzt nimm mal erst Platz. Das muß ich mir einmal von nahem ansehen. Zeig mal her!« So einen Burschen hatte ich ja noch nie so nahe bei mir gehabt. Das war ja ganz neu, daß man diese Haartracht trug – diese Auswüchse, wie das meine Generation bezeichnete. Ich stellte fest: Das Haar war sehr gepflegt. »Dein Kopf ist gepflegt, das gefällt mir!« sagte ich. »Ich sehe keine Veranlassung, dir einen Befehl zu geben, daß du die Haare abschneiden lassen mußt. Der Turnlehrer bekommt eine Mitteilung, daß er dich weiter zu unterrichten hat, auch mit langen Haaren!« Da sprang der Junge auf, gibt mir die Hand und sagt: »Herr Direktor Fischer, das habe ich auch gar nicht anders von Ihnen erwartet. Wenn Sie anders entschieden hätten, hätte ich mich heute mittag auf dem Speicher aufgehangen!« Ich sagte: »Nun hör mal, so schlimm ist das ja nun auch nicht! Jetzt gehst du mal schön runter, und in der zweiten Pause werde ich den Turnlehrer zu mir bitten und ihm sagen, daß er sich um deine Haare nicht zu kümmern hat!« Damit war der Fall erledigt.

Dann habe ich einen Rockabend in der alten Turnhalle genehmigt. Da haben die einen Krach gemacht, bis halb elf; und ich habe dagesessen! Mir sind die Ohren bald geplatzt! Dann haben wir eine Raucherecke genehmigt – obwohl ein Teil des Lehrerkollegiums dagegen war. Man mußte ja mit der Zeit gehen! Oder bei der Schülermitverwaltung. Ich ging auf deren Wünsche ein und habe nicht von vornherein gesagt: Das geht nicht! Anhören, überlegen und dann entscheiden, war meine Devise – und nicht immer dagegen. Man durfte nicht einfach auf seinen autoritären Belangen bestehen.

Es wurden auch immer normale Vorschläge gemacht; manchmal mußte man das zwar etwas abebben, aber sie kamen mit keinen Utopien. Ich habe es auch als ganz normal empfunden, daß die Schüler mehr Rechte bekamen.

Allerdings mußten sie auch meine persönlichen Rechte als Schulleiter anerkennen. Das habe ich ihnen auch plausibel gemacht. Zum Beispiel war da ein jüngerer Kollege. Einmal hörte ich im Treppenhaus, wie die Schüler ihn mit seinem Vornamen riefen und ihn duzten. Ja . . ., dann ging derselbe vom Pausenhof in das Schulhaus – er hatte einen Hut auf –, da kommt von hinten so ein großer Lümmel und schlägt ihm den Hut so in den Kopf! Da ist mir aber die Hand ausgerutscht! Den Lehrer habe ich nachher zur Rede gestellt: »Also, das wünsche ich nicht an meiner Schule, daß die Schüler du sagen zum Lehrer!« Der Lehrer brauchte sich nicht zu wundern, daß die Schüler so mit ihm umsprangen. Autorität muß ja sein!

In der Zeit war auch eine große Schülerdemonstration auf unserem Schulhof. Die Initiative ging in erster Linie vom Bensberger Gymnasium aus, unsere Schüler sollten aber auch daran teilnehmen. Ich habe dann auf dem Schulhof die Vertreter der Schülermitverwaltung zu mir gebeten und fragte sie, ob die Schüler an der Demonstration teilnehmen wollten. »Ihr könnt das jetzt entscheiden«, sagte ich zu ihnen. »Wenn ihr an der Demonstration teilnehmen wollt, lasse ich für zwei Stunden den Unterricht ausfallen. Dann könnt ihr alle mal hören, was die zu sagen haben!« Es ging, glaube ich, um den Numerus-Clausus-Erlaß. »Nein«, sagten sie, »das wollen wir nicht. Wir möchten unseren normalen Unterricht! Mit den Schülern vom Gymnasium haben wir nichts zu tun.« Inzwischen hatte sich der Schulhof mit den demonstrierenden Schülern gefüllt. Es schellt, die große Pause ist zu Ende; unsere Schüler gehen wieder in die Klassenräume. Ich komme rauf, steht da meine Sekretärin zitternd im Vorzimmer: »Ja, was machen Sie denn, Frau Wischof?! Was ist passiert?!« »Die haben Ihr Zimmer besetzt, die sind einfach hier eingedrungen! Ich habe mich zwar gewehrt, konnte aber nichts machen!« Ich in mein Arbeitszimmer rein, sitzen da so drei Lümmels vom Gymnasium; einer sitzt sogar auf meinem Sessel hinter dem Schreibtisch! Ich sagte: »Entschuldigen Sie, meine Herren, wer hat Ihnen hier den Zutritt erlaubt?!« »Das wollen wir ja mal sehen!« sagt der, der auf meinem Sessel saß. »Ja«, sagte ich, »das wollen wir mal sehen! Sie sind ja gar nicht von meiner Schule! Was haben Sie hier einzudringen. Das ist ja Hausfriedensbruch! Und Sie sitzen auf meinem Sessel hier, der geht Sie überhaupt nichts an! Wenn Sie nicht in drei Minuten von meinem Sessel verschwunden sind, rufe ich die Polizei!« Die Lehrer hatten sich mittlerweile vor meinem Arbeitszimmer versammelt und hörten sich den Betrieb an. Auf einmal ging die Türe auf, und einer sagte: »Wenn ihr jetzt nicht sofort unseren Chef in Ruhe laßt, kriegt ihr es mit uns zu tun!« Da hat der mich beschuldigt, ich hätte meine Schüler daran gehindert, an der Kundgebung teilzunehmen. Daraufhin ließ ich sofort die Vertreter der Schülermitverwaltung kommen, und die erklärten dann den dreien, daß nicht ich so entschieden hätte, sondern die Schülermitverwaltung. Daraufhin zogen sie ab. Mittlerweile war der Schulhof voll mit

demonstrierenden Schülern. Sie machten die Demonstration hier bei uns, weil ihr Gymnasium zu weit abgelegen war und sie die Schüler aus Bergisch Gladbach dabeihaben wollten.

Ja, es war ein regelrechter Umbruch! Wenn ich an die Zeit denke, als ich mein Abitur machte; damals im großen, alten Trierer Gymnasium! Draußen am Amtszimmer unseres Direktors war eine Schelle angebracht mit einem Schild: Nur Eintritt, wenn die Schelle ertönt. Man mußte klopfen und warten, bis von innen die Schelle betätigt wurde. Dann erst durfte man eintreten! So etwas gab es doch in meiner Amtszeit nicht mehr. Da war doch alles schon sehr human, sehr menschlich! Vor mir hat kein Kind gezittert.

Zur Entstehung des Buches

Zweieinhalb Jahre Arbeit an diesem Buch haben mir viele Erfahrungen ermöglicht. Etwas davon möchte ich hier wiedergeben. Außerdem bedarf es einiger Erläuterungen zur Entstehung des Buches.

Den Texten liegt jeweils ein auf Tonband aufgezeichnetes, mehrstündiges Interview zugrunde. Bei der Niederschrift war es mir wichtig, das Gesprochene möglichst unverändert zu übernehmen und zugleich einen lesbaren Text zu gestalten. Die Portraitaufnahmen entstanden in der Regel nach dem Interview. Das Bild sollte mit dem Text korrespondieren, aber auch etwas Eigenes »erzählen«.

Alle im Buch vorgestellten Personen leben seit Ende des Zweiten Weltkrieges in Bergisch Gladbach, viele sind dort geboren und haben den größten Teil ihres Lebens in dieser Stadt verbracht. Die meisten kennen sich persönlich oder vom Hörensagen. Frau Irma Kuhlmann ist eine Jugendfreundin von Frau Paula Herbertz, und Frau Paula Herbertz wiederum hat 30 Jahre mit Dr. Anton Gießmann im Deutschen Roten Kreuz zusammengearbeitet.

Viele der Befragten sind mir aus meiner eigenen Kindheit und Jugend vertraut – schließlich habe ich über 20 Jahre in dieser heute so angestrengt großstädtisch wirkenden Stadt verbracht. Dr. Ignaz Tenckhoff war mein Kinderarzt, er nahm mir die Mandeln heraus. Herbert Kranzhoff – unter uns »Kulturknubbel« genannt – wirbelte ständig durch das »Forum«, ein auffallend engagierter Mann und für uns aufgrund seiner Position absolut unerreichbar. Realschuldirektor August Fischer begegnete mir des öfteren auf der Schützenstraße, er mit strammem Schritt und rotem Kopf und ich auf dem Fahrrad, mich den Berg hochquälend. Er eine Respektsperson und ich der kleine Schuljunge. Wo kaufte ich meine Bücher? Beim Potthoff natürlich, wo sonst! Geheimnisvoll blieb, wer das denn eigentlich ist, der Herr Potthoff, ich bekam ihn nämlich nie zu Gesicht. Erst jetzt erfuhr ich, daß er sich meistens in seinem zweiten Geschäft in Köln aufhielt. Dann die Firma Glaswatte, die in regelmäßigen Abständen irgend etwas aus den Schornsteinen abließ, was sich überall in der Nähe des Werkes als schwer zu entfernender, klebriger Belag niederschlug, also auch auf die Autos meiner Arbeitskollegen und auf mein Mofa, meine geliebte Solex, mit der ich als kaufmännischer Lehrling der Belkaw-GmbH jeden Morgen zu meiner Arbeitsstelle fuhr. Die Kollegen mit Auto konnten eine Entschädigung von, wenn ich mich recht entsinne, 20 DM beantragen – ich mit meiner Solex ging leer aus! Schweinerei, dachte ich, wie kann man dieses Zeug einfach so in die Luft blasen, wer ist dafür verantwortlich?! Daß ich Jahre später dem ehemaligen Direktor dieses Werkes gegenübersitze, mit ihm in anregender Stimmung Kaffee trinke und er von seiner Industriellentätigkeit erzählt, hätte ich mir damals nicht vorstellen können. Die Arbeit an diesem Buch war also auch eine Beschäftigung mit meiner Vergangenheit, mit meiner eigenen Lebensgeschichte.

So wie mir Geschichte vermittelt wurde, hat mir immer etwas ganz Entscheidendes gefehlt: Die Beschreibung, wie Menschen – auch gerade die sogenannten kleinen Leute – mit den ungeheuren Geschehnissen unserer jüngeren Vergangenheit fertiggeworden sind, schließlich haben sie das ja alles am eigenen Leibe erfahren müssen. Das Phänomen Nationalsozialismus zum Beispiel: Wie verhielt man sich, was tat man oder was hat man unterlassen? Wie hat eine Frau das empfunden, als der eigene Mann von der SA abgeholt wurde? Die schulmeisterhafte, wissenschaftlich orientierte Geschichtsschreibung konnte mir in »erlebte« Geschichte keinen Einblick verschaffen! Geschichte war deshalb etwas Abstraktes, lediglich bei den Schlachtenschilderungen kam Stimmung auf. Die in meinem Buch gesammelten Lebensläufe und Lebensschicksale sollten deshalb ermöglichen, zumindest ansatzweise mitzuerleben und mitzufühlen, wie sich »große« Geschichte auf das Leben Einzelner »hautnah« ausgewirkt hat.

Als Angehöriger der Nachkriegsgeneration hat mich in der Begegnung mit diesen alten Menschen folgendes immer wieder beeindruckt: der große Lebensoptimismus, die Anpassungsfähigkeit und immense Fähigkeit des Verkraftens, mit der solche Ereignisse wie zwei Weltkriege, Armut, Arbeitslosigkeit, Wiederaufbau und Folgen der Wohlstandsgesellschaft in das eigene Leben integriert wurden. Alles ist überstanden worden. Verwundungen – und es muß sie doch gegeben haben – sind heute kaum wahrnehmbar. Viele sind aber auch von den geschichtlichen Ereignissen erstaunlich unberührt geblieben. Das, was andere so stark getroffen hat – und dadurch möglicherweise bewußter erlebt wurde –, ist an ihnen scheinbar spurlos vorübergegangen. Man hat zwar in jener Zeit gelebt, von rational verarbeiteter Geschichte kann aber eigentlich nicht die Rede sein.

Alle haben mir das Gefühl vermittelt, daß sie wußten, wofür sie lebten. Identitätsprobleme, wie wir sie heute bei der jungen Generation erleben, kannte diese Generation wohl nicht.

Zu guter Letzt möchte ich mich bei den Menschen bedanken, die mir einen kleinen Einblick in ihr Leben und Wirken gestatteten und außerdem noch zu dem Wagnis der Veröffentlichung bereit waren. Daß vieles unerwähnt bleiben mußte, brauche ich nicht besonders zu betonen. Mein Dank geht aber auch an die, die mir bei der Entstehung des Buches mit Rat und Tat zur Seite standen: Vilma Sturm, Ernst Brücher, Bernhard Becher, Grete Rosswog und Christiane Tyrell.

Martin Rosswog

Kurzbiografien

Else Ardelt, geboren am 1. 4. 1895 in Köln. Zwei Jahre Volksschule, dann bis zur Untersekunda Besuch des Liebfrauenlyzeums in Köln-Kalk (sogenannte »höhere Mädchenschule«). Anschließend Wechsel auf die städtische Kaiserin-Augusta-Schule. Von 1914 bis zum Staatsexamen 1921 Studium der Naturwissenschaften (I. Stufe) an der Universität Bonn. Siebenjährige Tätigkeit als Assessorin am Liebfrauenlyzeum in Köln-Kalk (5 Jahre) und an dem städtischen Lyzeum in der Genovevastraße (2 Jahre). Übersiedlung nach Bergisch Gladbach. Von 1927 bis 1960 Studienrätin am damaligen Pro-Gymnasium und später am Nicolaus-Cusanus-Gymnasium. Unterricht in den Fächern Mathematik, Physik, Chemie und Biologie. Als sie aus dem Amt schied, wiesen ihre Notizbücher über 4000 Schüler aus, deren Schulabschluß – mittlere Reife oder Abitur – sie miterlebt hatte. *(Seite 128)*

Aenne Arimont, geboren 1909 in Köln. Zweijährige Tanzausbildung bei Rudolf von Laban und Mary Wigman. Mitarbeit im Kölner Kabarett »Kolibri« und in verschiedenen Tanzgruppen. Aufbau einer Gymnastikschule. Im II. Weltkrieg mit einer Konzertgruppe in der Wehrmachtsbetreuung tätig. Fahrten nach Norwegen, Holland, Belgien und Frankreich. Lebt seit 1944 in Bensberg-Moitzfeld. Seit 1950 freiberuflich als Gymnastik- und Yogalehrerin an verschiedenen Volkshochschulen tätig. *(Seite 168)*

Elfriede Bickenbach, geborene Neumann. Geboren am 8. 6. 1899 in Köln-Deutz, 1904 Umzug nach Bergisch Gladbach. Lebte hier bis zu ihrer Heirat im Jahr 1923. Anschließend Aufenthalt in verschiedenen Städten Deutschlands, in Mainz, Leipzig, Stettin und Berlin. 1945 Rückkehr nach Bergisch Gladbach. Schrieb unter dem Namen »Finnenkieker« Gedichte und Glossen, die in der Bergischen Landeszeitung veröffentlicht wurden. *(Seite 76)*

Ludwig Bode, geboren 1903 in Adenstedt, Kreis Peine. Lebt seit 1934 in Bergisch Gladbach und ist heute Inhaber von mehreren Reformhäusern. 1952 wurde er in den Rat der Stadt gewählt, wo er bis Ende der sechziger Jahre den Schulausschuß leitete und gleichzeitig stellvertretender Bürgermeister war. *(Seite 196)*

Helene Börsch-Supan, geborene Supan, 1903 in Bergisch Gladbach geboren. Mitglied des »Collegium Musicum« in Bergisch Gladbach (sogenanntes Liebhaberorchester) und des Cäcilienchores. *(Seite 146)*

Kurt Börsch-Supan, geboren 1896 in Elbing/Westpreußen. Von Beruf Finanzbeamter. Nach dem Ende des II. Weltkriegs auf vielfältige Art und Weise aktiv im Bergisch Gladbacher Kultur- und Musikleben tätig. Veranstalter von Konzerten (mit dem Priska-Quartett) und Vorträgen. Mitglied des Cäcilienchores. *(Seite 146)*

Bernhard Engels, geboren am 1. November 1902 in Bilin (Nordwest-Böhmen). Arbeit in der Glasindustrie: 1922 bis 1931 in Weißwasser (Oberlausitz, Schlesien), 1931 bis 1945 in Waldenburg (Schlesien). 1945 Flucht nach dem Westen. 1947 Aufbau eines

Betriebes für Glühlampenregenerierung (Stuttgart). 1950 Direktor der Glaswatte GmbH in Bergisch Gladbach. 1962 Mitglied der Konzernleitung. 1970 Ruhestand. *(Seite 23)*

August Fischer, geboren am 11. 12. 1906. 1925 Abitur (in Trier) und Beginn eines sechssemestrigen Studiums an der Universität Köln (Fächer Deutsch, Französisch, Pädagogik). Beendet das Studium mit dem Staatsexamen. Arbeitet als Realschullehrer an verschiedenen Schulen; zehn Jahre an der Höheren Schule in Hermeskeil, drei Jahre in Halver bei Wipperfürth, unterrichtet von 1942 bis zum Ende des Krieges an einer Schule im besetzten Metz (Frankreich), anschließend in Troisdorf. Von 1950 bis 1972 Direktor der Realschule Bergisch Gladbach-Stadtmitte. *(Seite 201)*

Dr. Anton Gießmann, geboren am 14. 4. 1895 in Tawern bei Trier. Von 1910 bis 1918 Besuch des Gymnasiums in Trier. Beginn eines Medizinstudiums an der Universität Bonn. Meldet sich 1916 als Kriegsfreiwilliger und kommt als Infanterist an die Front. Gerät 1917 in französische Gefangenschaft. Nach dem Krieg Weiterführung des Medizinstudiums mit abschließendem Examen. Ausbildung zum Facharzt für Frauenkrankheiten und Chirurgie. 1923 Heirat und 1928 Gründung einer Praxis in Bergisch Gladbach. Nebenher als Chirurg und Frauenarzt am Maria-Hilf-Krankenhaus tätig. Im II. Weltkrieg Ausweitung seiner Tätigkeit auf das Bensberger Krankenhaus. Seit 1928 Rote-Kreuz-Arzt. 1975 Ruhestand. Gestorben im Juni 1984. *(Seite 154)*

Hans Greis, geboren am 4. 11. 1906 in Köln-Dellbrück. Sohn von Theo Greis, Dachdeckermeister und Inhaber der Gastwirtschaft Eifeler Hof, später Gronauer Hof an der unteren Hauptstraße. Besuch der Volksschule (in der Wilhelmstraße, jetzt Hauptstraße); nach Absolvierung der Fortbildungsschule Besuch der Dachdeckerschule in Thüringen. Eintritt in die Christliche Zentrumspartei. Macht die Gesellenprüfung (in Gera) und 1930 die Dachdeckermeisterprüfung (in Köln). 1931 Gründung eines eigenen Dachdeckergeschäfts; Heirat. Während des II. Weltkriegs Soldat. 1945 Wiederaufnahme der Arbeit, Erweiterung des Geschäfts. Eintritt in die CDU (1949). Von 1962 bis 1969 Mitglied im Rat der Stadt Bergisch Gladbach; Mitarbeit in verschiedenen Ausschüssen. Wird zum Parteivorsitzenden und Fraktionsführer ernannt. Zieht sich 1969 aus der politischen Arbeit zurück und widmet sich wieder mehr dem eigenen Dachdeckergeschäft. *(Seite 181)*

Bernardine Hartgenbusch, geboren am 28. 9. 1896 in Bergisch Gladbach (in dem Haus, in dem sie jetzt noch lebt). Tochter des Baders Heinrich Fröhlingsdorf. Bis zum 13. Lebensjahr Besuch der Volksschule, anschließend zweijähriger Besuch der Handelsschule. 1920 Heirat mit ihrem Musiklehrer Josef Clemens Hartgenbusch aus Paffrath. Lebt die ganzen Jahre im Haus der Eltern, Hauptstraße 212, damals Wilhelmstraße. Führt eine Zeitlang ein Tabak- und Pfeifengeschäft. 1940 wird das Haus ausgebombt; sofortiger Wiederaufbau des Hauses. In der Zwischenzeit Unterbringung im Schloß Lerbach. Seit 1969 schreibt sie Karnevalsreden, Gedichte und Episoden in Versform innerhalb der Nachbarschaft. *(Seite 63)*

Paula Herbertz, geborene Sahler, geboren am 2. Juli 1895 in Bergisch Gladbach. 1925 Heirat. Während des II. Weltkriegs Luftschutzausbilderin für den Bezirk Bergisch Gladbach. Von 1945 bis 1975 Bereitschaftsführerin (für die Frauen) des Deutschen Roten Kreuzes, Ortsgruppe Bergisch Gladbach. Noch heute aktiv tätig in Form von Mitwirkung an einem Handarbeitskreis (der Verkaufserlös wird für gute Zwecke zur Verfügung gestellt) und bei Blutspendeaktionen. *(Seite 131)*

Helene Hoellen, geboren am 29. 4. 1913. Ausbildung als Krankenschwester in Mönchengladbach. Besuch der Volkspflegeschule in Köln von 1941 bis 1943. Ein Jahr Praktikum. Von 1944 bis 1964 beim Kreisgesundheitsamt in Bergisch Gladbach als Sozialarbeiterin tätig. Von 1964 bis 1975 Arbeit in der Jugend- und Familienfürsorge. *(Seite 135)*

Johann Höller, geboren am 29. 11. 1897 in Herkenrath-Straßen. Besuch der Volksschule in Bechen. Wird 1913 von der Firma Zanders eingestellt (im Werk Dombach). Ausbildung zum Papierfacharbeiter. Von 1916 bis 1918 Soldat im I. Weltkrieg. Anfang 1919 Wiedereintritt in die Firma. Kommt zu den Papiermaschinen 6 und 7 (Bleicherei). Mitarbeit bei der Betriebsfeuerwehr. 1926 Heirat. Im II. Weltkrieg Soldat, wird aber nach kurzer Zeit aus gesundheitlichen Gründen entlassen und kommt an die alte Arbeitsstelle zurück. Die letzten fünf Jahre vor der Pensionierung als Maschinenpfleger in der Chromolux-Abteilung tätig. 1963 wird sein 50. Firmenjubiläum gefeiert, kurze Zeit später Eintritt in den Ruhestand. *(Seite 34)*

Pfarrer Werner Huch, geboren am 20. September 1912 in Liegnitz (Schlesien). Umzug nach Breslau. Besuch des Gymnasiums »Zum Heiligen Geist«, anschließend Studium der Theologie an der Universität Breslau. 1938 Ordination zum geistlichen Amt. Geistlicher in Breslau, Oberwalden, Brieg. 1943 Schloßprediger und Pfarrer in Heinrichau. Während des II. Weltkriegs Offizier der Nachrichtentruppe. Von 1944 bis 1948 in sowjetischer Kriegsgefangenschaft. Kommt 1948 ins Rheinland. Bis 1949 Hilfsprediger in Köln-Riehl. 1949 bis 1979 Pfarrer in Bergisch Gladbach-Hand. Verantwortliche Mitarbeit in der kirchlichen Vertriebenenarbeit, insbesondere in der Gemeinschaft evangelischer Schlesier. Seit 1979 im Ruhestand. *(Seite 115)*

Bernhard Kalsbach, geboren am 16. 5. 1906. Besuch der Volksschule in Sand bis zum 8. Schuljahr. Mitarbeit auf dem väterlichen Bauernhof. Zweisemestrige Ausbildung an der Landwirtschafts-Schule in Bensberg. Als 1930 der Vater stirbt, übernehmen die Geschwister den Hof (außerdem noch Gerhard und Lisette Kalsbach). 1974 Aufgabe der Landwirtschaft, das Land wird an einen anderen Bauern verpachtet. Lebt seitdem im Ruhestand. *(Seite 53)*

Dr. Peter Kentenich, geboren am 1. 7. 1905. Besuch des Gymnasiums in Brühl bis zum Abitur (1925). Von 1925 bis 1932 Studium der Rechtswissenschaften an der Universität Bonn und Köln mit Abschluß einer Doktorarbeit. Arbeit in verschiedenen Kreis- und Stadtverwaltungen. Von 1948 bis 1969 als Stadtdirektor in Bergisch Gladbach tätig. *(Seite 140)*

Margarete Kleist, geboren am 12. 5. 1912. Ausbildung als Säuglingsschwester. Von 1934 bis 1936 Besuch der Wohlfahrtsschule der Stadt Köln. Ein Jahr Praktikum, ab 1937 Kreisfürsorgerin beim Gesundheitsamt des Rheinisch-Bergischen Kreises. 1972 Eintritt in den Ruhestand. *(Seite 135)*

Ludwig Krämer, geboren am 10. 8. 1900 in Bergisch Gladbach, Sohn des Landwirtes Ludwig Krämer und seiner Ehefrau Adele, geborene Menrath. Bis zum 14. Lebensjahr Besuch der Volksschule, lernt anschließend bei seinem Vater Landwirtschaft. 1925 Heirat. Übernimmt 1928 von seinem Vater den Bauernhof an der Romaneyer Straße und den Steinbruch auf der gegenüberliegenden Seite. Neben dem Ausbau und der Vergrößerung des Steinbruches (Dolomitabbau) und der Arbeit auf dem Hof als Fuhrunternehmer tätig. Gibt 1953 die Landwirtschaft auf. 1955 steigt sein Sohn Ludwig mit in das Geschäft ein und beginnt zusätzlich ein Hoch- und Tiefbaugeschäft. 1960 völlige Übergabe des Geschäfts an seinen Sohn. Seitdem im Ruhestand. *(Seite 18)*

Herbert Kranzhoff, geboren am 22. 12. 1908. Nach dem Besuch des Gymnasiums und des Abiturs Studium der Musik, Germanistik und Kunstgeschichte (Universitäten Köln und Münster). Abschluß an der Staatlichen Hochschule für Musikerziehung in Berlin. Lehrtätigkeit an der Westfälischen Schule für Musik und am Staatlichen Schillergymnasium Münster. Von 1940 bis Kriegsende Wehrdienst. Nach dem Zusammenbruch Lehrtätigkeit an den Gymnasien in Monschau und Stolberg sowie freischaffende Tätigkeit im kulturellen Raum, Leiter der Festspiele Monschau, Chorerzieher, Konzerttätigkeit. Von 1952 bis 1973 Volkshochschuldirektor der Stadt Bergisch Gladbach, von 1953 bis 1970 auch Kulturbeauftragter der Stadt. *(Seite 142)*

Pfarrer Karl Kremer, geboren am 15. 12. 1901 in Oberhausen. 1921 Abitur. 1 Jahr Fabrikarbeit, 1923 Studium der Theologie in Bonn; wurde am 6. 8. 1928 zum katholischen Priester geweiht. Arbeit als Kaplan in Düsseldorf. Aktive Mitarbeit im Friedensbund deutscher Katholiken. Widerstand gegen die NSDAP, im besonderen die Hitlerjugend. 1936 Verhaftung in Remscheid. Wird vor den Volksgerichtshof gestellt und zu 1½ Jahren Haft verurteilt. Verbringt die Haftstrafe in einem Düsseldorfer Gefängnis und in Berlin-Moabit. Ende 1937 zurück nach Köln, arbeitet bis 1944 im Kölner Generalvikariat (Frauenseelsorge). Meldet sich 1944 für die seelsorgliche Arbeit in der Diaspora, kommt nach Heldrungen bei Erfurt, tut Dienst bei den Heimatvertriebenen. Von 1946 bis 1973 Pfarrer der Gemeinde St. Marien in Bergisch Gladbach-Gronau, wo er neben Friedhof, Kindergarten und Kaplanei vor allem die neue Pfarrkirche errichtete, die im Oktober 1953 von Kardinal Frings eingeweiht wurde. *(Seite 138)*

Irma Kuhlmann, geborene Neumann. Geboren am 22. 2. 1896 in Köln-Deutz. Im Alter von acht Jahren Umzug nach Bergisch Gladbach. Erster Klavierunterricht vom Vater, mit zehn Jahren Unterricht von dem Gladbacher Klavierlehrer Edmund Josef Müller. Besuch der Höheren Töchterschule in Bergisch Gladbach. Ausbildung zur »technischen Lehrerin« (mit den Fächern Turnen und Haushalt). 1925 bis 1929 Besuch des Konservatoriums in Köln, studiert Klavier und Laute. 1930 Übersiedlung in die USA,

Heirat in Niagara-Falls. Neben der Arbeit im Haushalt als Klavierlehrerin tätig. 1962 Rückkehr in die Bundesrepublik Deutschland. *(Seite 72)*

Katharina Margarete Lausberg, geborene Hoock. Geboren am 24. 9. 1899 in Bergisch Gladbach. Erst zwei Jahre Privatunterricht (bei Fräulein Kritzler), danach Besuch der Höheren Töchterschule in Bergisch Gladbach. Von April bis September 1914 Studienaufenthalt in einem Internat bei Neuchâtel (französische Schweiz). Bedingt durch den Ausbruch des I. Weltkrieges Rückkehr nach Deutschland. Wohnt im Haus ihrer Eltern. Am 19. März 1918 fällt ihr jüngerer Bruder Karl in Nordfrankreich. 1920 Heirat. Mitarbeit im Geschäft des Vaters (Installationen Gas und Wasser). Im Sommer 1944 fällt ihr ältester Sohn als Soldat in Nordfrankreich. In den sechziger Jahren Ratsmitglied (FDP), außerdem vier Jahre Schöffin am Amtsgericht Bensberg. *(Seite 82)*

Annelis Meese, geboren am 5. 3. 1898 in Bergisch Gladbach. Vierte Tochter des Fabrikanten Paul Köttgen und seiner Ehefrau Elisabeth, geborene Westphal. Bis 1914 Besuch des Lyzeums (Höhere Töchterschule), anschließend einjähriger Aufenthalt in dem Töchterstudienheim nach Professor Zimmer, Kassel. Rückkehr nach Bergisch Gladbach – bedingt durch den I. Weltkrieg – und Mitarbeit im elterlichen Haus. 1920 Heirat mit Julius Meese. Mutter von drei Kindern. Lebt seitdem in Bergisch Gladbach. *(Seite 48)*

Rose Modricker, geborene Wagner. Geboren am 11. 12. 1910 in Mannheim. Aufgewachsen in Köln. Beginn einer Krankenpflegeausbildung bei den »Braunen Schwestern«. 1939 Heirat in Lötzen, Ostpreußen. Bezieht mit ihrem Mann eine Wohnung in Berlin. 1943 Flucht aus der Stadt wegen der Luftangriffe, zieht nach Lötzen. 1944 Flucht nach Hollsteitz bei Zeitz, Sachsen. Kommt 1950 in den Westen. *(Seite 97)*

Franz Potthoff, geboren am 18. 7. 1900 in Altenessen bei Essen. Sechs Jahre Volksschule, dann Besuch der Oberrealschule. Beginn einer Volksschullehrerausbildung, erst drei Jahre Präparandie (Vorbereitung zur Lehrerausbildung), anschließend eineinhalbjähriger Besuch des Lehrerseminars. Überwechsel zum Buchhandel. Nach Abschluß einer zweijährigen Lehrzeit Umzug nach Münster, dort fünf Jahre in einer Universitätsbuchhandlung tätig. 1927 nach Essen, wird dort Geschäftsführer seiner ehemaligen Lehrfirma. Am 26. August 1930 Heirat. 1935 Übernahme der Akademischen Buchhandlung Bukum, Silberbach & Co. in Köln, Hohenstaufenring 34. Das Haus wird am 26. 2. 1943 ausgebombt. Gründung eines neuen Geschäfts am Hohenstaufenring 13. Bezug der Wohnung Margaretenhöhe 5 in Bergisch Gladbach. Im Dezember 1944 Eröffnung eines neuen Geschäfts in Bergisch Gladbach, provisorisch untergebracht im Sargmagazin Schmitter in der Laurentiusstraße. Das Kölner Geschäft wird zum zweitenmal durch Bomben zerstört (am 2. März 1945, vier Tage vor dem Einmarsch der Amerikaner in Köln). Nach Kriegsende Aufbau eines neuen Geschäfts in Köln (erst in der Beethovenstraße, dann in einer Ladenpassage der Schildergasse, dann Überwechsel in die Zülpicher Straße 16) und Gründung eines zweiten Geschäfts – nach provisorischer Unterbringung bei der Firma Hettlage – in Bergisch Gladbach,

Hauptstraße 152. Aufgabe des Kölner Geschäfts 1974 und des Bergisch Gladbacher Geschäfts 1980. Führt heute ein Versandantiquariat. *(Seite 91)*

Oscar Rehse, Oberstleutnant a. D. Geboren am 5. 1. 1898 in Bergisch Gladbach. Offizier im I. und II. Weltkrieg mit zahlreichen Auszeichnungen. In Friedenszeiten als Vertreter von Papierfabriken tätig. Tritt 1967 in den Ruhestand. *(Seite 165)*

Katharina Schmitter, geborene Heuser. Geboren am 2. September 1915 in Scheuren. Ihr Vater führte die Gaststätte Heuser (mit Bäckerei und Landwirtschaft). Mitarbeit in der Gaststätte. 1939 Heirat in Bergisch Gladbach. Übernimmt im März 1952 zusammen mit ihrem Mann das Spirituosengeschäft ihres Schwagers in Gronau. 1953 Bau eines eigenen Hauses in der Odenthaler Straße (auf dem ehemaligen Schnapskeller der Schwiegereltern). Am 1. November 1953 Eröffnung des neuen Geschäfts. Seit 1963 führt sie das Geschäft zusammen mit ihrem Sohn. *(Seite 12)*

Dr. Ignaz Tenckhoff, geboren 1898. Artillerist im I. Weltkrieg. Studium der Medizin von 1919 bis 1923 in Freiburg. Von 1925 bis 1939 als Assistenzarzt in Bergisch Gladbach tätig, anschließend Stabsarzt eines Pionierbataillons. 1942 zurück nach Bergisch Gladbach. Aufbau des Lazaretts auf der Margaretenhöhe. Von 1945 bis 1952 Stadtverordneter, von den Engländern eingesetzt; von 1950 bis 1952 Bürgermeister der Stadt. Ist heute noch als praktischer Arzt tätig, daneben viel Gartenarbeit. *(Seite 150)*

Rudolf Wegner, geboren am 2. 12. 1904 in Lodz. Besuch des deutschen Lehrerseminars, erhält 1925 das Lehrer-Reifezeugnis. Anschließend Besuch der Universität Warschau. Viersemestriges Studium am Kollegium Pädagogikum. Lehrberechtigung für Volks-, Sonder- und Realschulen. 1925 bis 1938 Leiter einer deutschen Volksschule. Ende 1939 bis Ende 1940 Aufenthalt im KZ Oranienburg, Sachsenhausen wegen »falscher Gesinnung«. Ab 1941 Soldat. Nach dem Krieg Leitung einer Heimschule für ostvertriebene Kinder in Eckenhagen. Von 1953 bis zu seiner Pensionierung im Jahre 1966 Rektor der evangelischen Volksschule Am Broich in Bergisch Gladbach. Mitglied im Stadtrat und im Kreistag. *(Seite 124)*

Käthe Wöske, geborene Juttenberg. Geboren am 8. 10. 1901 in Westfalen. Besuch der Volks- und Handelsschule. Arbeit als Büroangestellte in Essen. 1924 Heirat. 1924 Umzug nach Bergisch Gladbach. 1927 Eintritt in die SPD. Vor dem Krieg Übersiedlung nach Essen, 1945 wieder zurück nach Bergisch Gladbach. Von 1952 bis 1964 Ratsmitglied. Mitarbeit im Schul-, Sozial- und Jugendwohlfahrtsausschuß und im Haupt- und Finanzausschuß. Acht Jahre Jugendschöffin. *(Seite 189)*

Margarete Zanders, geboren 1894 in Bergisch Gladbach. Tochter des Papierfabrikanten Hans Zanders. Ausbildung als Krankenschwester. Mitarbeit in der Firma. Auf vielfache Art und Weise engagiert: 1950 Bau einer Sauna. Leitendes Mitglied im Sauna-Bund. Gründet die Deutsche Gesellschaft für Gesundheitsvorsorge. 1954 Gründung des Kneipp-Vereins, mit dessen Vorsitz sie betraut wird. In den letzten Jahren Betreuung des Familienarchivs. Gestorben im Mai 1983. *(Seite 45)*